청년 반크,
세계를 품다

글로벌 인재로 만들어 주는 이 책의 활용법

1. 우리나라는 물론 세계 문화와 역사를 이해한다!
   이를 통해 현재 지구촌 문제를 파악하고 해결 방안 모색과 생산적 미래를 설계할 수 있다.

2. 우리나라가 잘못 소개된 사이트를 찾아 교류 및 협력 서한을 보낸다!
   영문 사이트를 읽고 영문 편지를 작성하면서 자연스레 영어 실력이 향상된다. 영어울렁증이 있는 영어 초보자도 이 책에 나온 서한 예시들을 보고 손쉽게 따라할 수 있다.

3. 미래 글로벌 리더들과 인맥을 쌓고 친목을 다진다!
   모의유엔을 비롯한 다양한 글로벌 활동을 통해 책임감과 리더십, 상대를 설득하는 논리력과 문제해결력을 키우기 된다.

글로벌 인재로 꿈을 키우는 10대를 위한 도전과 열정 이야기

청년 반크,
세계를 품다

민간외교사절단 반크 단장 박기태 지음

랜덤하우스

독도를 가슴에 품고 대한민국을 세계로

반크 자원홍보대사·가수 **김장훈**

반크와 함께한 지 벌써 수년이 지났다. 반크 홍보대사가 된 것은 어찌 보면 재미있는 상황이었다. 여러 기사를 통해 반크를 알게 되었고, 그들이 얼마나 대한민국을 사랑하는지, 어떠한 활동들을 하는지 알게 되었다. 그때, '이런 열정을 가진 사람들이 있어 대한민국이 있구나' 하는 감동에 가슴속에 뜨겁고 뭉클한 무엇인가가 올라왔다. 이 책을 읽으며 아마 여러분들도 그런 뭉클한 뭔가를 느낄 것이다.

그런 감동을 품고 무작정 반크 사무실로 찾아가 홍보대사를 하고 싶다고 얘기했을 때, 박기태 단장이 놀라던 모습을 잊지 못한다. 아마도 이사람이 왜 갑자기 찾아와서 홍보대사를 한다는 것일까 궁금하고 당황했을 것이다. 당시에 대한민국과 반크에 대한 나의 뜨거운 애정을 이야기하고 홍보대사 활동을 시작했지만, 6개월이 더 지난 후에야 정식 홍보대사로 인정을 받은 걸로 기억한다.

독도와 동해 지키기에 나서게 된 계기도 어쩌면 반크와 인연을 맺은

데 있다고 할 수 있다. 그런 의미에서 도요토미 히데요시가 간과한 것이 조선의 의병이었다면 지금의 일본 정부가 간과한 것은 반크가 아닐까 생각해 본다. 그들의 노력으로 20년 전에는 세계 지도의 3퍼센트에 불과했던 동해 표기가 30퍼센트에 다다른 지금, 반크가 없었다면 어땠을까 생각하면 가슴이 떨린다.

반크는 단순히 민족주의를 지향하지 않는다. '독도를 가슴에 품고 대한민국을 세계로!'라는 그들의 슬로건처럼 우리 청년들이 전 세계로 나아가 대한민국에 대해서 논리적이고 합리적으로 알릴 수 있도록 돕고 있다. 반크의 가치는 지구촌에 대한민국이라는 브랜드의 인지도를 높이고 좋은 이미지를 가질 수 있도록 홍보하며 세계화와 평화주의를 지향한다는 데 있다.

대한민국 국민이 모두 반크가 될 때까지 홍보대사로서 최선을 다할 것을 다짐하며, 그것이 평화롭게 우리의 것을 지키고 세계로 뻗어 나가는 대한민국에 일조할 것이라는 것을 확신한다.

대한민국에 반크가 있어 줘서 정말, 얼마나 고맙고 다행인지 모른다.

이 책을 꼭 읽어야 하는 사람들이 있다.

첫째, 변화하는 시대를 이해하고자 하는 지식인. 반크는 변화하는 '시대의 아이콘'이기 때문이다. 중심부과 주변부, 엘리트와 평범한 사람, 지식생산자와 소비자, 공공과 민간, 기성세대와 신세대, 활동가와 학생, 학습과 놀이라는 기존의 이분법적 구분을 전도시키고 해체시킨다.

둘째, 사회의 성장과 진화를 믿는 활동가. 동해와 독도를 세계에 바로 알리는 운동으로 시작된 반크 활동은 한국 젊은이들이 지구촌을 변화시키는 '월드체인저'가 되도록 양성하는 건강한 지구촌 시민 사관학교로 진화해 가고 있다. 이 책은 그러한 반크의 활동을 담고 있다.

셋째, 글로벌 리더로 성장하려는 청소년과 청년들. 반크는 이 시대의 젊은이에게 '가슴 뛰게 하는 그 무엇'이다. 한반도에 태어난 것이 왜 자랑스러운지, 남북통일이 세계평화에 왜 필요한지 그리고 세계평화를 위해서 자신이 무엇을 할 수 있는지에 대해서 스스로 묻고 배우는 한국 젊은이의 가슴을 뜨겁게 달구는 용광로이다. 대한민국을 넘어 세계 변화의 주역으로 우뚝 설 수 있는 희망을 준다.

— 박수철 국회 입법조사처 기획관리관

미래를 향해 꿈과 신념을 키워 나가는 이들에게 용기를 북돋아 주고 격려하는 의미 깊은 책이다. 역사에 대한 책임의식과 사려 깊은 통찰이 담겨 있어 이 땅의 십

대들이 세계 속에서 폭넓은 이해와 협력을 통해 열린 마음으로 역사적 갈등과 편견을 극복하고 나아가 세계의 평화에 기여하도록 이끌어 주는 귀한 밀알이 되어 줄 것이다. – 신길수 외교통상부 협상 대사

겨자씨처럼 조그맣고 젊은 꿈과 비전이 우리 청년들에게 오천 년 한반도 역사의 무궁무진한 가능성을 일깨워 준다. 이 책을 만나는 순간 당신의 꿈도 한반도를 넘어 드넓은 세계를 향해 뻗어 나갈 것이다. – 이재성 한국관광공사 정책사업본부장

누구나 자신의 진정한 가치를 발견하고 계발하면 세계 속에서 큰 역할을 담당할 수 있다는 진솔한 메시지가 가슴을 울린다. 박기태 단장이 어떻게 해서 반크를 만들고 성장시켰는지 그리고 앞으로 나아가야 할 길은 무엇인지에 대한 이야기들이 청소년들 스스로 다독이고 꿈과 희망을 향해 가열차게 나아갈 수 있는 운동력과 길잡이가 되어 준다. 세상을 변화시키기 원하는 사람들, 세상에서 자신의 진정한 가치를 찾기 원하는 사람들, 그리고 평범을 비범으로 바꾸기를 원하는 사람들은 이 책을 필히 읽어보길. – 류광철 짐바브웨 대사

반크의 끊임없는 열정과 도전의식은 벤처기업과 다르지 않다. 차이가 있다면 일확천금 대신 젊은이들의 꿈과 가치 실현에 앞장서겠다는 철학을 목표로 한다는 점이다. 반크가 내놓은 결과물들은 경이로울 정도이고 온라인 조직 또한 탄탄하게 구축됐지만 갈 길은 멀다. 박기태 단장은 더 큰 꿈을 꾸고 있기 때문이다. 이 책은 박 단장의 좌우명과도 같은 '겨자씨의 기적'에 관한 이야기를 담고 있기에 독자들에게 특별한 체험이 될 것이다. **– 홍성완** 연합뉴스 한민족센터 고문

청년이라는 수식어로 우리들 가슴속에 영원히 푸르게 기억되는 이들이 있다. 젊은 나이에 나라를 위해 인생을 바치거나, 민주화를 위해 투쟁의 전사가 되거나, 어려운 성장과정에서도 대업을 이룩한 이들. 평범한 우리네와는 먼 경지에 있어 존경하지만 친구가 되기에는 어려운 위인들이다. 그러나 이 책을 읽노라면 나긋나긋한 청년 박기태 단장의 목소리가 우리의 가슴을 열고, 손을 내밀어 함께 가기를 유도한다. 부드러운 운동가로 가장 충성스러운 리더의 전형을 보여 주며, 투쟁이나 갈등보다 소통의 설득력을 발휘해 세계의 젊은이들에게 친구가 되어 준다. 이 책이 자신의 힘이 어디까지일까 의구심을 갖는 젊은이들에게 세상을 향한 도전의 용기를 주는 지침서가 되리라 기대한다. **– 박정숙** 방송인 · 문화외교전문가

반크는 같은 꿈으로 똘똘 뭉친 전사들을 위한 아지트였다. 책을 읽으면서 그동안 잘 몰랐던 대한민국 젊은이들의 꿈을 조금 더 이해하게 되었다. 새로운 도전을 꿈꾸게 해준 박기태 단장에게 감사를 표한다. – 김철균 청와대 뉴미디어 비서관

이상을 설정하고 그 꿈을 이루어 가고자 열심히 노력하는 모습은 아름답다. 혼자가 아니라 다른 이들과 함께 꿈을 이루는 과정은 단순히 사람의 숫자를 학하는 것 이상의 노력과 과정을 필요로 한다. 이 책은 반크가 어떻게 세계를 품게 되었는가를 박기태 단장의 고백을 통해 잘 보여 주고 있다. 일본이 독도를 자국의 소유라고 주장하고, 중국이 동북공정을 통하여 역사를 왜곡하는 등 국가적 차원의 분쟁이 되고 있는 이때 평화의 희망을 갖게 한다. – 성삼제 교육과학기술부 미래인재정책관

세계에 우리나라를 제대로 알리겠다는 한 사람의 희망과 열정이 싹을 틔우고 뿌리 내려 어느덧 7만 명이 함께하는 단체가 되었다. 청년들에게 희망이 되는 롤모델이 그리운 이 시대에 '3퍼센트의 가치'를 발견하여 세상을 변화시킨 박 단장의 이야기가 감동적이다. 우리나라 청년들에게 스스로의 가치와 소중함을 재발견하는 기회가 될 것이다. – 이복실 여성가족부 청소년가족정책실장

2001년 11월 13일 오후 2시 3분, '사이버 단체 반크, 한국어 채택 운동'이라는 제하의 기사를 시작으로 반크와 인연을 맺었다. 이후 지난 10여 년간 총 211건의 활동소식을 국내외 언론에 신속하게 전달했다. 아무도 알아주지 않던 시절부터 저자의 열정 가득한 눈빛과 겨자씨만한 진정성만을 보고, 믿고 응원하며 오늘에 이른 것이다. 이 책에는 내가 소개했던 모든 활동들이 녹아 있다. 박기태 단장은 전 세계에 우리의 역사를 바로 알리고, 독도와 동해를 지키는 그야말로 '신(新)애국자'이다. 2009년 여름, 플로리다주 올랜드에서 함께 했던 뜨거운 열정이 앞으로도 계속되기를 간절히 바란다. – 왕길환 〈연합뉴스〉 기자

반크가 흔들림 없이 성장할 수 있었던 것은 박기태 단장의 균형 잡힌 시각과 보편적인 인류애에 힘입은 바가 크다. 그는 이 책에서 우연한 계기로 시작한 반크 활동을 통해 자신의 특별한 가치를 발견하게 되었고, 그 가치에 인생 전부를 걸었다고 털어놓았다. 그리하여 지금은 스스로의 삶뿐만 아니라 다른 누군가의 변화까지 연결되는 삶, 누군가를 위한 길을 만드는 삶을 살고 있다고 했다. 아름다운 청년 박기태와 반크의 또 다른 10년이 기대된다. – 노창현 글로벌웹진 〈뉴스로〉 대표

명문대, 대기업 취업, 고시 패스 등과 상관없는 그래서 취업 면접에서 '희미하다'는 말을 들은 박기태 단장이 어떻게 꿈을 실현할 수 있었는지 보여 준다. 인하대학교

특강에 초대되어 오백여 명의 학생들에게 우레와 같은 박수를 이끌어 낸 감동을 글로 고스란히 전달했다. 책을 읽으며 그가 어떻게 세계적 리더로 성장할 수 있었는지에 관심을 갖길 바란다. 그리고 열심히 하다보면 크든 작든 가치 있는 결과를 얻을 수 있다는 책 속 메시지를 잊지 않기를. – 이은희 인하대학교 생활과학대학장

인간은 꿈을 갖고, 희망찬 삶을 만들 수 있기 때문에 위대하다. 이 책은 한국과 세계를 변화시키는 일은 꿈과 희망을 갖고 스스로 미래를 개척하는 청년이라면 누구나 가능하다는 메시지를 전하고 있다. 또한 지구촌에서 진정으로 존재감 있는 사람이 되기 위해서는 먼저 우리나라를 제대로 알아야 한다는 진리도 강조한다. 한국을 넘어 세계를 변화시킨 박기태 단장의 이야기에서 많은 청년들이 꿈과 뜨거운 심장을 얻고 글로벌 리더로 성장 할 계기가 되길 바란다. – 이영주 한국국제협력단 코이카(KOICA) 체험관 수석기획관

박기태 단장과 있으면 나도 모르게 수시로 악수하고 하이파이브를 하게 된다. 사회에서 꽤나 존경 받는 인물이 그렇게 헐거워 보이는 경우도 처음이었다. 우스꽝스럽게도 박기태 단장의 얼굴엔 아이처럼 아토피의 흔적이 있고, 걸음걸이도 놀이터 가는 아이 같다. 자신의 실패 얘기에 그렇게 아무 색칠도 하지 않는 사람도 처

음이었다. 아닌 척하는 사람도 속으로는 누구나 학벌을 중시하는 요즘 세상에 자신이 이름 없는 야간대학교 학생이었다고 밝히며 어떤 변명(?)도 없다. 그렇게 물렁한 그가 세상을 감동시키고 있다. 소설보다 흥미진진한 그의 이야기가 수많은 이들에게 실패할 수 있는 용기를 주고, 자신의 실패를 사랑하게 만든다. – 권경숙 월간 〈위즈키즈〉 편집장

이 책에는 자신의 가치를 발견한 자만이 갖는 환희가 있고, 나아가 자신과 자신이 속한 세계를 바꾸는 힘이 내재되어 있다. 독자들에게도 그러한 기쁨과 열정이 고스란히 전달될 것이다. – 이소리 경상북도 독도수호과

몇 년 전 만났던 중학생 반크 회원이 "저는 우리나라를 사랑해요. 그래서 반크 활동을 하는 것이 너무 행복해요. 선생님은 이런 일이 직업이라서 행복하시죠?"라고 물었던 적이 있다. 마음이 아니라 기계적으로 일을 하는 내 모습을 돌아보며 얼마나 부끄러웠던지. 요즘 나는 반크 회원들을 만나는 일이 가장 즐겁다. 그건 아마 그들이 나에게 가슴으로 일하는 방법을 알려 줬기 때문이 아닐까. 이 책을 읽는 독자들이 반크의 진심에 공감하며 반크를, 대한민국을 사랑할 수 있게 되기를 바란다. 평범함을 가장한 위대한 단체 반크. 앞으로의 반크 활동에 진심어린 애정과 응원을 보낸다. – 오주영 동북아역사재단 독도연구소

진정한 글로벌 리더로 성장하기 위한 필수 지침서로 대한민국 청소년들에게 추천한다. 세계를 품는 꿈을 한걸음씩 당당하게 실천하는 모습이 삶의 참된 가치를 생각하게 한다. 이런저런 핑계로 꿈조차 꾸지 못했던 위대한 도전들에 한 번쯤은 참여하고 싶게 만드는 소중한 책이다. – **한현숙** 한국방문의해위원회 국민참여팀장

저자가 이 책에서 대한민국의 청소년들과 나누고 싶은 비전과 사명은 바로 우리 한국 학교들의 비전과 사명이다. 25년 전 미국으로 유학을 왔을 때, 나에게 한국 사람이냐고 묻는 사람은 거의 없었다. 중국인 또는 일본인 심지어 북한 사람이냐는 질문을 받을 때에는 정말 답답했다. 하지만 청소년들이 한민족으로서의 장점을 발견하고 이를 통하여 대한민국을 변화시킨다면 세계를 변화시킬 수 있다고 믿는다. 대한민국 청소년들이 이 책을 통해 함께 꿈꾸고 사명을 감당해 나가기를 바란다. 저자가 책에서 말하듯 모든 일은 작은 소망에서 비롯되었음을 기억하고 우리가 각자 겨자씨가 되고 웅장한 나무가 되어 60억 새들이 깃드는 희망의 숲을 이루어 나가게 되기를 소망한다. – **최미영** 재미한국학교협의회 부회장 · 북가주 역사문화위원장

차례

이 책을 추천합니다   4

들어가며   3퍼센트의 가치를 발견하고 키워라   17

01
다윗의 작은 돌멩이가 골리앗을 쓰러뜨린다

진흙탕 속에서도 꿈과 열정이 길을 비춘다   22

나와 대한민국의 미래 이력서를 작성해 보자 ---38

"제가 할 일은 없을까요?", 가수 김장훈의 등장   40

고쟁이 속 쌈짓돈, 희망의 불씨를 지피다   48

우리에겐 '스파르타 정신'이 필요해   53

02
나만을 위한 꿈이 아닌 모두를 위한 꿈을 품어라

자기주도적으로 생각하고 활동하는 아이들   60

세계를 움직이는 힘은 어디서 나올까   66

"통일, 왜 해야 하죠?"   71

한반도의 평화를 응원해줘야 해!   75

대한민국을 넘어 더 큰 세상에 네 꿈을 맞춰라   82

'지금'의 변화가 '미래'의 모습을 결정한다   89

반크 선배 상민 양과의 일문일답 ---- 98

대단히 훌륭한 미래를 계획하라   101

나의 미래를 상상하고 기록해 보자 ---- 109

겨자씨가 나무로 자라 숲을 이루듯이   114

다른 나라의 문화와 역사를 공부해 보자 ---- 120

나라별 주요 정보를 정리하고 한국과의 관계를 조사해 보자 ---- 127

논리적으로 커뮤니케이션할 수 있는 능력을 키우자 ---- 129

03
바닷물을 짜게 하는 3퍼센트 소금의 힘처럼

"당신은 최고의 홍보대사입니다"   138

'반크 홍보대사'라면 꼭 지켜야 할 10가지   144

"한국에 대해 제대로 알려줘서 고마워"   154

'모의 유엔', 글로벌 이슈로 영어 토론을 벌여라   160

학교에서 모의 유엔 개최하기 ---- 163

커뮤니케이션 최고 무기는 한국의 마음 '정'   172

친구의 나라 문화를 알아보자 ---- 179

'청년 반크'에 지지 않는 '노인 반크' 이야기   184

나와 세상을 바꾸는 '월드 체인저' 13단계   189

세계를 변화시킨 사람들은 누가 있을까 ---- 228

정부의 글로벌 청년 리더 양성 프로젝트 ---- 237

전 세계에 협력·교류 서한을 보내 보자 ---- 238

04
꿈을 반짝이게 하는 건 열정과 노력

가슴 떨리는 '우리나라 소개서'를 준비하라   248

왠지 끌리는 매력적인 이미지를 만들자   255

'일본해' '중국의 속국', 왜 왜곡하는 걸까?   260

    우리 역사의 시대별 매력을 조사해 보자 ---- 265

우리들의 찬란하게 반짝이는 이야기를 들려줘라   267

    외국인 친구에게 한국의 관광지를 소개해 보자 ---- 271

'대장금'과 '주몽'에 빠진 해외 친구들   286

과학적이고 아름다운 '한글'이 있다는 자부심   291

    우리나라와 세계 유산·인물을 비교해 보자 ---- 298

현명하게 독도를 지키는 우리의 자세   301

    독도의 올바른 표기를 촉구해 보자 ---- 307

마치며 위대한 나무도 처음에는 한 알의 씨앗이었다   314

부록 반크 동아리 활동 프로그램 안내   319

    오프라인 활동 · 온라인 활동

3퍼센트의 가치를 발견하고 키워라

나는 종종 청소년들의 롤모델로 소개받는다. 사실은 그렇지 않다. 사이버 외교사절단 반크는 학교 과제로 만든 개인 펜팔 사이트에서 시작됐을 뿐이다. 오래전, 나는 대학교 일본어과 4학년생으로 낮 동안에는 빌딩 관리 아르바이트를 하며 한 달에 35만 원을 벌고 인생 대부분의 시간을 남에게 질질 끌려다니며 힘들어했다. 외환위기로 경제 상황이 좋지 않던 터라 취업전선에서 전멸한 선배들을 보며 지레 절망해 버린, 희망을 잃은 청년 가운데 한 명이었다.

반크는 그런 내가 수행한 학교 과제 프로그램에 불과했다. 이제 반크를 시작한 지 20년이 조금 넘었다. 그동안 반크는 청소년 회원들의 열정적인 참여를 통해 성장할 수 있었다. 반크의 성장과 더불어 세상을 탓하고 누군가에게 의지하는 것만으로는 아무것도 변화시킬 수 없을 뿐만 아니라 나만의 진정한 가치도 사라지게 된다는 사실을 알게 됐다. 그동안 나는 나만의 가치를 발견하고자 노력하고 그 가치를 끊임없이 개발하려 애썼다. 지금, 나의 가치는 나 한 사람을 넘어 한국과 세상을 변화시키는 가치로 확산되고 있다.

수능 점수를 잘 받아 소위 말하는 명문대에 입학하면 행복할까? 대기업이 요구하는 스펙에 갇혀 취업문만 통과하면 행복해질까? 이 시대 청년들이 자신이 설정한 한계를 넘어 세상을 거뜬히 이기는 가치, 다음 세대들에게 꿈과 용기를 주는 가치, 대한민국을 발전시키는 가치, 아시아와 지구촌이 변화되는 가치, 궁극적으로는 전 세계 모든 이들에게 꿈과 희망을 심어 주는 가치를 발견하길 바란다.

우연한 계기로 시작한 반크 활동을 통해 나는 나만의 특별한 가치를 발견하게 되었고, 그 가치에 내 인생 전부를 걸었다. 그리고 지금은 나 스스로뿐만 아니라 다른 누군가의 행동까지 변화시키는 삶, 살아 숨 쉬는 생명력 있는 삶을 살며 누군가를 위한 길을 만들어 나가고 있다.

대부분의 사람들은 반크가 한국을 해외에 홍보하는 민간 외교 단체라고 생각한다. 하지만 사실 알고 보면 반크는 한국을 세계에 알리려는 목적으로 시작한 단체는 아니다. 내가 생각한 반크의 진정한 의미는 자신만의 장점이 있음에도 불구하고 사회의 기대와 요구에 얽매여 평범하게 살고 있는 한국의 청소년들과 청년들의 삶이 반크를 통해 전환점을 만나게 되는 데 있다. 한국의 청년들은 반크 활동을 통해 자신의 가치를 발견하는 것은 물론 자기 인생을 넘어 대한민국을 변화시키는 또 다른 기회를 마련하고, 대한민국 미래까지 바꾸어 왔다.

10년 전에는 해외 교과서나 세계지도에 '동해'가 오롯이 표기된 것이

고작 3퍼센트에 불과했다.

　지구의 바닷물을 썩지 않게 하는 염분의 양은 3퍼센트에 불과하다. 3퍼센트의 염분이 97퍼센트의 바닷물을 썩지 않게 하는 것이다. 청년들의 꿈도 마찬가지이다. 3퍼센트의 가치를 소중히 여긴다면 결국 그 3퍼센트가 97퍼센트를 역전시키는 세상을 만들어 낼 수 있을 것이다. 그 과정을 살아가는 청년들이야말로 세상에서 가장 가슴 설레는 존재이다.

　그런데 지난 몇 년간 다양한 기관과 단체에서 5만 명이 넘는 교사와 청소년, 대학생, 공무원, 군장병 들에게 강의를 하면서 느낀 점이 있다. 청중은 평범한 대학생이 어떻게 한국을 변화시키는 반크라는 단체를 만들고 이끌어 왔는지 궁금해 한다는 것이다. 이 책에는 그 질문에 대한 대답이 들어 있다.

　나는 반크 활동을 하며 내 자신의 가치를 발견할 수 있었고, 그 가치를 다른 사람과 나누는 법을 깨우치게 되었다. 이 책에는 후배들에게 길잡이가 되어줄 수 있는 나의 경험들을 담았다. 이 책을 읽은 수많은 청소년들과 청년들이 자신의 가치를 발견하고 세상을 변화시키는 즈인공이 되길 바란다.

2011년 4월

반크 단장 **곽기태**

01

다윗의
작은 돌멩이가
골리앗을
쓰러뜨린다

진흙탕 속에서도
꿈과 열정이 길을 비춘다

1997년, 외환위기의 여파는 실로 대단했다. 대부분의 기업은 신입사원 채용을 중단하거나 구조조정을 단행했다. 대학 졸업을 앞둔 청년들에게는 최악의 시기였다. 텔레비전에서는 연일 국가의 부도 소식이 보도되었고 주요 외신들은 앞 다투어 어두운 전망을 내놓았다. 기업도 아닌, 국가 부도라니! 하지만 뉴스를 통해 외환위기 소식을 전해 들었을 때만 해도 그것이 나의 미래를 어떻게 바꾸어 놓을지는 전혀 짐작하지 못했다. 외환위기가 현실로 다가온 것은 그 이듬해, 외환위기의 직격탄을 맞아 취업에 실패한 선배들이 줄줄이 도피성 해외 유학을 떠나는 모습을 보면서부터였다. 나 역시 그들과 다를 수 없었다. 취업을 못할 수도, 인생의 낙오자가 될 수도 있다는 불안감이 몰려 왔다.

일단은 돈을 벌어야 했다. 학비도 마련하고 취업 준비를 위해 영어 학원도 다녀야 했다. 공장에 다니시는 어머니와 건축업을 하시는 아버지가 대학교에 다니는 삼형제의 학비를 오롯이 부담하는 일은 만만치 않았다. 야간 대학교에 다니고 있던 나는 낮 시간 동안 할 수 있는 일을 찾아 동분서주했다.

명문 대학교 학생이 아니었기 때문에 고액 과외나 폼나는 인턴사원 자리는 번번이 내 차지가 아니었다. 할 수 있는 일이라고는 서울 명동의 한 빌딩에서 화장실 청소와 건물 임대료 관리 등을 하는 잡일뿐이었다. 이른 아침 화장실 청소를 하며 일과를 시작해 건물 구석구석을 청소하고 은행에 가서 그날 납입된 임대료를 입금한 후 전기세와 수도세 등을 계산했다. 그렇게 오전 8시 30분부터 오후 5시까지 꼬박 한 달을 일하면 겨우 35만 원 정도를 받을 수 있었다. 그나마 밥값이 포함되어 있지 않아 정말 아껴 써야 했다.

또 간혹 술 취한 사람들이 전날 밤 건물 앞에 쏟아놓은 토사물을 치울 때나 변기가 막혀 화장실에서 냄새가 진동할 때면 자괴감이 몰려 왔다. 특히 내가 하는 일을 하찮게 여기고 비웃거나 함부로 대하는 사람들의 태도와 시선은 정말 견디기 힘들었다. 그럴 때면 책에서 읽었던 힐튼 호텔 창업자 부부의 일화를 떠올렸다.

어느 날 힐튼 노부부가 시골 마을을 여행하고 있었다고 한다. 날이 저물어 노부부는 인근 호텔을 찾았지만 불행히도 모든 방이 예약되어 있어 난처한 상황에 처하게 되었다. 그렇게 호텔을 전전하던 끝에 어느 작은 호텔에 들어가게 되었다. 그런데 그곳에도 빈 방은 없었고, 노부부는 방을 구하지 못해 길거리에서 잘 수밖에 없게 된 처지를 하소연했다. 그때 웨이터가 자기가 자던 직원용 숙소라도 괜찮다면 기꺼이 내주겠노라 호의를 베풀었다고 한다. 친절에 감동한 노부부는 훗날 그를 힐튼 호텔로 불러 후계자로 삼았다는 이야기이다.

허무맹랑하긴 해도 건물에 입주해 있던 다양한 분야의 회사 사장님들 가운데 누군가가 열심히 청소하고 일을 정직하게 처리해 나가는 내 모습을 지켜보고 있다가 특채로 뽑아 줄지도 모른다는 상상은 하루하루 나를 버티게 하는 큰 힘이 되었다.

당시 나의 목표는 토익 점수 높이기

그때 내게는 목표가 하나 있었는데, 바로 '토익 점수 높이기'였다. 빌딩 관리 일에 매달려 그 흔한 배낭여행 한번 못해 본 처지였지만 매달 토익 점수가 오르는 것을 볼 때면 나도 할 수 있다는 자신감과 성취감에 도취되곤 했다. 토익 점수 상승 곡선이 마치 인생의 성공 곡선인 것처럼 일희일비하며 토익 점수 10~20점에 기분이 오르내렸다. 목표한 토익 점수를 얻으면 곧 취업도 되고 인생의 탄탄대로가 열릴 것처럼 기뻐하다가도 생각했던 만큼 점수가 나오지 않으면 살아갈 의미를 모두 잃은 듯 실의에 빠졌다. 그깟 영어 점수 하나가 내 미래와 행복을 좌지우지할 수는 없다, 토익 점수에 초연하자 생각하다가도 토익 점수마저 나쁘면 취업이 될 리 없다는 불안감이 엄습해 또다시 지푸라기라도 잡는 심정으로 영어 공부에 매달렸다.

　당시의 나는 영자신문이나 인터넷 사이트에서 외국인들과 국제 교류를 할 수 있는 자원봉사 행사를 열심히 찾고 있었다. 누군가를 도와줄 수 있는 의미 있는 활동을 통해 세상을 변화시키고 싶다는 식의 거창한 생각은 없었다. 단지 구직 활동에 도움이 될 만한 봉사활동을 찾아 지원하고 또 지원했다. 그런데 유명한 국제기관에 대학생 자원봉사자 모집 공고가 날 때마다 모조리 지원했지만 단 한 건도 기회를 잡지 못했다.

　정규직은커녕 파트타임, 인턴 심지어 자원봉사자 자격마저 주어지지 않는 신세라니! 그렇다고 주저앉을 수는 없었다. 단체나 기관이 기회를 주지 않는다면 나의 가치와 능력을 가장 잘 아는 내가 스스로에게 기회를 주리라 마음먹었다.

실패해도 괜찮아

내가 생각해 낸 것은 주말 동안 외국 관광객들에게 한국의 명소를 무료로 안내해 주는 관광 통역 봉사활동이었다. 외국인에게 한국을 안내하면서 자연스럽게 영어 실력도 쌓을 수 있을 것이고 언젠가 해외에 나가게 된다면 내가 도움을 주었던 외국인들로부터 도움을 받을 수도 있을 거란 생각이었다. 정부로부터 정식 허가를 받은 관광통역사는 아니지만 외국인에게 한국을 안내해야겠다고 마음먹은 순간 책임감에 불타올랐다. 곧바로 영어 관광 통역 가이드 책을 구입해 암기하다시피 열심히 공부했다. 심지어 영어 관광 가이드 통역 학원까지 등록해 한국 문화와 관광에 대한 견문을 넓혔다.

몇 달 후 나름 영어회화에 자신감이 생기고 한국 문화와 관광지를 소개할 수 있을 만큼의 지식도 쌓았다고 생각되자 바로 실전에 돌입했다. 어느 날 저녁, 영국 대사관 앞을 서성이다가 문을 열고 나오는 멋쟁이 영국 여성에게 곧바로 다가가 말을 걸었다.

"당신은 정말 아름답습니다. 저는 한국의 대학생인데 외국인들에게 한국을 안내해 주는 봉사활동을 하고 있습니다. 괜찮으시면 근처에 있는 덕수궁을 무료로 안내해 드릴게요. 한국의 고궁은 정말 멋지답니다."

하지만 그녀는 말이 떨어지기가 무섭게 '노 땡큐'라고 잘라 말했다. 이런 제안을 하도 많이 받아 이제는 귀찮다는 표정이었다. 하긴 내가 봐도 그녀는 상당한 미인이었다. 졸지에 나는 외국 여성에게 데이트 신청을 했다가 거절당한 처량한 신세가 되었다.

그렇다고 그대로 주저앉을 수는 없었다. 그길로 덕수궁으로 달려가 첫 자원봉사 대상이 되어 줄 외국인을 물색했다. 젊은 외국인 여성이 포착되었고, 영국 대사관 앞에서 만난 여성에게 말을 걸었던 것처럼 다시 한 번 말을 걸었다. "한국이 처음이세요?", "한국을 방문한 첫 느낌은 어떻습니까?", "괜찮다면 제가 오늘 덕수궁을 안내해 드리겠습니다". 영어 관광 통역 가이드 책에 있는 문장을 고스란히 인용했다. 하지만 그녀는 한국에서 영어 강사를 하고 있으며 혼자 조용히 고궁을 관람하고 싶어 왔다며 정중히 거절했다. 얼굴에는 부드러운 미소를 띠었지만 나를 영어를 배우기 위해 접근한 수많은 한국인 중 하나로 오해한 것이 분명했다.

마지막으로 찾아간 곳은 외국인들이 많이 방문한다는 남대문시장이었다. 그런데 이번에는 내가 누군가를 물색하기도 전에 지나가던 외국인이 먼저 말을 걸어 왔다. 그는 내가 알아들을 수 없는 외국어로, 난처한 표정을 지으며 무언가를 물었다. 대충 지금 어딘가를 가고 싶은데 위치를 못 찾겠다는 내용인 듯 했다. 하지만 막상 외국인이 다가와 말을 걸자 머릿속이 새하얘지며 그동안 연습했던 말들이 하나도 생각나지 않았다.

돌이켜보면 당시의 나는 내가 외국인에게 하고 싶은 말만 열심히 준비했지 외국인이 갑자기 말을 걸어 왔을 때 어떻게 대처해야 하는지는 단 한 번도 생각지 못했던 것 같다. 당황한 나는 순간 "미안합니다, 나도 모르겠어요"라는 무책임한 말만 남긴 채 죄진 사람처럼 자리를 피했다. 용기를 갖고 시작한 나의 위대한 도전(?)이 맺은 초라한 결말이었다.

예비 백수의 인생을 바꾼 교양과목

그렇게 3학년 겨울방학이 지나고 4학년 첫 학기가 시작되었다. 앞서 말했듯 내 전공은 일본 문학이었다. 4학년 첫 학기가 시작되자 나는 전공과목보다는 취업에 도움이 될 만한 강의를 중점적으로 듣기로 마음먹었다. 가장 관심을 끄는 것은 인터넷 활용과 무역 영어였다. 무역 영어는 혹시라도 졸업 후 무역 회사에 입사했을 때 도움이 될 것 같았고, 인터넷 활용 역시 시대의 흐름을 파악하는 데 도움이 될 것 같았다.

인터넷 활용 과목의 수업 목표는 한 학기 동안 각자 관심 있는 주제로 인터넷 홈페이지를 만들어 보는 것이었다. 수업이 진행되는 동안 나는 홈페이지를 만드는 다양한 방법을 배울 수 있었고, 인터넷이 세계를 바꾸게 될 것이라는 중요한 사실을 깨닫게 되었다. 수업 시간 내내 내 머릿속에는 '어떤 홈페이지를 만들까?' 하는 고민이 떠나지 않았다. 그러다 퍼뜩 떠오른 아이디어가 '외국의 대학생들과 인터넷으로 교류하는 사이트'였다. 평범한 대학생 가운데 나처럼 해외연수나 유학을 가고 싶어도 가지 못하는 학생이 많을 것이고, 그들이 인터넷을 통해 전 세계 대학생들과 교류한다면 분명 멋진 일이 될 것 같았다. 하지만 외국의 대학생들과 교류하고 싶어 하는 우리나라 학생은 많은 반면, 한국 학생과 교류하고 싶어 하는 외국 대학생은 적었다. 그들을 찾아 홈페이지를 소개하고 가입시키는 일은 훨씬 어려운 문제였다.

바로 그 무렵 무역 영어 과목의 중간고사 과제가 발표되었다. '가상으로 회사나 단체를 설립하고, 그 회사나 단체에서 팔고자 하는 제품 혹은 캠페인을 전 세계에 알리는 영문 서식을 만들어 보라.' 절묘한 타이밍이었다. 외국의 학생들과 이메일을 주고받으며 우정을 나누길 원하는 한국의 대학생들과 한국에 관심이 있거나 한국어 혹은 한국 문화를 배우고 싶어 하는 외국의 대학생, 한인 동포, 입양아들이 인터넷을 통해 교류할 수 있도록 홈페이지를 만들고 영문 소개서를 작성한다면 인터넷 활용 과목에서 난제로 생각했던 외국 대학생들의 가입 문제도 어느 정도는 해소되지 않을까. 무역 영어 수업에서 배운 영어 소개서 샘플 내용을 참고해 가며 '대학생 국제 교류 홈페이지'를 홍보하는 영문 서한을 작성하고 이것을 한국어과가 개설된 전 세계의 대학과 아시아에 관심 있는 국제 교육 기관 등에 이메일로 보낸다면 한국인과 세계인 사이에 보이지 않는 지구촌 만남의 다리를 건설할 수 있으리라는 생각이 들었다.

수업 시간마다 꼬리에 꼬리를 무는 생각들을 노트에 메모해 가며 생각을 정리하자 자연스럽게 반크의 정의도 내려졌다. 한국을 알고 싶어 하는 외국인 친구들과 한인 동포, 입양아들에게 이메일을 통해 한국을 안내하는 사이버 관광 가이드, 좀 더 나아가 한국을 모르는 전 세계 외국인들에게 한국을 바로 알리고, 외국인과 한국인의 친구 맺기를 주선하는 사이버 외교사절단. 반크(Voluntary Agency Network Of Korea)라는 단체의 정식 명칭과 반크에 대한 정의가 세워진 순간이었다.

실천하는 순간 새로운 기회가 주어진다

곧바로 협력 서한과 교류 서한 작성에 돌입했다. 반크를 해외에 홍보하기 위한 첫 서한은 해외 언론사와 출판사, 항공·여행사, 정부 기관, 비정부기구 등 정보 전달력과 영향력이 큰 기관에 협력 관계를 제안하고 한국에 대한 정보를 지속적으로 공급할 수 있는 창구를 마련하고자 하는 의도로 작성되었다. 또, 해외 대학생들이 반크 홈페이지에 회원으로 가입해 대한민국 대학생들과 국제 교류를 할 수 있도록 권유하는 내용의 교류 서한도 작성했다. 교류 서한에는 한국과 한국 문화에 관심 있는 해외 교육 기관에 반크와의 자매결연을 제안함으로써 양국 학생들이 이메일을 통해 교류할 수 있도록 펜팔의 물꼬를 터보자는 내용을 담았다.

교양 과목의 중간고사 대체 과제로 작성했던 두 개의 서한 덕분에 반

1999년, 반크는 허름한 사무실에서 시작되었다.

크는 전 세계의 수많은 기관과 협력을 체결할 수 있었으며 1만여 명의 외국인 회원들이 가입하게 되었다. 또한 과제를 위해 제작되었던 반크 홈페이지는 지금 한국의 민간 외교를 담당하는 대표적인 사이버 외교사절단으로 성장하게 되어 7만여 명의 회원들이 세계에 한국을 알리는 민간 외교관으로 활동하고 있다.

대학생을 대상으로 한 특강 기회가 주어질 때마다 나는 오직 대기업 취업만을 위해, 화려하고 유명한 스펙을 쌓는 일로 청춘을 모두 보내거나 평범한 자신의 인생을 바꿔 줄 슈퍼스타와 특별한 인맥을 만들기 위해 전전긍긍하기보다 지금 눈앞에 주어진 작은 기회, 매일 만나는 평범한 만남을 의미 있게 다시 보라고 권유하곤 한다. 나 역시 토익 점수 10점에 목숨 걸던 때에는 인생에 아무런 희망과 변화가 없었다. 내 인생이 변하기 시작한 것은 '다른 사람이 필요로 하는 일, 함께 해나갈 수 있는 일'

을 생각해 내고 실천하는 순간부터였다. 부족한 영어 실력으로, 나처럼 해외에 나가 외국인 학생들과 교류하고 싶지만 여건이 되지 못하는 수많은 한국의 대학생들에게 도움이 되고자 마음먹었을 때부터 새로운 기회가 주어졌던 것이다.

일본 외교부를 무력화시키다

재미있는 것은 전 세계 대학생들의 온라인 교류를 위해 만든 사이트가 시간이 지날수록 초·중·고등학교 학생들에게 더 많은 인기를 얻었다는 사실이다. 이유는 단순했다. 2002년 월드컵을 앞두고 전국 시·도 교육청에서 영어 과목 수행평가의 일환으로 인터넷 해외 펜팔을 지시한 것이다. 펜팔로 월드컵 개최지인 한국을 해외의 친구들에게 알리도록 하라는 공문을 받은 일선 학교 교사들이 학생들에게 숙제를 내주었고, 학생들은 인터넷 포털 사이트에서 '해외 펜팔'을 찾아보게 되었다. 운이 좋게도 해외 펜팔을 키워드로 검색했을 때 가장 상위에 랭크되어 있는 사이트가 '반크'였고, 그렇게 해서 반크는 청소년들이 가장 즐겨 찾는 국제교류 펜팔 사이트로 성장할 수 있었다.

반크 회원들이 세계지도에 동해와 독도가 바르게 표기될 수 있도록 홍보 활동을 펼치고 잘못 알려진 한국 역사를 바로잡기 위해 열정적으로 나서게 된 이유도 펜팔 활동에서 비롯됐다. 외국의 청소년들이 자신들과 교류하면서 한국에 호기심을 갖는다는 사실을 체감했기 때문이다. 교류가 활성화될수록 외국의 친구들은 반크 회원들이 홍보하는 한국에 관한 정보와 내용에 관심을 갖게 되고, 한국에 대한 관심이 높아질수록 평소에는 무심하게 넘겼던 세계사 교과서 속 한국도 집중해서 보게 된다. 문제는 그들이 지도에서 친구의 나라 한국의 위치를 확인할 때마다 빠짐없이 등장하는 표기가 바로 '일본해' 그리고 '다케시마'라는 데 있다.

한국의 위치를 배운 후 새삼 확인하게 되는 한국의 역사 편은 더욱 가관이다. 한국은 중국의 식민지였으며 줄곧 속국으로 지내다가 결국 일본의 식민지로 전락했다는 것이다. 펜팔로 교류하던 친구로부터 이런 내용을 전해 듣게 된 반크 회원들은 이 문제가 국가의 일, 신문 기사 속의 이야기가 아니라 내 친구의 일, 곧 나의 일이라는 생각의 전환을 맞게 된다. 반크 청소년 회원들이 외국인들과 편지를 주고받는 평범한 '해외 펜팔 파트너'이자 '사이버 관광 가이드'에서 한국에 대해 잘못 표기된 내용을 바르게 수정하도록 촉구하는 적극적인 '국가 홍보 사이버 외교관'으로 탈바꿈하고, 나아가 한국의 매력과 가치를 세계인들에게 알리는 한국 홍보대사 역할을 자임하고 나서게 되는 이유가 바로 여기에 있다.

전 세계 수많은 세계지도에 동해가 일본해로, 독도가 다케시마로 표기된 것을 바로잡고자 한국 정부는 엄청난 예산과 외교적 노력을 기울여 왔다. 하지만 일본의 엄청난 로비와 이권을 이용한 세력 싸움에 밀려 한국 정부의 노력은 매번 물거품이 되곤 했다. 한 예로, 일본 정부는 일본해 표기를 동해로 바꾸면 해당 정부 기관에 후원해 주기로 했던 예산을 전액 삭감하겠노라 외국의 한 해양연구소를 협박하고 있다고 한다. 하지만 그런 막강한 경제력과 조직력을 가진 일본 외교부를 무력화시킨

장본인이 바로 한국의 청소년들이다.

큰 힘으로 자라는 진실한 교류의 씨앗

2004년 9월 15일, 어느 청소년 반크 회원이 30년 전통의 세계 최대 규모 다국적 교과서 출판사인 돌링 킨더슬리(Dorling Kindersley)에서 발행하는 모든 교과서와 세계지도에 실린 한국에 대한 왜곡된 내용과 동해 표기를 바로잡았다. 이 출판사에서 나온 교과서에는 '한국의 공용어는 중국어와 한글'라고 명시되어 있었고 '동해'는 '일본해'로만 단독 표기되어 있었다. 출판사 인터넷 홈페이지에도 그간 발행했던 교과서 내용이 그대로 서비스되어 전 세계 사용자에게 빠른 속도로 확산되는 중이었다. 소식을 접한 반크 회원들은 한국에 대한 왜곡된 정보와 일본해 단독 표기의 문제점에 대해 끈질기게 설득하며 수정을 건의했다. 마침내 교과서 저술 책임자가 반크의 김유리 양 앞으로 서신을 보내 왔다. 앞으로 출판사에서 발행하는 모든 교과서와 세계지도 출판물에 '일본해'와 '동해'를 병기하겠다는 내용이었다. 약속의 증표로 우선 출판사 웹사이트에 게재된 모든 세계지도에 동해를 첨가했다는 말을 전해 왔다. 더불어 한국의 공용어를 중국어와 한글로 표기한 부분에서도 중국어를 삭제하겠다고 밝혔다.

돌링 킨더슬리는 영국에 본사를 두고 있는 30년 전통의 글로벌 교과서 전문 출판사이자 여행 관련 서적 출판사로 초·중·고등학교의 교과서와 여행 서적, 멀티미디어 교육용 시디롬 등을 제작해 미국과 호주, 뉴

질랜드, 인도, 독일, 남아프리카, 캐나다 등지에 공급하고 있다. 규모로 치면 단연 세계 최대이다. 특히 이곳에서 나온 아동 도서는 2001년까지 전 세계 33개 언어로 번역되어 4,500만여 권이 팔릴 정도로 막강한 영향력을 갖고 있다. 배낭 여행객들을 대상으로 한 이 출판사의 관광 안내 서적 역시 전 세계 25개 언어로 1,500만여 권이 팔릴 정도이다. 다시 말하면, 전 세계에 4,000만 권 이상의 책자를 보급하는 교과서 출판사의 오류가 한국 청소년들의 노력으로 시정된 것이다.

반크의 수많은 사이버 외교관들은 지금도 사이버 세상 곳곳을 돌아다니며 한국의 역사와 영토 관련 오류를 시정하도록 요구하고 설득하는 일을 계속하고 있다. 물론 그동안 반크 회원들은 전 세계 학자와 출판사 대표, 웹사이트 담당자들을 상대하면서 그들의 마음을 움직이는 일이 얼마나 어려운지도 알게 되었다. 한국인으로서는 당연한 요구라고 하더라도 그들로서는 오랫동안 자신이 알고 있던 지식을 바꿔야 하는 일이기 때문이다. 처음에는 마음대로 되지 않는 일들에 화도 났지만 이제는 소박하더라도 꾸준히 활동을 계속할 때 그들의 마음을 움직일 수 있다는 사실을 잘 알게 되었다.

많은 사람들이 외국의 유명 교과서나 지도를 만드는 출판사를 상대로 한국사 왜곡을 시정하도록 요구한 반크의 사례를 높이 평가한다. 그러나 나는 평범한 외국인들, 특히 자라나는 외국의 청소년들이나 그들을 가르치는 교사들과 진실한 교류를 통해 한국에 대한 올바른 정보의 씨앗을 심는 것이 더 중요하다고 믿는다. 그 진실한 교류의 씨앗이 결국 외국 교과서를 바꾸는 가장 큰 힘으로 작용하기 때문이다.

동해

한국의 반크는 1990년대 후반부터, 동해라는 한국식 표기의 사용에 대한 전 세계인의 지지를 얻기 위해 세계지도에 오랫동안 사용되어 온 일본해라는 이름을 발견할 때마다 지도 제작자들과 여행사, 그리고 지도 웹사이트 관계자에게 동해 병기를 요구하는 편지와 이메일 보내기 캠페인을 시작했다.

동해가 일본해 못지않게 많은 역사적인 전례가 있다는 반크의 주장은 효력을 발휘하여 지금은 본 사이트를 비롯한 주요 출판사와 주요 지도 제작사 그리고 교육 사이트들이 동해와 일본해를 병기하고 있다.

마침내 한국인들의 애국심이 승리를 거둔 것이다.

— 〈그래픽 맵스〉, 월드 아틀라스닷컴

나는 외무고시를 통과한 외교관도 아니고 한국을 대표할 만한 자격을 갖춘 대사도 아니다. 하지만 평소 공부했던 토익 문장, 외국 친구들과 이메일을 주고받으며 체득한 평범한 영작 실력으로 당당히 세계적인 출판사들을 설득했다. 지금 생각해 보면 이런 용기는 외국인 친구들과 펜팔을 통해 얻은 자신감에서 비롯되었다. 지난 10여 년간 반크는 실로 다양한 해외 박물관, 출판사, 세계지도 제작사, 언론사 등에 서한을 보내고 끈질긴 협상을 계속해 왔다. 그리고 스스로도 알지 못하는 사이에 한국을 대표해 세계인에게 대한민국을 바로 알려야겠다는 사명감을 갖게 되었다.

아래는 한국의 영토를 중국의 영토로 소개한 지도를 웹사이트에 게재한 미니애폴리스 박물관과 세계적인 국제기구인 월드뱅크에서 받은 서한이다.

친애하는 반크

미니아폴리스 박물관 웹사이트에 게재된 중국왕조 지도에 대한 반크의 서한에 감사드립니다.

우리는 당신의 지적을 중요하게 인식하였습니다. 한국을 중국의 영토로 표기한 세계지도는 시정되었습니다.

당신의 관심에 감사드립니다.

미니애폴리스 대외 교섭 관리자

리자 비콜리

한반도를 중국 영토로 표기해 충격을 주었던 세계은행 역시 진심으로 사과하며, 당장 시정 조치하였다는 메일을 보내 왔다. 현재 세계은행은 한국 영토를 중국 영토에서 분리해서 표기하고 있다.

친애하는 반크

우리 웹사이트의 오류를 알려 주셔서 감사합니다. 지금 오류가 발생한 세계지도는 수정되었습니다.

우리 디자이너가 실수를 했고, 검증 과정에서 그 부분을 미처 발견하지 못했습니다. 당신의 감정을 상하게 한 점, 진심으로 사과드립니다.

세계은행 대외부

니콜 프로스트

20여 년 전 외국 대학생들과 펜팔 경험을 나누려고 시작했던 개인 펜팔 사이트는 어느덧 7만여 명이 활동하는 사이버 외교사절단이라는 단체로 성장했다. 그리고 이들 7만 회원의 노력으로 세계 최대 규모의 다국적 교과서 출판사인 돌링 킨더슬리와 내셔널 지오그래픽 등의 지도 제작사가 자사 지도의 일본해 표기를 동해와 병기하게 되었다. 10여 년 전 3퍼센트에 불과했던 동해 병기는 이제 24퍼센트로 증가했다.

나와 대한민국의 미래 이력서를 작성해 보자

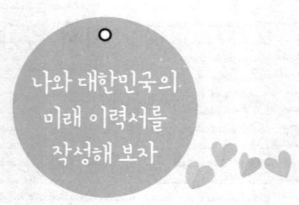

미래의 이력서는 자신의 꿈을 반드시 이루어 냈다는 가정 하에 생생하고 구체적인 이야기로 채워 보자. 단순히 '무엇이 될 것이다'라는 이야기를 넘어 어디서 어떤 모습으로 어떤 일을 해 왔으며 자신의 삶을 통해 한국과 세계가 어떻게 변화되었는지 생각해 보자. 여러분의 꿈을 담은 미래의 이력서가 대한민국의 미래를 창조하고 한국을 통해 지구촌이 변화해 60억 세계인이 대한민국으로 깃드는 꿈을 현실로 만들어 줄 것이다.

	나의 모습	세계 속 대한민국의 모습
~2020		
~2030		

~2040		
~2050		
~2060		
~2070		

"제가 할 일은 없을까요?",
가수 김장훈의 등장

　　　　　　　　　　　　　　"여보세요, 박기태 단장님이신가요?"

2007년 7월, 전화 한 통이 걸려 왔다. 그것도 사무실 전화가 아닌 내 개인 핸드폰으로 말이다. 자신을 김장훈이라고 소개한 그 남자는 대뜸 나를 한번 만났으면 좋겠다고 했다.

'내 핸드폰 번호를 어떻게 알았지?'

연예인이 나에게 전화한 것도, 그가 내 핸드폰을 알아낸 것도 그리고 나를 갑자기 만나겠다고 한 것도 모두 당황스러웠다.

"네, 오세요."

얼떨결에 무작정 오라고만 하고 전화를 뚝 끊어 버렸다.

며칠 후 그가 다시 전화를 걸어 왔다.

"지금 반크 사무실 근처입니다. 사무실로 갈게요."

곧바로 문이 열리고 큰 키의 더벅머리 남자가 들어왔다. 정말 가수 김장훈이었다. 그는 평소 반크의 활동을 지켜봐 왔다며, 도움이 되고 싶어 찾아 왔노라 했다. 연예인과 이야기 한 번 나눠 본 적 없던 나로서는 어안이 벙벙했다. 도움이 될 방법을 묻는 그에게 어떤 대답을 해 줘야 할지 퍼뜩 생각나지 않았다.

김장훈과의 만남

김장훈은 자신의 공연 레퍼토리를 소개하기 시작했다. 그동안 중국이 벌인 고구려 역사 왜곡에 대항해 '살수대첩'이라는 공연을 펼쳤던 이야기며 고이즈미 일본 총리의 야스쿠니 신사 참배와 역사 왜곡을 비난하는 공연 포스터를 제작하는 등 역사의식을 바탕으로 한 공연을 여러 차례 기획·진행했던 이야기를 차근차근 풀어 놓았다. 역사에 관심이 닿아 반크 활동을 마음속으로 지지해 왔으며 정부에서도 하기 힘든 일을 민간 차원에서 몸소 실천해 나가는 반크 회원들이야말로 진정한 애국자라고 생각한다는 말도 덧붙였다.

그는 진심으로 자신이 도울 수 있는 일을 찾고 있었다. 이런저런 이야기를 주고받다 보니 이 사람, 텔레비전에서 봐 오던 가수 김장훈이 아니라 나와 비슷한 꿈을 꾸며 동시대를 살아가는 평범한 대한민국 국민이라는 생각이 들었다. 그제야 나는 마음 편히 내 생각들을 이야기할 수 있었다. 외교관 숫자부터 열세인(중국은 7,000명, 일본은 5,000명인 것에 반해 우리나라 외교관은 고작 3,000명에 불과하다) 우리나라가 중국과 일본의 역사 왜곡에 대응할 수 있는 길은 온 국민이 적극적으로 외교 활동에 나서는 것 아니겠냐는 말에 그 역시 크게 공감했다.

나는 그동안 반크 회원들과 함께 인터넷을 통해 한국을 알리는 일을 해왔지만 앞으로는 오프라인에서도 반크 회원뿐만 아니라 대학생, 일반인과 함께 세계에 한국을 알리는 일을 해나가고 싶다고 생각해 오던 터였다. 1년에 1,200만 명의 한국인이 배낭여행이며 연수, 자원봉사, 취업, 관광 등을 목적으로 해외로 나간다. 그들이 세계 곳곳에서 한국을 홍보할 수 있도록 다양한 홍보 자료를 지원한다면 전 국민이 한국 홍보대사가 될 수 있지 않을까. 하지만 이 프로젝트를 실행하려면 무엇보다 자금이 필요했다. 해외에 나가는 한국인에게 한국을 홍보하는 반크의 자료를 지원하려면 1인당 3만 원 정도의 비용이 소요된다. 즉, 대학생 1만 명의 한국 홍보대사 활동을 지원하려면 3억 원이 필요하고 반크가 목표한 '10만 대학생 글로벌 한국 문화관광 외교대사 양성 프로젝트'를 완성하려면 30억 원이 필요하다.

이러한 생각을 한 것은 대학 때 마음만 충천해 덤볐던 한국 관광 홍보 가이드 실패의 아픈 경험 덕분이었다. 경복궁과 남대문시장을 돌며 다짜고짜 외국인에게 말을 걸었을 때, 나름 한국의 역사와 명소에 대해 공부하고 영어 관광 가이드 학원까지 다니며 준비했지만 외국인에게 내밀 자료가 전혀 없어 난감했었다. 말로 하는 홍보가 아닌, 자료를 바탕으로 한 홍보가 필요했다. 한국에 대해 말로만 설명하기에는 영어 실력이 턱없이 부족하기도 했지만 즉석에서 한국에 대한 모든 것을 설명할 수 있을 만큼 정보와 지식이 풍부하지도 못했기 때문이다.

한국 음식을 영어로 소개한 엽서, 한국의 위치를 담은 세계지도, 한국 문화를 소개한 한국 지도 등 체계적인 콘텐츠를 세련된 디자인에 담은 자료가 있다면 외국인에게 한국을 소개할 때 큰 도움이 될 것이 분명했다. 하지만 꿈꾸던 일을 실현시키기에는 수많은 어려움이 있었다. 반크 활동 초창기, 한국에 관한 홍보 자료를 구하고 싶어 관련 정부 기관을 찾은 적이 있다. 개인적으로 한국을 알릴 수 있는 홍보 자료를 구하고 싶다고 도움을 요청했지만 보기 좋게 거절당했다. 정부 부처에서 만든 홍보 자료를 어렵사리 구했지만 책처럼 두꺼운 홍보물이 대부분이라 여행자들이나 업무차 외국에 나가는 이들이 가볍게 들고 다니며 한국을 홍보하기에는 무리가 있었다. 인사동에서 파는 작은 기념품마저도 값이 너무 비싸거나, 대부분 중국산이었다.

이야기를 듣던 김장훈은 자신이 찾던 바로 그 프로젝트라며 기뻐했다. 그는 프로젝트의 후원인이 되고 싶다며 텔레비전 광고 모델료로 받은 1억 원을 그 자리에서 쾌척했다. 1억 원이라는 어마어마한 돈을 처음 만나는 사람의 말만 믿고 즉석에서 지원하기로 결정하다니, 참 대단하다는 생각이 들었다.

21세기 광개토대왕 꿈날개 프로젝트

가수 김장훈과의 만남 덕분에 2008년부터 해외로 나가는 유학생들에게 우리나라 지도, 세계지도, 엽서, 잡지 등 다양한 한국 홍보물을 지원하는 이른바 '21세기 광개토대왕 꿈날개 프로젝트'를 시작했다. '21세기 광개토대왕 꿈날개 프로젝트'란 세계화로 인해 지속적으로 증가하는 출국자들에게 한국을 홍보할 수 있는 자료를 제공해 중국의 동북공정, 일본의 독도 영유권 주장, '동해'의 '일본해' 표기 등에 대응하는 한국 홍보대사로 위촉하는 것이다. 적은 외교관 숫자로는 감당하기 어려운 민간 외교의 영역을 해외로 출국하는 약 10만 명의 한국 청년들 스스로 구축하고, 이를 가수 김장훈과 반크가 적극 지원함으로써 동북아 역사·영토 분쟁에 폭넓고 유연하게 대처하는 것이 그 목표이다.

출국 예정인 청년들이 캠페인 사이트에 방문해 방문 예정 국가를 기입하고 한국 홍보 활동 계획을 제출하면 반크에서는 소정의 심사를 거친 후 한국 역사(고구려, 동북공정), 한국 영토(독도, 동해), 한국 문화 등 3가지 분야로 구성된 다양한 한국 홍보 책자와 세계지도, 영문 엽서, 기념품 등을 제공한다. 홍보 물품을 받은 신청자들은 해외에서의 활동 결과를 반크에 제출한다. 반크는 이들을 대한민국 대표 민간 외교사절단으로 위촉하고, 우수회원 시상을 통해 활동을 독려한다. 여기에서 가수 김장훈은 홍보 자료 제작과 공급에 필요한 후원과 기증을 맡고, 반크는 회원들을 교육하고 캠페인 사이트를 운영하는 것이다.

노래보다 단체를 홍보하는 콘서트

가수 김장훈이 반크에 기부한 것은 단순히 물질적인 것만이 아니다. 그는 반크의 꿈을 대한민국의 꿈으로 만들겠다며 반크의 홍보대사를 자청

반크 홍보대사로서 가수 김장훈은 100점 만점에 1,000점을 줘도 부족할 만큼 열정적이다.

했다. 반크 홍보대사로서 가수 김장훈은 100점 만점에 1,000점을 줘도 부족할 만큼 열정적이다. 매년 '21세기 광개토대왕 꿈날개 프로젝트'를 통해 외국에 나가는 젊은이들을 위한 '한국 홍보대사 위로 콘서트'를 개최하는 것은 물론 일반 국민들이 보다 적극적으로 반크의 활동에 참여할 수 있도록 반크 활동을 일반인들에게 알리는 홍보 공연을 전액 자비로 개최했다.

어느 날인가는 모임에서 처음 만난 교수가 반크를 잘 알고 있노라며 가수 김장훈에 얽힌 일화를 소개했다. 한국의 글로벌 여성 리더 수천 명을 대상으로 한 대형 리더십 컨퍼런스에 자신도 초대되었는데, 그 자리에 가수 김장훈이 초대 가수로 노래를 불렀단다. 그의 열창이 끝나자 객석에서는 앙코르 요청이 쏟아졌고 가수 김장훈은 객석을 향해 감사 인사를 하며 이런 말을 했다고 한다.

"이 자리에 참석하신 여성 리더 여러분, 반크라는 단체에 대해 들어보신 적 있습니까? 반크는 세계에 한국을 알리는 '사이버 외교사절단'입니다. 이 단체의 핵심 활동가는 우리 청소년들입니다. 우리나라 청소년들이 전 세계 외국인들이 보는 교과서, 세계지도, 백과사전에 '독도'가 '다케시마'로 되어 있거나 한국 역사에 대해 잘못 기재된 부분을 바로 잡는 일에 앞장서고 있습니다. 이들은 전 세계의 외국인들과 펜팔을 통해 꿈과 우정을 나누며 한국을 홍보하는 자랑스러운 일을 하고 있습니다. 이런 훌륭한 단체에 여기 계신 여성 리더분들의 자녀들이 가입한다면 그들 역시 여러분 못지않은 세계적인 리더로 성장하지 않겠습니까. 여러분들의 자녀가 반크 활동에 참여한다면 그들은 어릴 때부터 한국 역사를 사랑하고 한국 문화를 세계인에게 알리려 노력하게 될 것이고 이는 장차 여러분들의 자녀가 대한민국을 대표하는 세계적인 리더로 성장할 수 있는 기회가 될 것입니다. 여러분이 여러분의 자녀에게 반크 가입을 권유하시겠다면 앙코르 송 요청에 기꺼이 응하겠습니다."

청중들의 반응은 뜨거웠고, 그 교수 역시 몹시 감동받았다고 한다. 서울 시장과 그의 부인 그리고 사회 각계각층의 수많은 리더들이 참석한 자리에서 가수가 자신의 노래보다 자신이 홍보대사를 맡고 있는 단체를 홍보하는 데 매진하는 모습은 모두에게 처음이었던 것이다.

2만 명의 회원이 7만 명으로

반크 홍보대사로써 가수 김장훈은 대학 축제 공연장, 콘서트 무대 또는 〈무릎팍 도사〉와 같은 방송 출연 기회가 있을 때마다 반크를 알리고 회원을 유치하는 데 온 힘을 기울였다. 때때로 늦은 밤 전화해 자고 있던 나를 깨워 자신에게 한국을 알릴 수 있는 새로운 아이디어가 있는데 그 프로젝트를 반크에서 추진할 수 있는지, 아니 반드시 추진해야 한다며 협박 아닌 협박을 할 때도 있다.

김장훈이라는 사람은 나에게 직장 상사와 같은 존재다. 그는 내가 꿈꾸고 행동하는 것 이상으로 더 큰 꿈을 꾸고 그것을 행동으로 직접 실천하는 인물이기 때문이다. 가수 김장훈의 반크 홍보대사 활동 실적은 눈에 띄게 훌륭했다. 반크가 가수 김장훈과 인연을 맺기 전까지 2만 명 정도였던 회원 수는 그가 홍보대사 활동을 시작하고부터 급속히 늘어나 7만 명으로 증가했다. 뿐만 아니다. 한국의 다양한 기관으로부터 반크와의 협력을 요청하는 사례도 늘어나 협력 기관이 많아졌을 뿐만 아니라 활동의 폭 역시 넓어지게 되었다.

많은 사람들이 나에게 묻는다. 도대체 어떻게 설득했기에 그가 반크에 그런 거금을 기꺼이 후원하고, 또 열성적으로 홍보대사 활동을 하는 것인지 궁금하다는 것이다. 그런 질문을 받을 때마다 솔직하게 대답한다. 나는 아무것도 한 게 없다, 단지 김장훈의 꿈이 나의 꿈이고 나의 꿈이 반크의 꿈이며 반크의 꿈이 대한민국의 꿈이었기에 우리가 하나 될 수 있었던 것뿐이다, 라고.

고쟁이 속 쌈짓돈,
희망의 불씨를 지피다

사실 김장훈이라는 든든한 지원군을 얻기 전, 반크는 또 다른 의미 있는 인연을 만난 적이 있다. 2002년, 반크 사무실로 한 통의 전화가 걸려 왔다.

"거기가 반크라는 곳인가요?"

척 듣기에도 연세가 꽤 있으신 듯한 할머니 목소리였다.

"네, 그런데요."

"나는 올해 나이가 일흔셋인 늙은이인데요. 흐흑……."

갑자기 울음을 터트리신 그분은 아무 말도 못하고 한참을 울기만 했다. 그분의 존함은 박정자, 신문에서 우연히 반크라는 단체가 일제강점기의 잔재인 '일본해' 표기를 '동해'로 되돌려 놓았다는 기사를 보고 반크에 전화하신 것이다. 할머니는 당신 세대의 뼈아픈 한을 풀어 준 젊은 세대들에게 꼭 감사의 말을 전하고 싶었다고 했다. 한국 역사의 아픔을 치유하고 빼앗긴 시간을 되찾기 위해 노력하는 모습에 깊이 감동받으셨다며 '동해' 표기 문제뿐만 아니라 일본군 위안부 문제 등 아직도 청산하지 못한 일제강점기에 일어난 잔재들을 해결하고 맺힌 한을 풀어 달라는 부탁도 잊지 않았다. 그러고는 반크 활동에 도움이 되고 싶다며 한사코 계좌번호를 알려 달라셨다.

"할머니, 정말 괜찮아요."

거듭 거절하자 할머니는 큰 금액은 아니니 부담가지지 말고 받아 달라, 액수는 적어도 자신에게는 정말 소중한 돈이니 잘 사용해 달라는 부탁도 하셨다. 통화를 마치고 텔레비전에서 가끔 접하던 연세 지긋하신 독지가가 좋은 일에 사용해 달라며 거액을 기부했다는 소식을 떠올렸다.

그 가슴 벅찬 감동이란!

다음날, 설레는 마음으로 통장을 확인했다. 입금액 5만 원. 순간 멍했다. 거액을 기대했다가 실망한 얄팍한 내 마음을 누구에게 들키기라도 한 것처럼 얼굴이 다 화끈거렸다. 할머니의 순수하고 깊은 뜻을 돈의 액수로 섣불리 예상해 버린 나의 못된 마음이 한없이 부끄러웠다. 생전 처음 통화한 젊은이를 붙들고 오랜 시간 말없이 눈물 흘리시던 할머니의 순수한 꿈을 난 돈이라는 잣대로 판단하려 했던 것이다. 이러한 이중적인 행동은 나 스스로에게도 충격이었다.

나는 이 귀한 5만 원으로 무엇을 해야 할머니의 뜻을 잘 펼칠 수 있을

반크에서 만든 세계지도는 외국 유학을 떠나는 학생들 손으로 세계 곳곳의 교실에 붙여졌다.

까 고민하기 시작했다. 그때의 그 5만 원이 계기가 되어 시작하게된 것
이 독도가 올바르게 표기된 대형 세계지도를 제작해 전 세계 초·중·고
등학교에 직접 배포하는 프로젝트이다. 2005년까지만 해도 반크 회원들
의 활동은 '독도'와 '동해' 표기가 잘못된 해외의 세계지도와 교과서 출
판사에 시정을 건의하는 소극적인 수준에 국한되어 있었다. 하지만 시간
이 지날수록 욕심이 생겼다. 외국의 출판사가 실수를 인식하고 정정하기
를 기다리는 것만이 최선일까. 일제강점기의 할머니 세대는 우리 것을
지킬 만한 힘이 없었던 불운한 세대였다. 당신들이 겪고 있는 아픔을 세
계에 적극적으로 호소할 방법도 없었다. 하지만 지금의 한국 청년들은
다르다. 전 세계 어떤 나라든 자유롭게 오갈 수 있고 외국인도 쉽게 만날

50

수 있다. 그런데도 잘못된 내용을 지적하고 바꾸어 줄 때까지 기다리기만 하는 수동적인 수준의 활동만 계속할 필요가 있을까. 보다 적극적으로, 우리가 먼저 올바른 내용이 기재된 세계지도와 자료를 외국에 전한다면 반크의 활동 역시 무한대로 확장될 수 있을 것 같았다.

우선은 독도가 바르게 표기된 영문 세계지도를 직접 제작해 반크 회원과 해외 유학생들에게 나누어 준 다음 그들이 지도를 해외의 펜팔에게 보내고, 그 친구들이 그 지도를 학교에 부착하는 캠페인을 시작했다. 물론 반크와 같은 민간 단체가 전 세계의 학교에서 사용할 만큼 품질 좋은 영문 세계지도를 제작한다는 것이 말처럼 쉽지는 않았다. 예산도 큰 문제였다. 하지만 할머니의 5만 원에 반크가 가지고 있던 자금을 더해 300장의 세계지도를 제작하는 데 성공했다. 처음 반크 사무실로 지도가 배달되었을 때 그 가슴 벅찬 감동이란!

지도 속 영토 바로잡는 청년들의 꿈

반크에서 만든 세계지도는 외국 유학을 떠나는 학생들 손에 전해져 세계 곳곳의 교실에 붙여졌다. '독도'를 '다케시마'로 표기한 세계지도를 걷어 내고 '독도'라고 인쇄된 세계지도를 자랑스럽게 교실 벽에 붙인 뒤 찍은 사진을 받아 보았을 때의 감동은 정말 그 무엇과도 바꿀 수 없을 만큼 벅찼다. 할머니의 눈물로 시작된 '독도' 표기 세계지도는 지금 10만 장이 넘게 제작되었고, 할머니의 뜻대로 젊은 세대들은 지금 이 순간에도 전 세계 초·중·고등학교에 '독도' 표기 세계지도를 붙이고 있다.

반크의 꿈을 향한 가수 김장훈의 전폭적인 믿음과 지원은 바로 반크의 꿈에 투자하신 할머니의 눈물어린 5만 원으로부터 시작되었다. 반크의 활동을 말없이 지켜보고 계신 할머니의 눈물과 홍보대사 김장훈의 열정, 그리고 한국 청년들의 꿈이 세계지도 속 한국의 영토를 바로잡아 나가고 있다. 세계인들에게 한국의 영토가 '일본 근처의 나라(Near Japan)', '중국 근처의 나라(Near China)'가 아닌 '대한민국(Korea)'으로 오롯이 불리고, 강대국들이 '대한민국 근처의 나라(Near Korea)'로 변하고 있는 것이다.

우리에겐
'스파르타 정신'이 필요해

      2010년 8월, '한국 홍보전사 300'이라는 이름으로 한국 청년들의 위대한 도전이 시작되었다. 가수 김장훈의 후원으로, 여름방학에 어학연수나 자원봉사, 워크캠프 등을 떠나는 대학생들 가운데 해외 체류 기간 동안 한국을 홍보할 패기 넘치는 젊은이들을 모집했다.

  '한국 홍보전사 300' 프로젝트는 영화 〈300〉에 등장했던 300명의 스파르타 용사에서 아이디어를 얻어 시작한 것이다. 기원전 480년 페르시아 100만 대군이 그리스를 침공했을 때, 스파르타의 용사들은 수적인 열세에도 불구하고 두려움 없이 침략에 맞서 당당히 싸웠다. 300명의 스파르타 용사들이 품었던 강인한 정신이야말로 지금까지 제대로 평가받지 못했던 대한민국의 위상을 세계에 떨칠 수 있는 있는 방안이라는

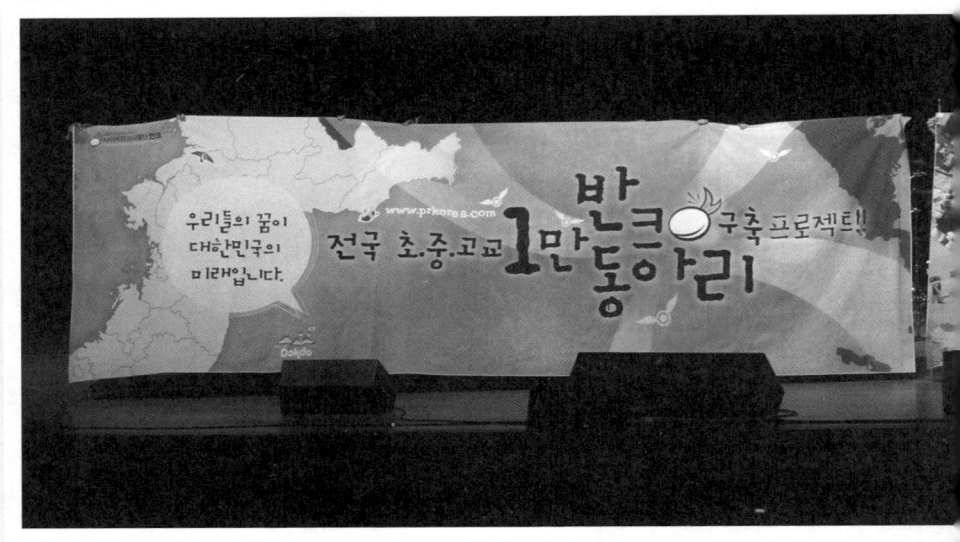

김장훈과 함께하는 '1만 동아리 10만 한국 홍보전사' 발대식.

생각이 들었다.

'한국 홍보전사 300' 프로젝트는 모집 공고문 게재 한 달여 만에 1,200명도 넘는 지원자가 몰릴 정도로 큰 호응을 얻었다. 정부가 임명하는 공식적인 외교관을 모집하는 것도 아닌데, 그렇게 많은 젊은이들이 시간과 자비를 들여가면서까지 한국을 알리고 싶어 하는 이유는 무엇일까.

한 참가자는 자신의 지원 동기를 다음과 같이 밝혔다.

캐나다 어학연수 시절, 뉴욕으로 여행을 가게 되었다. 길거리를 지나가다가 만난 한 미국인이 "중국에서 왔습니까(Are you from China)?" 하고 물

었다. 아니라고 대답하자 "일본에서 왔나요(Are you from Japan)?" 하고 되물어 왔다. 또다시 아니라고 하자 "어디에서 왔나요(Where are you from)?" 하고 묻는 것이다. 외국인들의 머릿속 세계지도에서 한국은 아직 뿌연 안개 속에 서 있는 것 같다.

수십 년 후 나의 자녀들이 미국의 거리 어디에선가 외국인을 만났을 때 그들이 첫눈에 우리가 한국인임을 알아보고 "한국에서 왔습니까(Are you from Korea)?" 하고 물어보기를 소망한다. 지금 내가 외국에서 하게 될 한국 홍보 활동은 그날을 위한 작은 시작이다.

또다른 참가자의 사연도 인상적이었다.

유럽 배낭여행 중이었다. 외국인들이 어디에서 왔는지 물어 올 때마다 한국에서 왔다고 대답했다. 하지만 뜻밖에도 대부분의 사람들이 북한인지 되물어 왔다. 의아한 쪽은 나였다. 남한에서 왔다고 답했지만 세상에! 그들은 남한이 어디에 있는지 또다시 질문을 던졌다.

외국인에게 한국의 위치를 알려 주기 위해 한국은 중국과 일본 사이에 있다고 대답할 수밖에 없었다. 어쩔 수 없는 상황이었다. 그제야 그는 한국이 어디 있는지 알 것 같다고 했다.

내가 펼친 한국 홍보 활동을 통해 외국인들에게 자연스럽게 한국의 위치를 알리고 그 위상을 높일 수 있다면 일본과 중국의 유학생들이 자신의 나라를 한국 옆에 있는 나라라고 설명하게 되지 않을까. 자신들의 나라가 한국이라는 나라 옆에 있다는 것이 자랑스러울 정도로 당당한 한국의 이미지를 만들고 싶다.

외국에 다녀온 상당수 대학생들이 꼭 하는 이야기가 있다. 외국인들은 한국을 일본이나 중국 옆에 있는 나라, 한국전쟁의 상처가 아물지 않은 분단국가로 인식하고 있다는 것이다. 무엇보다 한국하면 떠오르는 이미지가 없다고 하소연한다.

반크의 미래는 바로 거기에 있다. 세계로 진출하는 한국의 청년들, 인터넷으로 세계 각국의 사이트에 접속하는 한국의 네티즌들을 한국 홍보 대사로 변신시켜 그들이 세계인들에게 한국을 아시아의 중심국으로 인식시키고, 한국을 세계인들에게 가장 친근한 이미지의 나라로 만드는 것

56

이다. 그 프로젝트가 바로 '10만 대학생 글로벌 한국 문화관광 외교대사 양성 프로젝트'이다.

02

나만을 위한
꿈이 아닌
모두를 위한
꿈을 품어라

자기주도적으로
생각하고 활동하는 아이들

외국 친구들이 세계지도에서 한국을 찾아보고, 한국 식당을 찾아 김치를 먹어 보고, 한국어를 배우려고 한다면? 한국어 사전을 사고, 한국 드라마를 보다가 밤새웠다며 함박웃음을 지을 그들의 모습을 상상해 보자. 이게 단지 나 혼자만의 꿈일까? 현재 반크에 가입해 활동하는 교사와 학생들은 7만 명에 이르고 반크 동아리는 자그마치 300여 개에 달한다. 반크 동아리는 어떻게 해서 이렇게 많아질 수 있었을까. 반크 동아리를 꾸리고 있는 김윤신 선생님의 다음 글을 살펴보자.

저는 외국인을 만나는 일이 두려울 정도로 영어를 잘 못하고, 국제적 감각도 뛰어나지 않은 평범한 대한민국의 교사 김윤신입니다.

제가 반크 동아리를 접하게 된 것은 6학년 담임을 맡으면서 아이들이 의

무감 때문에 무력하게 등교한다는 느낌을 받을 무렵이었습니다. 변화를 일으킬 만한 그 무엇인가가 절실했습니다. 질문을 해도 아무런 생각 없이 간단한 대답조차 않는 흐리멍덩한 눈빛의 아이들 앞에서 교사인 저도 점차 무력감에 빠져들었습니다. 이 아이들을 어떻게 해야 할지 늘 고민이었죠. 그 고민의 실마리를 반크에서 찾을 수 있었습니다. 반크를 동아리 활동에 적용한 이후부터 교실에 활력이 넘치고 아이들의 눈이 빛나기 시작했습니다. 마치 생선가게에 놓여 있던 물고기들이 물 위로 솟아오르는 것처럼 펄떡이는 모습이라고 할까요?

우리 반의 반크 동아리 활동은 외국 학교와 이메일 펜팔로 학급 교류를 하는 것에서부터 시작되었습니다. 반크가 소개하는 학급 교류 사이트를 통해 "우리 학교 학생들과 인터넷 세상을 유목민처럼 누비며 새로운 문화를 공유하자"라는 내용의 글을 남기자 호주와 미국 미시건주의 초등학교 교사들로부터 연락이 왔습니다. 양국 학생들과의 교류는 그렇게 시작되었죠. 물론 초등학생들이 처음부터 영작해 외국인 친구들에게 이메일을 보내는 일은 그리 쉽지 않았습니다. 하지만 아이들은 용기 내 도전했고, 인터넷과 컴퓨터를 적절하게 활용하며 어려움을 단계적으로 극복해 냈습니다.

이메일로 친구를 사귀는 일도 사람을 직접 만나는 일만큼이나 첫인상에서 오는 신뢰감이 중요하기에 저는 우선 우리 반 아이들에게 사진을 보여 주도록 권유했습니다. 그러자 외국 교사들도 모든 아이들의 사진을 찍어 메일로 보내 주었습니다. 이메일이 오가면서 미국 미시간 지역은 농장을 운영하는 가구가 많아 말이 20마리나 되는 친구들도 있다는 이야기를 접하기도 하고 도시에 살고 있는 우리 아이들의 정서에는 상상만 해도 즐거운 화제들이 쏟아져 나오기 시작했습니다. 아이들은 흥분하며 기뻐했고, 교실 안에는 활력이 넘쳤습니다. 자신을 영어로 소개하면서 스스로에 대해 곰곰이 생각할 기회를 갖게 됨으로써 심적으로 훌쩍 성숙할 수 있었을 뿐만 아니라 외국인 친구들이 우리 문화에 대해 물을 때마다 적극적으로 자료를 찾아 우리 문화를 소개하고 설명하는 방법도 체득했습니다.

반크 동아리 활동을 하면서 아이들에게 생긴 가장 중요한 변화는 학교에서 보내는 하루하루를 새롭고 신나게 여긴다는 것입니다. 아이들은 관심과 사랑을 먹고 자랍니다. 지구 반대편의 외국인 친구들이 관심을 보이는 모든 것을 소중히 여기기 시작했습니다. 그런 와중에 외국 친구들이 보는 교과서, 세계지도, 인터넷에 우리나라의 왜곡된 역사가 퍼져 있다는 사실을 알게 되자 한국을 바르게 알리는 활동을 주도적으로 시작했습니다.

이제 아이들은 학교에서 보내는 하루하루를 보람과 감동으로 새롭게 채워 나가고 있습니다. 수동적으로 빈 칸 채우기나 숫자 써넣기를 하던 아이들이 스스로 일어서서 움직이며 땀을 흘립니다. 때로는 시간가는 줄 모르고 몰입합니다. 반크 활동을 하면서 아이들은 대가가 따르지 않는 일들을 기꺼이 할 줄 알게 되었습니다. 시키지 않는 일을 찾아 하는 아이가 드문 요즘, 대가를 바라지 않고 봉사에 참여하는 이름 없는 천사의 모습을 교실에서 흔히 볼 수 있게 되었습니다. 시켜서 하는 것이 아니라 찾아서 하는 것입니다.

이제 우리 반 아이들은 가슴속에 대한민국 태극기를 하나씩 달고 공부합

니다. 대한민국을 대표하는 사이버 외교관이라는 생각에 공부에 대한 목
표의식이 뚜렷해지고 의욕이 끓어 넘칩니다.

아이들이 자신의 길을 찾도록 도와주는 것은 21세기를 준비하는 선생님
의 의무입니다. 학생들에게 반크 동아리 활동은 교실 가득 행복의 허일을
가져올 것이라 굳게 믿습니다.

김윤신 선생님은 반크 활동을 하며 세계 속에 한국의 이미지와 한국
이 변화하는 모습을 직접 보았다. 변화의 중심에서 변화의 증인이 된 사
람에게는 그 변화를 사람들에게 알리고 싶은 강력한 바람이 생기게 된
다. 그것은 반크 활동에 참여한 회원들이 반크를 자신들의 학교와 부모,
사회에 적극적으로 알리려는 이유이기도 하다.

그렇다면 반크 활동에 참여하고 있는 청소년들 스스로에게 생긴 변화
는 무엇일까? 첫 번째로 꼽을 수 있는 것이 '건강함'이다. 나는 폭력성이
강한 게임과 저질 음란 사이트에 빠져 허우적거리던 수많은 청소년들이
반크의 사이버 외교관 활동을 통해 전 세계 청소년들과 소통하며 꿈과
우정을 나누는 모습을 보았다. 인터넷의 폐해에 고스란히 노출되어 있던
청소년들이 인터넷을 건강하게 사용하는 모습을 보게 된 것이다. 나는
반크에서 활동하는 청소년들이 전 세계 학생들과 꿈과 우정을 나누며
피부색과 언어를 떠나 '세계는 하나'라는 밝고 아름다운 세계관을 갖게
되고 인터넷을 건강하게 사용하는 모습을 직접 보았다.

두 번째 큰 변화는 교실을 감옥처럼 갑갑하게 생각하며 수업 시간에

목적도 없이 우두커니 앉아만 있던 청소년들이 자발적으로 수업에 참여하게 되었다는 점이다. 그들은 특히 한국사, 세계사, 영어, 문학 공부에 매진하게 되었다. 외국인들이 한국인과 친구가 되면 한국에 대해 궁금한 게 많아진다. 그들은 자신과 사귀게 된 한국인 친구에게 한국사를 비롯한 한국의 모든 것을 알려 달라고 요청한다. 외국인 친구의 질문에 제대로 대답하기 위해서라도 반크의 청소년들은 자발적으로 자신의 나라, '대한민국'을 공부하게 된다. 그들은 또한 외국인 친구의 나라와 세계사에 대해서도 관심을 갖게 된다. 그리고 그 친구와 조금이라도 더 원활하게 의사소통을 하고 싶은 마음에 영어 공부도 열심히 하게 된다. 이러한 과정을 통해 반크의 청소년들은 시험 위주의 암기식 공부에서 벗어나 자발적으로 찾아서 하는 공부 방법을 터득하게 된다.

마지막으로 나는 반크 활동을 통해 대한민국 사회가 변하는 것을 목격했다. 전 세계 60억 외국인을 대상으로 하는 반크의 한국 홍보 활동은 대한민국 이미지를 개선시켰다. 그 과정 속에서 대한민국의 정치·경제·사회·문화적 수준 역시 높아지고 변화를 거듭했다. 세계에 한국을 홍보하려면 한국인 스스로가 한국을 바로 알고 사랑해야 하며, 외국인에게 부끄럽지 않기 위해서라도 우리 스스로 잘못된 부분을 고쳐야 하기 때문이다.

반크 동아리를 학교에 처음 개설한 사람은 2005년 민족사관고등학교 1학년에 재학 중이던 조윤현 양이었다. 윤현 양은 중학교 3학년 때 처음으로 반크 활동을 시작해 사이버 외교관 교육 프로그램을 수료한 후 반크 활동을 해나가며 반크의 교육 프로그램처럼 좋은 내용을 자기만 알고 있는 것이 안타까웠다고 한다. 주변 친구들과 반크 활동을 함께 할 수는 없을까 하는 윤현 양의 고민은 실천으로 이어져 반크를 학교 동아리 활동의 일환으로 만드는 새로운 프로젝트를 탄생시켰다. 조윤현 양의 제안으로 시작된 민족사관고등학교의 반크 동아리 활동은 점차 다른 학교로까지 확대되어 이제는 300여 개의 학교에 반크 동아리가 생겨났다.

비전과 열정에서 이어진 자발적인 힘

반크의 힘은 반크의 비전과 열정을 체득하게 된 청소년과 교사들이 각자의 일상으로 돌아가 학교에 반크 동아리를 만들어 내는 자발적인 힘으로 이어졌다. 이제 반크의 힘은 우리의 젊은이들, 청소년들이 부대끼며 공부하고, 뛰어 노는 학교에서 나온다. 나는 확신한다. 입시 위주의 척박한 교육 환경 속에서도 나 자신보다 주변을 돌아보고, 자신의 조국을 위해 봉사하려는 반크의 청소년들이 있는 한 대한민국의 미래는 분명 우리가 꿈꾸는 것 이상이 될 것이라고. 반크는 앞으로 청소년들과 함께 우리나라 1만 1,000여 개의 초·중·고등학교에 반크 동아리를 개설해 우리나라의 모든 학교 현장에서 사이버 외교관을 배출할 꿈을 꾸고 있다. 이 꿈을 이루기 위해 나는 교육청에서 실시하는 교사 연수를 통해 반크의 활동을 알리고 있다. 세계적인 인재로 성장하고 있는 반크 청소년들의 활약상을 교사들에게 보여 주고, 그들이 학교에 반크 동아리를 만들 수 있도록 용기를 북돋우며 격려하고 있다.

세계를 움직이는 힘은
어디서 나올까

2010년 7월, 주한 미국 대사관에서 전화가 왔다. 미국 정부가 전 세계 글로벌 리더들을 대상으로 개최하는 '국제 방문자 리더십 프로그램'에 나를 초대하겠다는 내용이었다.

미국 정부는 전 세계 18개국에서 21명의 리더들을 선정했다. 21명의 리더들이 약 3주간의 일정으로 워싱턴, 벌링턴, 플로리다, 뉴멕시코, 시애틀 등의 미국 주요 도시를 돌며 미국의 정부 관계자와 혁신적인 단체 리더들을 만나 강연과 세미나를 진행하는 프로그램에 초대된 것이다. 물론 왕복 항공료와 체제비 등의 경비는 전액 미국 정부에서 지원하는 조건이었다. 지난 50년간 이 프로그램에 참여한 수많은 국제 리더들은 현재 각 나라의 대통령과 국무총리, 국회의원, 국제기구의 대표, CEO 등이었다고 한다. 무엇보다 이 프로그램은 그들에게 전 세계 글로벌 리더들과 깊은 우정을 나누며 미국의 정치·경제·사회·문화 리더들과 교류할 수 있는 절호의 기회였다.

　미국 대사관 관계자는 나에게 프로그램에 참여해 전 세계 글로벌 리더들에게 한국을 알리는 한국 홍보대사 역할을 해줄 것을 부탁했다. 내가 글로벌 리더들에게 한국을 알리는 홍보대사가 되다니! 정말 얼떨떨했다. 20년 전, 해외 유학과 어학연수를 그토록 원했지만 비용 때문에 포기해야 했던 나에게 뜻밖의 큰 기회가 주어진 것이다.

아프가니스탄 하면 떠오르는 것

그렇게 도착한 미국에서 한 아프가니스탄인 친구가 물었다.

　"'아프가니스탄' 하면 어떤 이미지가 떠오르나요?"

　"전쟁이요."

　아차, 싶었지만 이미 때는 늦었다. 순간 미안한 마음에 어쩔 줄 몰라 하는 나를 보고 그는 이해한다는 듯 고개를 끄덕였다. 아프가니스탄에도 분명 내가 모르는 다른 것들이 존재할 것이다. 하지만 나는 왜 하필 전쟁을 떠올렸던 걸까. 곰곰이 생각해 보니 그것은 내가 알고 있는 아프가니스탄에 대한 모든 정보가 전쟁으로만 모아져 있었기 때문이었다. 어린 시절 열광했던 '람보'와 같은 미국 영화들, 언론을 통해 알게 된 국군의 아프가니스탄 파병과 그에 따른 정치적 혼란, 외신에 꾸준히 등장하는 테러와 암살, 납치 사건 등은 세계인들에게 '아프가니스탄은 위험한 나라'라는 인식을 확실하게 심어 주었다. 내가 직접 방문해 본 적도 없고 현지인을 만나 본 적도 없는 '아프가니스탄'이라는 나라에 대한 정보는 오롯이 내가 매일 접하는 신문과 방송, 교과서, 웹사이트에 기록된 자료 등에 의존할 수밖에 없었다. 내가 알고 있는 아프가니스탄에 대한 정보는 결국 아프가니스탄에서 직접 소개한 것이라기보다 해외에서 전하는 정보에서 시작된 것이 대부분이었다.

아프가니스탄인 친구는 나에게 아프가니스탄 사람들이 얼마나 따뜻하고 착한 사람들인지, 아프가니스탄이라는 나라가 얼마나 아름다운지에 대해 1시간에 걸쳐 설명해 주었다. 그는 장차 대통령이 되어 '아프가니스탄' 하면 전쟁을 먼저 떠올리는 세계인들에게 진정한 아프가니스탄의 모습을 알리고 싶다고 말했다.

그런데 다음 일정을 위해 미국 내 다른 지역으로 이동하던 중 그 아프가니스탄인 친구에게 문제가 발생했다. 우리는 유독 그 친구만 공항 검색대에 붙잡혀 이것저것 질문을 받으며 오랜 시간 조사받는 모습을 보게 되었다. 공항 직원은 그 친구를 테러리스트나 범죄자처럼 대했다. 다행히 우리를 인솔했던 미국 정부 직원이 그가 미국 정부의 초청을 받아 입국한 사람임을 증명해 주어 겨우 통과할 수는 있었지만 그때 그 아프가니스탄 친구의 슬픈 눈빛은 지금까지도 잊히지 않고 뇌리에 깊이 박혀 있다.

우리는 한국 옆에 있는 나라

불과 50년 전만 해도 한국은 아프가니스탄과 별반 다르지 않은 '전쟁 국가'의 이미지를 갖고 있었다. 심지어 북한은 최근까지도 세계적인 테러 국으로 낙인찍힌 상태다. 게다가 많은 외국인들이 한국을 남한과 북한으로 구분해서 생각하지 않는다. 실제로도 최근까지 해외, 특히 유럽의 공항 검색대에서는 한국인이 종종 아프가니스탄인 친구가 당했던 것과 비슷한 일을 당하곤 했다. 지금도 한국에 대한 이미지가 그다지 좋다고 할 수만은 없다. 미국에서 만난 대부분의 사람들은 내가 친절하게 미소를 지으며 인사를 건네면 일본인이라고 오해하고, 가격을 깎아 달라면 중국인이라고 오해했다. 또, 미국에 머물면서 만난 전 세계의 리더들이 일본 문화에 대해 동경과 환상을 갖고 있거나 일본 음식을 고급 접대 음식으로 여기는 것을 보고 울컥하기도 했다. 한국이 어디쯤에 붙어 있는 나라인지는 관심조차 없는 사람들이 바로 옆 나라인 일본에 대해서는 역사와 문화, 음식까지 줄줄 꿰며 상당한 동경과 호감을 표현할 때면 일본을 깎아 내리고픈 충동이 발동했다.

심지어 국제 정세를 논할 때마다 그들은 앞으로 세계를 움직이는 가장 큰 힘은 바로 미국과 중국이 가지게 될 것이라고 이구동성으로 말하곤 했다. 그럴 때마다 나는 마음속으로 중국 바로 옆에 있는 한국의 가능성도 주목해 보라고, 세계를 움직이는 가장 큰 힘은 바로 한국, 한국인에서부터 시작될 거라고 소리쳤다. 하지만 이 마음속 외침이 실현되는 날은 반드시 올 것이다. 친절한 아시아인을 만날 때면 "한국에서 왔죠?"라고 말하게 될 날, 중국이 아닌 한국의 역사와 문화에 대한 동경을 시작으로 아시아에 새로운 관심을 가지게 될 날 그리고 중국과 일본의 청년들까지도 '우리는 한국 옆에 있는 나라'라고 말하게 되는 날이 반드시 올 것이다.

"통일,
왜 해야 하죠?"

         미국에 머무는 동안 글로벌 리더들과 차츰 친해지면서 '한국'하면 가장 먼저 떠오르는 이미지가 무엇인지 물어보게 되었다. 많은 이들이 '분단국가'와 '북한'을 떠올렸다. 전 세계 언론에 북한이 워낙 자주 등장하다 보니 한국에 대해서 잘 모르는 외국인들도 북한은 알고 있었고, '북한'과 '대한민국'을 분리해서 생각하지 않고 있었다.

    한번은 이스라엘 글로벌 리더가 뜬금없이 자신은 북한에 대해 긍정적으로 생각하고 있다고 말한 적이 있다. 특히 북한이 2010년 남아프리카 월드컵 대회에서 보여 준 경기 내용에 강한 인상을 받았다며 비록 성적은 저조했지만 전 세계 축구 강국에게 커다란 감명을 주었을 것이라 칭송했다. 또한 미국과 전 세계를 상대로 그렇게 당당하게 국가적 자존심을 지키며 목소리를 낼 수 있는 나라는 북한밖에 없을 것이라며, 자기는 북한을 좋아한다고까지 말했다. 나는 북한의 인권 문제를 외면하고, 핵무기로 한국과 세계의 안보를 위협하는 행동에 호의적인 생각을 갖고 있는 글로벌 리더가 있다는 사실에 몹시 놀랐다.

그런데 정작 놀랄 일은 며칠 후에 일어났다. 그 이스라엘인 친구가 나를 보자마자 상기된 얼굴로 달려와 사과한 것이다. 그는 지금껏 나를 북한에서 온 사람이라고 착각했다고 말했다. 그러니까 그날 그는 나와 친해지고 싶은 마음에 북한에 대해 긍정적인 이야기를 늘어놓았던 것이다. 맙소사!

한반도의 분단과 통일

글로벌 리더들에게 한반도의 분단과 통일은 흥미 있는 이야기 주제였다. 그런데 그들과 대화를 나누면서 정작 한국 청년인 나는 통일 문제에 대해서 진지하게 고민해 본 적이 없다는 사실을 깨닫게 되었다. 한반도의 평화와 통일에 대해 막연한 생각 말고는 어떠한 주관도 가지고 있지 않았던 것이다.

"나는 언젠가 반드시 한국과 북한이 통일될 거라고 생각해."

이전까지 단 한 번도 한반도 통일의 당위성을 의심해 본 적이 없던 나는 북한 문제가 거론될 때마다 확고한 어투로 '통일'을 주장했다. 하지만 놀랍게도, 많은 글로벌 리더들이 내 의견에 대해 논리적으로 반박했다.

"한국은 왜 북한과 통일하려는 거지? 북한과 남한은 경제적 격차가 커서 통일 후 국제적 혼란뿐 아니라 내부적 혼란도 클 거야. 그 부담은 고스란히 남한이 안게 될 테고."

싱가포르에서 온 글로벌 리더는 조목조목 이유까지 들어가며 한반도 통일의 문제점을 지적했다. 나도 무언가 반박할 말이 필요했다.

"남한과 북한은 원래 한 나라, 한 민족이었으니 당연히 다시 하나가 되어야지."

"그런 논리라면, 중국어를 사용하는 아시아의 모든 나라들도 중국과 통일을 해야 하는 걸까?"

그는 남한과 북한이 왜 통일을 해야 하는지, 국제 사회가 왜 한반도 통일을 지지하고 도와야 하는지 납득할 수 있도록 설명해 줄 것을 요구했다. 순간 나는 할 말을 잃고 말았다.

불가리아 글로벌 리더와도 비슷한 대화가 오갔다. 그는 한국이 왜 내전을 겪고 분단되었는지 궁금해했다. 그런데 남북문제를 설명하는 것은 결코 생각처럼 쉽지 않았다. 내 나라, 내 문제에 대해 너무나도 얕은 수준의 고민만을 해왔다는 사실이 몹시 부끄러웠다. 나의 부족함으로 인해 장차 한반도 통일에 큰 도움을 줄 수도 있는 유럽의 리더를 놓치게 되는 것은 아닐까 두렵기까지 했다.

'우리의 소원은 통일'이라는 노래를 부르며 자라 온 나는 통일을 그저 당연히 해야 하는 것이라고만 생각해 왔다. 하지만 그건 어디까지나 한국인들만의 생각이다. 왜 한반도가 통일되어야 하는지, 희생을 감수하면서까지 국제 사회가 한반도의 통일을 도와야 하는 이유는 무엇인지에 대해 비전을 제시하지 못한다면 전 세계 어느 나라도 한반도 통일을 지지하고 지원할 이유가 없는 것이다.

한반도 통일은 남한과 북한, 두 나라만의 문제가 아니다. 미국과 중국, 일본, 러시아 등 한반도를 둘러싼 나라들은 물론 전 세계의 평화와 안보에도 깊은 영향을 미치는 국제적 이슈이다. 통일의 주체는 우리 국민이지만 통일을 이루기 위해서는 국제 사회의 이해와 협력이 필요하다. 때문에 이 시대를 살아가는, 장차 한반도 통일의 과업을 성취할 청년들이라면 국제 사회가 왜 한국의 통일을 지원해야 하는지 명쾌하게 설명하고 설득할 수 있어야 한다. 정치인들이 주도적으로 해야 할 일이라 생각했던 통일을 향한 꿈은 국민 모두가 국제 사회를 상대로 끊임없이 설득하고 이해시킴으로써 더욱 가까워질 수 있다는 사실을 새삼 깨닫게 되었다.

한반도의 평화를
응원해줘야 해!

        2010년 12월, 반크 회원으로 활동하는 어느 대학생에게서 메일이 왔다. 그는 몹시 흥분한 상태였다. 미국인 친구에게 메일이 왔는데, 〈CNN〉 방송을 보니 한국에 전쟁이 날 것 같다며 심각하게 안부를 묻더라는 것이다. 그는 외국인 친구에게 우리나라의 상황을 어떻게 설명해야 할지 모르겠다며 남북 긴장 상태에 대해 외국인에게 소개할 방법이 있는지 자문을 구했다.

    최근 교육청 연수원에서 국내 초·중·고등학교 외국인 영어 강사들을 대상으로 강연을 한 적이 있는데, 그곳에서도 비슷한 이야기를 들은 적이 있다. 그때 연수원 직원들은 한국에서 영어 강사로 일하던 외국인들이 귀국을 종용하거나 끊임없이 불안을 토로하는 전화를 하는 경우가 많아 어떻게 대처해야 할지 모르겠다며 고민을 풀어 놓았다. 뉴욕에 있는 내 친구조차 미국의 주요 방송을 통해 연평도 사건을 접한 후 영상으로 폐허가 된 연평도의 모습을 접하고 경제 선진국인 줄 알았던 한국의 불안하고 경제적으로 낙후된 모습에 몹시 놀랐다며 연락해 오기도 했다.

지구촌에서 한반도의 이미지

서울 G20 정상회의의 성공적인 개최로 한국은 2010년 11월 한 달 동안 만큼은 국제 사회에서 세계를 변화시키는 글로벌 리더 국가의 이미지를 전달할 수 있었다. 하지만 곧이어 터진 북한의 연평도 도발로 순식간에 분쟁 국가, 전쟁 위험 국가로 되돌아가고 말았다. 2010년 말, 전 세계 오피니언 리더들이 가장 많이 보는 미국의 대표 경제신문인 〈월스트리트저널〉은 한국을 세계적인 뉴스 메이커로 등장시켰다. 〈월스트리트저널〉에서 뽑은 '올해의 사진'은 북한의 도발로 연기에 휩싸인 연평도와 한국 정치인들의 몸싸움 장면이었다. 이외에도 미국의 클린턴 국무장관과 게이츠 국방장관이 판문점을 둘러보는 사진과 북한 김정일 국방위원장과 후계자 김정은이 노동당 창건기념일에 찍은 사진이 함께 선정되어 세계인들의 집중적인 관심을 끌었다.

2011년 〈연합뉴스〉 기획 보도에 따르면 미국의 24시간 보도 채널인 〈CNN〉은 북한의 연평도 도발 당시 북한이 남한 전투기에 지대공 미사일을 발사했다는 터무니없는 오보를 전 세계에 긴급 뉴스로 타전했다고 한다. 이에 앞서 〈CNN〉은 서울의 국방부 앞에서 경찰과 시위대가 서로 소화기를 분사한 것을 두고 '경찰이 최루탄을 쏘고 있다'며 '서울 거리에 긴장이 높아지고 있다'고 보도하기도 했다. 외국 언론들이 자신들의 관점에 따라 남한의 입장은 배제한 채 북한과 관련된 내용만을 전 세계에 전달하는 것은 몹시 위험한 일이다. 한반도 정세가 과도기에 접어들 때마다 터져 나오는 외신들의 오보나 과장 보도는 자칫 한반도를 전쟁으로 몰고 갈 수 있기 때문이다. 한국의 이미지를 실추시켜 경제적으로도 큰 타격을 입힐 수 있음은 물론이다.

한반도가 통일하려면

한반도가 통일되면 대륙과 해양을 연결하는 최적의 통로로써 정치·지리·문화적 이점을 지렛대 삼아 전 세계 경제 발전을 주도해 나갈 중추 역할을 하게 될 것이다. 시베리아 자원 개발을 통해 러시아 발전에 도움을 주고 아시아 태평양과 유럽을 연결해 지구촌 관광 산업의 새로운 패러다임을 제시할 수 있음은 물론이다.

세계를 향해 통일 한국의 이러한 비전을 제시할 주인공은 바로 한국의 청년들이다. 지금 한국 청년들은 전 세계 60억 외국인과 직접적으로 소통할 수 있는 최적의 환경을 누리고 있는 5,000년 한국 역사가 배출한 최초의 글로벌 세대이다. 1년에 1,200만 명의 한국인이 해외로 진출하고 1년에 1,000만 명의 외국인이 한국을 방문하며 전 국민이 인터넷과 핸드폰으로 60억 지구인과 소통하는 시대는 한반도 역사 이래 지금이 최초이다. 이런 시대적 환경은 한국의 청년들에게 주어진 새로운 기회이자 특권이다. 지금부터라도 우리는 한반도 통일에 대한 한국인의 입장을 전 세계인에게 전달할 글로벌 커뮤니케이션 네트워크를 구축해 보다 적극적으로 한반도 통일에 대한 입장과 비전을 세계인들에게 알려 나가야 한다. 그러기 위해서는 60억 세계인들에게 한국의 통일이 곧 세계의 번영과 평화를 위한 길임을 입증할 수 있는 설득 능력을 키워야 한다.

한국처럼 이념 대립으로 분단되었던 독일 역시 독일 청년들의 설득과 노력으로 통일할 수 있었다. 제1차 세계대전과 제2차 세계대전의 전범국인 독일이 통일해서 다시 힘을 키우는 것을 두려워하던 미국과 소련, 영국, 프랑스 등에게 당시 독일 청년들은 독일의 통일이 자국의 힘을 하나로 모으기 위해 필요한 것이 아니라 유럽을 하나로 만들어 더 이상 전쟁 없는 평화로운 유럽 연합을 만들기 위한 것이라고 세계인들을 설득한 것이다.

우리 청년들 역시 우리의 통일이 아시아를 하나로 만들고 전쟁과 빈곤이 없는 21세기 지구촌을 만들기 위함이라고 설득해야 한다. 통일 한국은 동북아시아의 패권국가가 아닌 아시아와 아프리카의 힘없는 저개발 국가들을 일으켜 나가는 견인차 역할을 할 것이라고 설득해야 한다. 제2차 세계대전 이후 독립한 수많은 국가 가운데 산업화와 민주화를 동시에 달성한 유일한 나라인 대한민국의 저력이 북한의 빈곤 문제를 해결하고 나아가 전 세계의 빈곤과 분쟁, 난민 문제 등을 해결해 나가는 희망의 증거가 될 것이라 말해야 한다.

또한 세계인들에게 제국주의의 희생양이 되어 나라를 잃어버렸고 국제적인 냉전 체제와 이념 대립의 희생양이 되어 분단국가로 전락한 남한과 북한이 통일할 수 있도록 힘을 실어 줄 책임이 있다고 분명히 말해야 한다. 지구상에 다시는 제국주의와 냉전 체제의 희생양이 되어 같은 민족이 총과 칼을 겨누고 싸우는 일이 발생하지 않도록 하는 것이 21세기 새로운 지구촌 시대를 준비하는 세계 청년들의 책임이라고 말할 수 있어야 한다. 한반도가 평화를 지킬 수 있는 힘이 없었을 때 청일전쟁과 러일전쟁이 일어났으며 나아가 태평양전쟁과 제2차 세계대전이 발발하였고 그로 인해 아시아와 미주는 물론 전 세계가 얼마나 큰 피해를 입었는지 세계인에게 분명히 전해야 한다. 한반도 평화통일은 또다시 한반도가 세계 평화의 위협이 되는 전쟁의 전진기지가 되는 사태를 막기 위함임을 알려야 한다.

세 명의 벽돌공

세 명의 벽돌공에 관한 일화가 있다. 벽돌공 셋이 햇볕이 내리쬐는 공사장에서 건물을 짓고 있었다. 이를 지켜보던 한 관광객이 그들에게 차례로 물어보았다.

"실례지만 지금 무슨 건물을 짓고 있나요?"

첫 번째 벽돌공이 대답했다.

"나도 몰라요. 저기 사무실에 있는 건축사에게 물어보시오."

관광객은 또 다른 벽돌공에게 물었다.

"실례지만 지금 무슨 건물을 짓고 있는지 아시나요?"

"몰라요. 나는 하루 일당만 받고 시키는 대로 벽돌만 쌓으면 그만이지요. 이 벽돌이 쌓여 어떤 건물이 되건 나는 관심이 없소."

실망한 관광객이 마지막 벽돌공에게 물었다.

"지금 무슨 건물을 짓고 있나요?"

그가 대답했다.

"나는 지금 내가 태어난 이 도시에 역사 이래 최고의 명소가 될 웅장한 성당을 짓고 있소. 언젠가 이곳에 전 세계 수백만 명의 관광객들이 몰려오게 될 것이라오."

세 명의 한국 청년들

지금 세계인들은 세 명의 한국 청년들에게 묻고 있다.

"실례지만 지금 한반도 분단 상황에 대해 어떻게 생각하고 있나요?"

첫 번째 청년이 말한다.

"나도 몰라요. 그런 문제는 국회에 있는 한국의 정치인들에게나 물어보시오."

또 다른 한국 청년은 말한다.

"나도 몰라요. 나는 내가 원하는 기업에 취업해서 나만의 윤택한 생활만 누리면 그뿐이지 통일이 되건 안 되건 관심 없소."

마지막 남은 청년이 말했다.

"지금의 한반도는 남과 북이 분단되어 있지만 곧 통일을 이룩할 것입니다. 세계 유일의 분단국이었던 한반도가 통일을 이룩함으로써 아시아의 피스 메이커가 되고 지구촌을 변화시키는 월드 체인저 국가로 도약할 것입니다. 세계인들은 지구촌 문제를 해결해 나가는 통일 한국의 야심찬 프로젝트를 보며 가슴이 두근거릴 것입니다. 나는 통일 한국을 완성하기 위해 열심히 벽돌을 준비하고 있습니다."

대한민국을 넘어
더 큰 세상에 네 꿈을 맞춰라

　　　　　　미국에서 만난 팔레스타인 글로벌 리더에게 꿈이 무엇인지 물어본 적이 있다. 그러자 그는 갑자기 가방을 열더니 '국제 방문자 리더십 프로그램' 일정표를 나에게 보여 주었다. 나는 그가 질문을 잘못 이해했다고 생각했다.

　"네 개인적인 꿈이 뭐냐고 물은 거야."

　하지만 그는 내 말을 아랑곳하지 않고 일정표 맨 앞에 정리된 글로벌 리더들의 프로필을 가리켰다.

　"내 프로필을 잘 봐."

　어리둥절해진 나는 그의 손가락이 가리키는 부분을 자세히 들여다보았다. 하지만 역시나 거기에는 그의 이력만 몇 가지 적혀 있을 뿐이었다.

　"이건 네 프로필이잖아. 네가 뭘 하고 싶은지는 적혀 있지 않다고."

답답해진 나는 다시 한 번 되물었다.

"팔레스타인."

그는 자신의 이름 위에 쓰인 나라 이름을 읽었다.

"이게 뭐?"

"테리터리(territory, 분쟁 중인) 팔레스타인."

그제야 나는 무언가 이상하다는 생각을 하게 되었다. 다른 나라의 글로벌 리더들은 나라 이름 앞에 다른 수식어가 붙지 않았다. 하지만 그의 나라 이름은 그냥 '팔레스타인'이 아니라 '테러토리 팔레스타인'이었다.

"우리나라는 국가로서 존재하는 것이 아니야."

그는 '테리터리'라는 단어를 지우는 것이 꿈이라고 말했다. 순간 당황했고, 미안했다. 프로그램에 참가한 글로벌 리더들의 프로필을 모조리 보았지만 그가 그렇게까지 자세히 설명하기 전까지는 팔레스타인이라는 나라 이름 옆에 붙어있는 '테리터리'라는 단어를 전혀 인식하지 못하고 있었던 것이다.

"하지만……그건 국가의 꿈이지 네 개인의 꿈이 아니지 않아?"

"국가가 없는 국민에게 개인적인 꿈은 없어. 내가 꿈을 꿀 수 있는 순간은 이 '테리터리'라는 단어가 사라지는 순간부터일 거야."

그는 자신이 하고 있는 팔레스타인 평화 운동을 비롯해 그가 꿈꾸는 이스라엘과 팔레스타인의 평화, 그리고 자신의 조국인 팔레스타인 가자 지역에서 발생하고 있는 가슴 아픈 일들에 대해 나와 한국인들의 관심을 부탁했다.

이 팔레스타인 친구는 이스라엘에서 온 글로벌 리더들과도 스스럼없이 어울리며 진지하게 토론하고 대화하며 함께 식사했다. 그들은 서로의 고민과 아픔, 그리고 각자가 생각하는 평화에 대해 끊임없이 이야기를 주고받았다. 정말 인상 깊은 장면이었다. 그는 자신에게 발표할 기회가 주어질 때마다 팔레스타인 가자 지역의 상황을 이야기하고, 팔레스타인이 처한 상황에 관심 가져 줄 것을 호소했다. 문득 그에게서 그 옛날 고종의 밀명을 받고 멀리 헤이그에서 열린 세계 만국회의에 참석해 일제강점의 부당함을 전 세계인에게 호소하며 대한민국의 독립을 외쳤던 이준 열사의 모습이 겹쳐 보였다.

글로벌 시대에 걸맞은 한국 홍보대사

3주간의 미국 연수를 마치고 한국으로 돌아온 나는 본격적으로 한국의 청소년들과 대학생들을 한국 홍보대사로 만드는 일에 전념했다. 머릿속으로만 생각했던 한국 홍보의 중요성을 해외 연수 기간 동안 글로벌 리더들과 커뮤니케이션하며 더욱 절실히 깨달았기 때문이다. 해외로 나가는 한국의 청년들이 한국을 대표하는 한국 홍보대사로 성장할 수 있도록 돕는 것에 나와 반크의 앞으로 10년을 사용하고 싶었다. 한국을 홍보하는 일은 한국의 미래를 만드는 일이다. 10년 전 반크 사이트를 처음 열었을 때 한국의 청소년들은 외국의 학생들과 인터넷으로 이메일을 주고받으며 한국을 알리는 '사이버 외교관'으로 성장해 갔다. 하지만 해외 여행과 유학 등이 자유로워진 요즘에는 글로벌 시대에 걸맞은 한국 홍보대사가 필요하다.

나는 한국의 청년들에게 전 세계 곳곳을 누비며 친구를 사귀고, 대한민국을 소개하는 한국 홍보대사가 되라고 권한다. 그리고 한국 홍보대사가 되기 위해서는 5,000만 한국인의 눈으로 우리나라를 바라보지 말고, 60억 세계인의 눈으로 대한민국을 볼 수 있는 국제적이고 미래적인 시각을 갖추어야 한다고 말하곤 한다.

출국을 앞둔 한국의 청소년들과 대학생들은 종종 나에게 내가 그리는 '세계 속의 대한민국 미래상'을 묻는다. 한국을 홍보하기 위해서는 한국의 역사 문제도 중요하고 영토 문제도 중요하지만 무엇보다 미래가 가장 중요한 것 아니겠냐는 것이다. 장차 세계무대에 우뚝 서게 될 한국의 청년들이 30년 후 세계 속 대한민국의 모습을 궁금해 하는 것은 너무나도 당연하다.

세계인에게 얼마나 감동을 줄 수 있는가

지금 바로 머릿속에 세계지도를 그려 보자. 그 속에서 아시아를 찾고, 대한민국을 찾아보자. 세계지도 속에서 우리나라를 발견했다면 한반도의 위치를 자세히 살펴보자. 우리나라는 러시아, 아시아대륙, 태평양의 중간에 다리처럼 놓여 있다. 우리나라는 대륙의 문화와 해양의 문화가 만나는 한가운데에 위치하고 있다. 또한 러시아와 중국의 사회주의, 미국의 자유주의가 대립하는 곳에서 중간 다리 역할을 하는 국제 정치의 중심지이기도 하다. 결정적으로 중국과 일본, 러시아 그리고 바다 건너 미국까지 대한민국은 세계 4대 강국의 한가운데에 놓여 있는 것이다.

오늘날 뉴욕이 세계의 심장이라 불리는 것은 전 세계 모든 나라의 젊은이들이 뉴욕에 모여 그들의 꿈을 세계인들과 나누기 때문이다. 한국은 정치·경제·문화적으로도 매우 중요한 위치를 차지하고 있다. 마치 한류와 난류가 만나는 곳에 풍부한 물고기가 모이듯 동양과 서양이 만나고, 다양한 분야의 국제적인 이슈가 모일 여건이 충분히 갖춰진 우리나라는 세계의 중심 무대로 발전할 수 있는 무궁한 가능성을 지니고 있다.

'무력'으로 '제국'을 건설하던 시대는 끝났다. 2,000년 전 로마 제국의 영광은 이미 차세대 로마 지도자들의 생각이 세계를 경영하고 있었기에 가능했고, 그 옛날 스페인과 포르투갈, 네덜란드 등이 세계 무역의 중심에 설 수 있었던 것 역시 그 시대 젊은이들의 꿈이 이미 유럽을 넘어섰기에 실현될 수 있었다. 300년 전 '해가 지지 않는 나라'라는 명성을 얻었던 섬나라 영국에는 바다 건너 세계를 움직이겠다는 열망으로 가득한 젊은이들로 넘쳐났다. 그러나 21세기는 경제력이나 군사력만으로 한 나라의 힘과 지위가 결정되는 시대가 아니다. 얼마나 세계인에게 존경받을 수 있는가, 얼마나 세계인과 문화적으로 소통할 수 있는가, 얼마나 세계인에게 감동을 줄 수 있는가에 따라 영향력이 결정된다.

지렛대의 원리를 개발한 아르키메데스는 "거대한 지렛대와 지렛대를 놓을 자리만 발견하면 지구도 끌어올릴 수 있다"고 말했다. 한국의 청년들 스스로 한류 홍보대사가 되어 전 세계인들과 꿈과 우정을 나눌 수 있는 가치를 발견하는 데 한국 문화를 활용할 줄 알아야 한다.

우선 인터넷을 국제적으로 활용해 보자. 인터넷은 시간과 공간을 초월한, 세계를 향한 고속도로다. 영어에 대한 두려움은 떨쳐버리고, 지금 당장 해외 웹사이트를 클릭해 보자. 외국의 유명 박물관 웹사이트에서 세계적인 명작을 감상할 수도 있고 각 나라 도서관에 비치된 책을 열람할 수도 있다. 우주를 좋아하는 젊은이라면 나사 웹사이트를 통해 별자리를 관측할 수도 있다. 유엔 사이트에 방문하면 자랑스러운 한국인 반기문 사무총장의 활동 내용을 볼 수도 있다. 해외 유명 대학 교수진의 강의를 들을 수도 있다. 무엇보다 비행기를 타고 비싼 어학연수나 글로벌 캠프에 가지 않더라도 외국인 친구를 사귀고 실시간으로 대화할 수 있다.

두 갈래의 갈림길

30년 후 대한민국의 미래는 어떻게 될까. 열쇠는 대한민국의 청년들에게 있다. 오늘날 미국이 초강대국으로 성장할 수 있었던 것은 수십 년 전 미국의 청소년들이 지구를 넘어 달에 착륙하는 미국인들의 모습을 보며 우주를 꿈꾸었기 때문이다. 30년 후 대한민국의 모습도 현재를 살아가는 대한민국 청년들의 꿈과 생각의 크기에 따라 달라질 것이다. 국제 사회에서 한국의 위상을 높이고 세계의 친구들과 꿈을 나누며 더 크고 웅장한 대한민국을 만들어 나가는 것은 대한민국 청년들의 몫이다. 아시아의 중심에 위치한 한반도의 지정학적 장점과 세계 최강의 인터넷 네트워크를 활용한다면 21세기, 대한민국이 세계적으로도 손꼽히는 선진국으로 성장할 가능성은 무궁무진하다.

이제 한국을 넘어 더욱 풍요로운 지구촌을 꿈꿔야 할 때다. 지구촌 사람들과 함께 힘을 모아 지구온난화, 질병과 빈곤 등 세계 곳곳에서 벌어지고 있는 문제들을 극복해 나갈 수 있도록 감동의 리더십을 발휘해야 할 때다.

'지금'의 변화가
'미래'의 모습을 결정한다

한국의 청소년과 학부모들은 명문대 진학을 인생 최고의 영예로 여긴다. 실제로 한국인의 미국 아이비리그 진학률은 최상위권에 속한다. 하지만 최근 한국 청년들의 '영예로운' 미국 명문대 입학 이후 삶에 대한 충격적인 조사 결과가 발표되었다.

2008년, 미국 콜롬비아대학교에 재학 중인 김승기 씨가 박사 논문으로 발표한 〈한인 명문대생 연구〉에 따르면 1985년부터 2007년까지, 미국 명문대에 입학한 한인 학생 1,400명 중 학업을 포기하고 자퇴한 학생의 비율은 자그마치 44퍼센트에 달한다. 이는 미국인 학생들의 34퍼센트, 중국인 학생 25퍼센트, 인도인 학생 21퍼센트, 유대인 학생 12.5퍼센트에 비해 꽤 높은 수치다. 더욱 마음 아픈 사실은 가장 큰 비율을 차지하는 한국인 학생들의 중퇴 이유가 지나친 입시 위주 교육 방식 때문이라는 것이다. 오직 명문대 진학만을 위해 공부한 결과, 그 이후의 인생에 대해서는 진지하게 고민하지 못했기 때문에 학교생활에 적응하기 어렵다는 분석이다.

세계적인 명문 하버드대학교에서 낙제하는 동양계 학생의 90퍼센트가 한국인이라는 불명예스러운 통계도 나왔다. 하버드대학교 교육위원회가 낙제생들을 대상으로 조사한 결과 이들의 학업 성취도가 낮은 이유는 'Nothing! Long term life goal'이었다. 인생의 장기적 목표가 없다는 것이다.

사람이 세상에 태어나 존재하는 이유가 단지 '먹고 살기 위해서'일 수 있을까. 학교와 직장이 단지 생계유지를 위해 존재하는 것은 아니다. 우리는 그곳에서 꿈을 꾸고, 꿈을 이루고, 꿈을 나눈다. 나는 한국의 모든 청소년들과 청년들의 마음속에 이미 자기 자신과 자신이 속한 공동체, 나아가 지구촌을 변화시킬 수 있는 꿈의 씨앗이 숨겨져 있다고 생각한다. 지금은 비록 작고 미약하지만 언젠가 숲을 이루고 새들을 불러 모을 꿈의 씨앗이 우리 모두의 마음속에 존재하고 있다.

초등학생 반크 회원 곽상민 어린이

"박기태 단장님! 저희 가족은 아프리카 케냐에서 살기로 결정했어요."
지금으로부터 3년 전, 곽상민 양의 어머니로부터 전화가 왔다.
"네? 어디요? 아프리카요?"
"네. 케냐에서 아프리카 아이들에게 꿈을 키워 주는 교사가 되려고 해요.

유치원을 만들고 아이들을 위해 봉사할 거예요. 상민이가 세계를 구할 영웅으로 성장하고 있는데, 부모인 우리부터 모범이 되어야 하지 않겠어요?"

"하지만 아직 8살밖에 안된 상민이에게 아프리카 생활은 무리가 아닐까요? 한국에서도 상민이의 꿈을 이루어 나가기 위해 차근차근 준비할 수 있는데……."

"단장님 덕분인걸요. 상민이는 먼 미래가 아닌 바로 지금 세상을 변화시키는 월드 체인저로 살기를 원해요."

상민 양은 초등학교 1학년 때 반크에 가입한 어린이 회원이다. 당시 상민 양의 꿈은 지구촌을 변화시켜 한국을 빛내는 사람이 되는 것이었다. 내가 상민 양의 부모님과 개인적으로 인사를 나눈 것은 2007년 1월이었다. 그즈음 KBS 〈열린음악회〉 사무국에서 연락이 왔는데, 한국인 최초로 유엔 사무총장이 된 반기문 총장에게 영상 메시지를 보낼 청소년 대표를 추천해 달라고 했다. 때마침 상민 양에게 메일이 온 것이다.

상민 양이야말로 반크를 대표하고 나아가 5,000만 한국인을 대표해 반기문 총장에게 무언가를 전할 수 있는 아이라는 생각이 들었다. 소식을 전하자 상민 양 부모님 역시 뛸 듯이 기뻐했다. 얼마 후 반크 사무실로 상민 양과 상민 양의 어머님 그리고 KBS 촬영팀이 찾아왔다. 담당 피디가 상민 양에게 말했다.

"상민아, 바로 앞에 반기문 사무총장님이 있다고 생각하고 앞으로 반기문 사무총장님이 유엔에서 어떤 일을 하면 좋을지 말해 보렴."

피디의 큐 사인이 떨어지자마자 상민 양은 조금의 주저함도 없이 당당하게 말했다.

"반기문 사무총장님. 사무총장님도 유엔에서 활동하기 전에 한국을 대표하는 외교관이셨죠? 저는 반크의 어린이 외교관 곽상민이라고 합니다. 전 세계 어린이들에게 한국을 알리는 한국 홍보대사로 활동하고 있어요. 저는 아프리카 케냐의 친구와 사귀면서 아프리카 아이들이 빈곤과 가난 때문에 어려움에 처해 있다는 사실을 알게 되었어요. 신문이나 방송에서 아프리카 빈곤 문제에 관한 내용을 보았을 때는 나와 상관없는 일로만 생각했는데, 직접 아프리카 친구와 이메일 펜팔을 하다 보니 아프리카의 빈곤 문제가 마치 저의 가족 문제처럼 중요해졌습니다. 우리나라도 50년 전에는 아프리카처럼 못살고 가난했던 나라라고 알고 있어요. 사무총장님이 유엔에 가시면 선진국을 위한 정책보다 아프리카 아이들을 위한 정책을 많이 기획해 주시고, 특히 전 세계 사람들이 저처럼 아프리카 빈곤 문제에 더 관심을 가질 수 있도록 도와주세요. 특히 어린이들이 세상을 변화시킬 수 있는 활동에 직접 참여할 수 있도록 캠페인을 많이 만들어 주세요. 최근에 엄마 아빠와 함께 '호텔 르완다'라는 영화를 보았는데요. 아프리카 르완다에 내전이 일어나 죽을 위험에 처한 무고한 사람들을 호텔 지배인인 폴 아저씨가 죽음을 무릅쓰고 구해 주는 내용이었어요. 한 사람의 용기가 수천 명을 살릴 수 있다는 감동을 안겨 주었죠. 반기문 사무총장님도 호텔 지배인처럼 유엔의 지배인이 되어 지구촌을 구하는 일을 많이 해서 한국을 빛내 주세요"

상민 양은 미국과 유럽 등 선진국뿐만 아니라 아프리카와 아시아의 친구들과도 적극적으로 사귀며 다른 나라의 문화와 역사, 아픔을 이해하려 노력하고 있다.

한 평범한 초등학생이 지구촌의 대통령이라 불리는 유엔 사무총장에게 보내는 당당한 메시지는 방송을 통해 우리나라 모든 국민에게 전달되었다. 그 모습은 수많은 청소년들에게 장차 세계를 구할 영웅이 될 용기를 심어 주었을 것이다. 텔레비전에 나온 상민 양의 얼굴을 보는 순간 나 역시 들뜨기는 마찬가지였다. '저 아이 보이나요? 저 아이, 저 아이가 바로 내가 키워 낸 아이라고요!'

물론 상민 양의 모습을 보고 가장 크게 감동한 것은 상민 양의 부모님이었다. 며칠 후 상민 양의 부모님이 반크 사무실로 찾아 왔다. 저녁 식사를 함께 하며, 상민 양의 부모님은 자신들이 장차 세계를 구할 영웅을 키우고 있다며 자랑스러워했다. 상민 양은 미국과 유럽 등 선진국뿐만 아니라 아프리카와 아시아의 친구들과도 적극적으로 사귀며 다른 나라의 문화와 역사, 아픔을 이해하려 노력하고 있었다. 또한 그 친구들을 통해 아프리카와 아시아 빈곤 문제를 알게 되면서 전 세계의 가난한 어린이들을 돕는 캠페인에도 직접 참여하기 시작했다고 한다.

100원이면 케냐 아이들이 한 끼를 먹을 수 있대요

상민 양은 전 세계의 어른들에게 아프리카 아이들을 도와 달라 호소하는 편지를 쓰기 시작했고, 아프리카 쓰레기장에서 살고 있는 아이들의 이야기를 접하고서는 작은 모금함을 만들어 혼자 거리에서 모금 활동을 벌이기도 했다. 아프리카 어린이들을 위해 자신이 직접 모금함을 만들어 후원금을 모으고 그 돈을 아프리카 후원 단체에 기부하겠다는 것이었다. 처음 상민 양이 거리에서 모금 활동을 벌이고 있다는 사실을 알았을 때 상민 양 아버지는 몹시 당황스럽고 창피했다고 한다. '내 딸이 거리에서 돈을 받고 있다니!' 하지만 몇 달 후 상민 양이 모금한 돈으로 도움 받은 아프리카 아이들이 상민 양에게 고맙다는 편지와 함께 사진까지 보내온 것을 보고 자신을 반성했다고 한다. 뿐만 아니라 날이 갈수록 적극적으로 아프리카 어린이 돕기에 열중하는 상민 양을 보면서 마침내 부모들까지 함께 거리 모금 활동에 나서게 됐다고 한다.

상민 양의 학교생활도 변했다. 풍족한 환경에도 만족하지 못하고 불평과 낭비를 일삼는 친구들에게 상민 양은 이렇게 말하고는 했다.

"지금 너는 풍족하게 생활하면서도 부족하다고 불평하지만 아프리카의 아이들은 지금 이 순간에도 먹을 것이 없어 굶어 죽어가고 있어. 만약 우리 또래의 아프리카 어린이가 한국에 와서 네가 하고 있는 말을 듣게 된다면 얼마나 서럽겠니?"

여느 아이들처럼 밥투정을 하고 예쁜 옷만 고집하던 상민 양이 반크 활동을 시작하면서 자신이 가진 것에 감사하고 남을 위해 세상을 변화시키고자 노력하게 된 것은 상민 양 부모님에게 너무나 감격스러운 일이었다.

영어 실력 또한 저절로 쑥쑥

반크 활동을 시작하면서 상민 양의 영어 실력 또한 눈부시게 향상되었다. 다섯 살 때부터 학원에서 영어를 배우긴 했지만 반크를 통해 외국인 친구들에게 이메일을 쓰기 시작하면서 어휘가 눈에 띄게 풍부해졌다. 상민 양은 반크 활동을 하면서 영어가 삶의 목적이 아니라 목적을 이루기 위해 필요한 수단이란 걸 스스로 깨닫게 되었다고 했다. 상민 양이 가난한 사람들을 도우며 살고 싶다는 삶의 목표를 정한 순간 학원 강사인 상민 양의 어머니조차 사교육에 대한 욕심을 모두 버렸다. 모든 아이들이 같은 방법으로, 성공을 위해 정해진 코스를 밟을 필요는 없다는 것을 상민 양을 통해 깨달은 것이다.

"엄마, 제가 하루 중 가장 설레는 시간이 언제인 줄 아세요? 게임하는 시간이 아니에요. 학교 숙제를 마친 뒤 컴퓨터 앞에 앉을 때예요. 케냐에서 날아 온 이메일이 저를 기다리고 있거든요. 나, 아프리카에 있는 내 친구 파라다이스 퀸을 만나러 가고 싶어요."

변화된 상민 양의 모습이 그저 흐뭇하기만 했던 부모로선 여간 당혹스러운 일이 아니었다고 한다. 하지만 며칠 후 상민 양의 부모님은 결심을 굳혔다. 다니던 직장을 그만두고 상민 양과 함께 케냐로 날아가 2년간 봉사 활동을 하기로 마음먹은 것이다.

"박기태 단장님이 우리 가족의 인생을 책임지셔야 해요. 호호호."

상민 양 부모님은 다니던 회사까지 그만두고 아이의 꿈을 위해 아프리카로 날아가게 된 책임이 나에게 있다며 너스레를 떨었다. 아프리카에 가겠노라 선언한 순간 주변의 많은 사람들이 만류하며 걱정했지만 상민 양 가족은 그 어느 때보다 행복하다고 했다.

꿈을 실천에 옮기다

몇 년 후 상민 양의 부모님은 정말로 한국에서의 생활을 정리하고 케냐에 유치원을 설립해 아프리카 아이들을 가르치며 봉사하는 일을 하게 되었다. 지난 2010년 11월 16일 KBS 2TV에 방영된 다큐멘터리〈쓰레기 마을에도 꽃은 핀다-케냐 고로고초마을의 상민이네〉는 케냐로 간 상민이네 가족의 이야기를 담고 있다. 상민 양의 가족은 케냐의 수도 나이로비의 거대한 쓰레기장 근처에서 살고 있다. 그곳은 세계 3대 슬럼가 중 하나인 '고로고초(쓰레기)마을' 사람들의 일터다. 생계를 위해 쓰레기를 주워 파는 부모와 쓰레기 더미에서 자라는 아이들, 그들의 비참한 일상에 꿈을 심어 주는 '천사 가족'이 바로 한국에서 온 상민 양의 가족이다. 상민 양의 부모님은 쓰레기마을에 '엘토토'라는 유치원을 설립해 아이들을 가르치며 꿈을 심어 주고 있다. 유쾌한 아빠 곽희문 씨와 똑부러지는 엄마 강동희 씨 그리고 유엔 사무총장이 꿈인 상민이. 방송에서는 유명 대학 출신의 잘나가는 학원 강사 부부가 딸 상민 양의 부탁으로 케냐행을 결정한 후 그곳에서 일궈 내고 있는 기적 같은 일들을 감동적으로 전하고 있었다.

가장 가난하고 힘든 곳에 새로이 뿌리를 내린 가족과 그들로 인해 웃게 된 고로고초마을 사람들의 모습을 보며 나 역시 진정한 행복이란 무엇인지 새삼 생각해 보게 되었다. 어린이 사이버 외교관이었던 초등학생 상민이는 2년 전 자신이 반기문 유엔 사무총장에게 보낸 영상 메시지 내용 그대로의 삶을 실천하며 지구를 구하는 영웅으로 성장한 것이다.

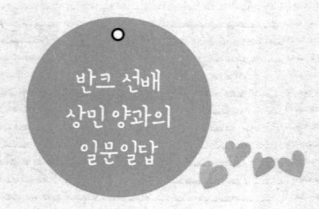

● 반크의 사이버 외교관 교육을 받게 된 계기는 무엇인가요?

'세계 리더를 꿈꾸는 어린이들을 위한 생각 수첩'이라는 책을 읽다가 그러한
교육 프로그램이 있다는 것을 알게 되었어요.

● 사이버 외교관 교육 프로그램 중 가장 인상 깊었던 것이 있다면? 그 이유도 말
해 주세요.

'나의 꿈 다지기' 프로그램이에요. 언니 오빠들의 꿈을 읽으면서 모두가 꿈을
이루기 위해 열심히 생각하고 행동한다는 것을 배웠어요. 그래서 반크 사이트
가 더 자랑스러웠어요.

● 사이버 외교관 교육 프로그램은 상민 양의 삶에 어떤 영향을 미쳤나요?

외국인 친구들과 메일을 주고받으면서 세상은 정말 하나라는 것을 알게 되었
어요. 지구의 시민으로서 서로 돕고 살아야 한다는 것도 깨달았어요. 지금 당
장은 아프리카 친구들을 직접 만나 도울 수 없더라도 그 친구들과 메일을 주
고받을 수만 있다면 우리는 어려운 친구들에게 꿈과 희망을 전할 수 있을 거
예요.

● 상민 양이 생각하는 사이버 외교관이란 무엇인가요?

외국인 친구들과 메일을 주고받으면서 우리나라를 알리고, 또 친구의 나라에 대해 배우며 도움이 필요한 나라에 대해 고민하고 우리가 할 수 있는 일이 무엇인지 스스로 생각해서 실천하는 어린이죠.

● 반크 활동을 우리나라 모든 국민과 함께 한다면 한국은 어떻게 변화할까요?

반크 활동을 하다 보면 내 얼굴이 곧 우리나라의 얼굴이라는 생각을 하게 돼요. 어른들이 가끔 '우리나라는 이런 저런 점이 안 좋아' 하고 말씀하실 때는 '아, 그렇구나' 생각하다가도 외국 사이트에서 우리나라에 대해 좋지 않은 이야기가 올라와 있는 걸 보게 되면 너무 화가 나요. 우리나라의 좋은 점은 더욱 열심히 알리고 잘못된 것은 바르게 고쳐 나가야겠다고 생각해요. 그리고 훌륭한 사람으로 자라서 우리나라를 위해 좋은 일을 많이 해야 된다고 다짐하게 돼요. 그러면 우리나라는 세계를 이끄는 나라가 되고, 우리는 세계를 이끄는 리더가 될 거예요.

● 사이버 외교관으로서의 꿈이 있다면?

제 꿈은 유엔 사무총장이 되는 거예요. 반크에서 활동하는 사람들이 세계를 모른다면 불우이웃을 돕는 사람들이 세계의 불우한 사람들을 모르고 돕는 것과 같다고 생각해요. 세계 여러 나라를 다니며 가난한 사람들을 도울 수 있다면 죽어도 행복할 거예요. 이 꿈은 평생 동안 간직할 거예요. 그리고 내가 바라는 대한민국, 한국인은 문화와 역사가 전 세계의 기쁨이 되는 나라, 세계인과 하나 되는 지구인으로서의 한국인이에요. 지구촌의 모든 어린이들이 배고프지 않고 고통 받지 않도록 앞장서는 대한민국이 되었으면 좋겠어요.

● 그러한 꿈을 가지게 된 이유는?

〈요코 이야기〉라는 책이 문제가 많았잖아요. 다른 나라 사람들이 한국에 대해 아무렇게나 쓴 글을 진실인양 읽게 된다는 생각을 하자 우리가 전 세계를 하나로 만드는 주인공이 되어야 한다는 생각이 들었어요. 앞으로 저, 사이버 외교관 곽상민은 앞에서 말한 꿈을 항상 생각하고 반드시 꿈을 이루기 위해 노력할 거예요.

대단히 훌륭한
미래를 계획하라

1894년, 조선을 처음 방문한 영국 왕립지학 협회 회원인 이사벨라 버드 비숍 여사는 그녀의 저서 〈조선과 이웃나라들〉에서 '한국인들은 세계에서 가장 열등한 민족이 아닌가 의심스럽다'라는 평을 남겼다. 그녀가 본 조선은 외세에 시달리고, 권력층의 부정부패가 심각한 수준이며, 정의가 통하지 않는 나라였다. 미신에만 의존한 백성들은 가난과 우울로 가득했다. 1950년, 인천상륙작전에 성공한 맥아더 장군은 폐허가 된 서울을 보며 서울이 옛 모습을 되찾으려면 적어도 100년은 걸릴 것이라 예견했다. 당시 한국의 1인당 국민소득은 50달러도 되지 않았다. 같은 해 영국의 〈더 타임즈〉 역시 35년간 일본의 강점기를 지나 이념 대립으로 분열된 것으로도 모자라 전쟁까지 치르고 있는 한국을 보며 대한민국이라는 나라가 스스로 서기를 바라느니 쓰레기 더미에서 장미가 피는 것을 기대하겠노라 평했다.

불과 100년 전, 아니 50년 전만 해도 세계인들은 대한민국을 어둡고 절망스러운 단어들로 기억했다. 하지만 오늘날 대한민국은 원조를 받는 나라에서 주는 나라로 변한 세계 최초의 나라가 되었다. 100년 전 한국과 비슷한 상황을 겪었던 아시아와 아프리카 국가들에게 한국은 희망을 주는 나라다. 이 모든 것을 가능하게 한 힘은 지난 세월 한국 청년들의 마음속에 가득했던, 이 나라를 가난에서 벗어나게 만들고야 말겠다는 꿈과 희망이었다.

100년 후 대한민국 미래는 어떻게 될까?

대한민국 미래는 이 시대 한국 청년들이 세계인의 가슴속에 어떤 기록을 남기느냐에 따라 달라지리라 확신한다. 나는 지난 20년간 반크 활동을 통해 세계의 교과서와 지도에 잘못 게재되었던 한국에 대한 기록들이 새롭게 정리되는 과정을 지켜보았다. 그뿐만이 아니다. 전 세계 친구들과 메일을 주고받으며 대화한 나의 기록들이 씨앗이 되어 5,000년 대한민국의 역사가 세계인에게 새로운 의미로 다가가는 것을 보았다. '일본해'가 '동해' 표기로, '다케시마'라는 지명은 '독도'로, 중국의 속국으로 기록된 역사는 찬란한 한반도의 역사로 바르게 고쳐지고 있다.

세계의 역사를 움직였던 국가들을 살펴보자. 세계 인구의 0.2퍼센트에 불과한 유대인이 지난 반세기 동안 세계에 끼친 막대한 영향을 부정할 사람은 없을 것이다. 역대 노벨상 수상자의 20퍼센트, 세계 억만장자의 30퍼센트, 미국 아이비리그대학교 학생의 25퍼센트, 하버드대학교 학생의 30퍼센트 등 결코 무시할 수 없는 비중을 차지하고 있다. 그들의 글로벌 네트워크는 세계 정치의 중심지 워싱턴을 시작으로 세계 자본 시장을 주도하는 뉴욕, 현대 세계 문화의 막대한 발신지인 할리우드에까지 영향을 미치고 있다.

이스라엘 영토는 한반도의 10분의 1, 유대인 인구는 남한의 3분의 1에 불과한 1,500만 명이다. 그럼에도 오늘날 이스라엘이 전 세계를 움직이는 강력한 국가로 성장할 수 있었던 이유는 무엇일까? 그들은 세계 곳곳에 '예시바'라는 교육 기관을 설립, 유대인들의 꿈을 성취할 야심찬 젊은이들을 키워 냈다. 그들에게는 '세계를 움직일 글로벌 리더'를 키워 내고자 했던 이전 세대들의 생각과 용기, 꿈이 있었던 것이다.

그렇다면 이 시대 한국 청년들이 꿈꾸어야 할 이상적인 대한민국의 미래는 어떤 모습일까? 다음은 3명의 반크 회원이 설계한 미래의 청사진이다. 이들이 꿈꾸는 미래에는 자신의 과거와 현재를 통해 대한민국 미래를 창조하고자 하는 열정으로 가득 차 있다.

남예지 양의 미래

2007년 반크 가입

2008년 반크 '최고의 사이버 외교관'으로 선정

2008년 7~8월 반크 사무실 인턴으로 활약, 한국 문화 홍보 동영상 제작

2013년 미국 조지타운대학교 졸업

2018년 미국 조지타운 의과 대학원 졸업

2018년 세계보건기구 워싱턴 사무국 근무

2020년 아프리카 에이즈 확산 방지 기구 설립

　　문이 열리면 저마다 피켓을 들고, 친구와 가족들을 기다리는 사람들이 보입니다. 그 사람들을 스쳐 지나며, '이번이 정확히 100번째 비행이구나' 생각합니다. 입가에 미소가 번집니다. 몸은 피곤하지만 마음만은 뿌듯합니다.

　　올해 저는 미국 워싱턴 사무국에서 출발해 아프리카로 날아갔습니다. 그곳에서 에이즈 확산 방지 기구를 성공적으로 설립하고, 제네바 세계보건기구 본부에 들러 모든 것을 이사회에 보고한 뒤 내 고향, 한국에 도착했습니다. 한국을 떠나 유학을 결심한지 정확히 15년, 그 떠남의 세월이 저에게는 커다란 애국심과 용기 그리고 끈기를 심어 주었습니다. 31살의 젊은 나이에 조지타운대학교와 의과 대학원을 졸업하고 바로 세계보건기구 사무국에서 일할 수 있었던 것은 15년 전, 반크와 만나 중학교 3학년이라는 어린 나이에 세계에 눈을 뜨게 된 덕분입니다.

정수호 군의 미래

2008년 반크 사무실 인턴으로 활약

　　　　독도 · 간도 · 백두산 지키기와 한국 알리기 프로젝트 참여

2011년 미국 아메리칸대학교 국제학부 졸업

2015년 미국 존스홉킨스대학교 피스빌딩 석사 졸업

2017년 대한민국 외교통상부 동북아 평화 프로젝트 참여

2030년 유엔 평화 구축 위원회 동북아시아 전문가로 선출

　제가 처음 우리나라와 일본, 중국의 관계에 관심을 가지게 된 것은 반크의 사이버 외교관 활동에 참여하면서부터입니다. 당시 저는 왜 독도가 우리나라 땅이고, 동북공정이 말도 안 되는 주장인지 논리적으로 설명할 수 없었을 뿐만 아니라 독도 문제와 동북공정에 대해 잘 알지도 못했습니다. 반크를 통해 차츰 아시아 문제에 눈뜨게 되었고, 인턴사원으로 일하면서 이 문제에 대해 더욱 깊이 알게 되면서 중국과 일본의 역사왜곡을 효과적으로 막아 낼 수 있는 방법을 고민하게 되었습니다. 그리고 한 걸음 나아가 진정한 동북아 평화를 이끌어 내는 방법을 배울 수 있었습니다.

　국제기구에서 일하면서 느끼는 점은 중국·일본과의 분쟁을 해결하는 데 있어 우리나라 청소년들에게 가장 중요한 것은 객관적인 시각과 상대를 이해할 수 있는 마음이라는 사실입니다. 반크의 교육 프로그램은 우리 청소년들이 잘못된 민족주의에 빠지지 않고 강대국인 중국과 일본 사이에서 우리나라가 어떻게 평화적 공존을 이끌어 나갈지를 고민하게 합니다. 또한 외교적으로 불리한 상황임에도 우리나라의 반만 년 역사와 문화에 대한 자긍심을 잃지 않는 방법을 모색한다는 점에서 정말 귀중한 프로그램입니다.

조윤현 양의 미래

2004년 반크 회원 가입, 반크 '최고의 사이버 외교관', '아시아 피스 메이
　　　　커'로 선정

2005년 민족사관고등학교에 제1호 학내 반크 동아리 설립

2012년 미국 듀크대학교 졸업

2013년 국제 연합 봉사자로 활동

2018년 미국 로스쿨 졸업

2018년 OECD 파리 HQ 근무

2040년 세계은행, UNDP 등 국제기구와 협력, 세계 경제 관련 프로젝트
　　　　진행

　제네바로 가는 테제베 안에서, 2시간 후 있을 미팅 자료들을 읽어 봅니
다. 이번 미팅에서는 다음 달 있을 세계 정상급 회담에 관한 사전 논의를
진행하게 될 것입니다. 이번 회담에서는 유엔의 새천년개발목표가 만료
된 2015년 이후, 지난 5년간 국가별로 어떠한 변화를 이루어 냈는지를 평
가·분석하게 됩니다. 오늘 미팅에서 저는 세계은행을 비롯한 여러 국제
기구에서 초청된 전문가들과 함께 서로의 자료를 공유하고, 회담을 어떤
식으로 진행할 것인지 논의하려고 합니다. 다음 달에 있을 회담이 워낙 중
요하기 때문에 설레는 만큼 부담감도 크지만 회담이 끝난 후에는 연말 연
휴에 맞추어 저의 고국, 한국에 갈 수 있다는 생각을 하면 마음이 한결 가
벼워집니다.

최근 반크는 5,000년 역사와 문화를 담은 한국 지도와 전 세계 글로벌 이슈를 담은 세계지도를 청년들에게 나누어 주고 그들이 다니는 학교에 붙이도록 하는 운동을 전개하고 있다. 교실과 강당, 각종 교육 기관에 한국 지도와 세계지도를 동시에 붙여 두면 이를 보고 자란 청년들이 한국과 세계를 동시에 바라보는 눈을 갖게 될 것이라 믿기 때문이다. 반크의 한국 지도에는 고조선, 고구려, 백제, 신라 등 한반도에 건국된 나라들이 연대별로 소개되어 있으며 한글과 고려자기, 세종대왕과 이순신 장군 등 5,000년 한국 역사의 찬란한 문화유산과 위대한 인물들이 시대별로 그려져 있다. 하지만 21세기, 대한민국의 미래는 지도를 받은 청년이 직접 작성하도록 빈칸으로 남겨 두었다.

여기에는 21세기 대한민국 역사를 만들어 나가는 한국 청년들이 이 시대의 세종대왕이 되어 한글처럼 시대를 초월한 명작을 창조해 내고자 하는 꿈을 갖길 바라는 마음도 들어 있다. 같은 이유로 반크의 세계지도에는 현재 지구촌이 겪고 있는 최대 문제인 지구온난화, 빈곤, 여성 인권, 테러 등의 글로벌 이슈가 설명되어 있으며 이러한 문제들을 해결하기 위해 한국 청년들이 생각하는 대안은 무엇인지 적도록 빈칸을 남겨 두었다.

지도를 바라보며 글을 작성하는 작은 행동들을 통해 한국의 청년들은 5,000년 역사 속 문화유산이 남긴 선현들의 지혜를 다시금 되새기고 계승하게 될 것이다. 이는 궁극적으로 60억 세계 인구가 안고 있는 어려움을 해결하고자 하는, 인식의 전환을 가져 올 것이다. 세계를 변화시켰던 영웅들의 공통적인 자질은 그들이 태어났던 나라와 세계를 향한 '꿈'과 '열정'이었다.

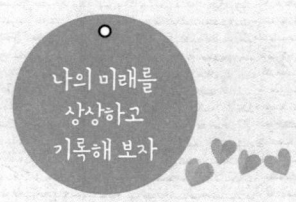

나의 미래를
상상하고
기록해 보자

1. 미래의 취임사와 퇴임사를 작성해 보자

내가 장차 세계 속 한국을 대표하는 한국의 정치·경제·사회·문화 분야의 최고 경영자가
된다는 가정 아래 '취임사'를 작성해 보자. 또 성공적으로 임기를 수행하고 물러난다고 가
정하고 그간의 활동과 업적을 회고하는 '퇴임사'를 작성해 보자.

단체장 취임사

단체 이름		이 름	
날 짜			

퇴임사

단체 이름		이 름	
날　짜			

2. 미래의 셀프 인터뷰를 진행해 보자

미국의 시사주간지 〈타임〉은 매년 지구촌을 구한 영웅들을 선정해 인터뷰한다. 한국의 언론들도 한국을 빛낸 영웅들을 찾아 인터뷰를 하곤 한다. 자신의 꿈이 이루어져 한국을 빛내고 세상을 변화시켰을 때를 상상하며 여러분 스스로 기자가 되어 인터뷰를 진행해 보자.

신문사 이름		이 름	

3. 미래의 셀프 인터뷰 사진을 그려 보자

미래에 세상을 바꾼 여러분이 유명 매체와 인터뷰를 하게 된다면? 인터뷰 기사와 함께 실리게 될 자신의 모습을 구체적으로 그려 보자. 여러분이 일하게 될 미래의 회사 집무실도 좋고, 신기술을 개발한 연구실도 좋다. 국제회의석상에서 열띤 토론을 벌이고 있거나 현장에서 고아들을 보살피며 봉사하는 모습 등 미래의 여러분이 한국과 세상을 변화시키고 있는 모습을 그려 보자.

사진 촬영 장소		이 름	

4. 자신의 묘비명과 다음 세대에게 남기고 싶은 말을 적어 보자

묘비명이란 한 시대를 살다 간 사람의 삶이 후세에 기억되도록 무덤의 비석에 새긴 문장을
의미한다. 나라를 변화시키고, 세계를 변화시킨 여러분의 삶은 다음 세대들의 삶에 나침반
이 될 것이다. 다음 세대가 여러분을 떠올릴 때 가장 기억하기를 바라는 삶의 모습에 대해,
세상을 변화시킨 여러분이 다음 세대를 살아가는 청년들에게 남기고 싶은 말을 적어 보자.

이 름		날 짜	
묘비명			
대한민국의 다음 세대들에게 남기고 싶은 말			

겨자씨가 나무로 자라
숲을 이루듯이

　　　　　　한 사람의 꿈이 7,000만 한국인의 꿈이 되고, 한국인의 꿈이 60억 세계인의 꿈이 될 수 있을까? 나는 종종 성경에 나오는 '겨자씨의 기적'을 이야기하곤 한다. 사람들은 흔히 크고 강한 것에만 가치를 둔다. 겨자씨처럼 작고 나약한 것은 아무런 가치도, 쓸모도 없다고 여긴다.

　겨자씨는 세상 모든 씨앗들 중에서도 그 크기가 가장 작은 것으로 알려져 있다. 하지만 1~2밀리미터밖에 되지 않는 그 작은 씨앗 한 알이 자라서 풀이 되고, 나무가 된다. 그리고 그 나무에는 새들이 찾아와서 휴식을 취하고 간다. 겨자씨 한 알도 누군가를 위한 안식처가 되고 보금자리가 되는 것이다.

　어쩌면 10년 전 나도 마찬가지였다. 10년 전의 나는 60억 인구 중 겨자씨처럼 작은 존재였을지도 모른다. 나 한 사람의 성장으로 세상이 달라질 거라 생각하는 사람은 많지 않았을 것이다. 하지만 나는 반크 활동을 통해 겨자씨의 기적을 몸소 체험했다. 한 사람의 변화가 세상을 변화시킬 수 있는 작은 씨앗이라는 말은 현실로 다가왔다.

지금 반크 회원 수는 자그마치 7만 명, 회원들이 뜻을 합쳐 이뤄낸 성과도 어마어마하다. 세계지도와 해외 서적 곳곳에 왜곡된 한국의 5,000년 역사가 바르게 고쳐지고 '일본해' 표기가 '동해'와 병기되었다. 미약하기만 했던 개인의 힘이 모여 큰 일을 해낸 것이다.

10년 전 내가 나를 넘어 반크라는 단체를 설립한 것처럼 오늘날 7만 명의 회원들 역시 자신을 넘어 자신이 속한 학교에 반크 동아리를 만들고 있다. 하지만 더 큰 기적은 지금부터다. 세계에 잘못 알려진 한국에 대한 정보가 정정되는 것을 넘어 한국의 미래 이미지가 새롭게 창조되어 나갈 것이기 때문이다.

5,000년 역사가 전한 지혜로 세계를 변화시키고 60억 지구촌이 하나되는 세상, 세계 인구 1퍼센트에 불과한 한국인이 지구촌의 빈곤과 기후 변화, 여성·아동의 인권, 전쟁 등의 다양한 문제들을 앞장서서 해결하는 '월드 체인저'가 되고 60억 세계인이 한반도로 깃드는 세상으로 나아갈 것이다.

다음 사연은 겨자씨가 나무로 자라 숲을 이루고 새들이 깃들게 하는 것처럼 한국의 미래를 바꿀 겨자씨의 기적을 보여 준다.

안녕하세요?

저는 동백고등학교에 반크 동아리를 만든 이상인이라고 합니다.

저는 중학교 2학년 때부터 반크 활동을 하면서 반크에서 주최한 다양한 활동에 참여하고 과제물을 수행해 왔습니다. 활동을 통해 한국을 새롭게 깨달으며 국제사회에 대해서도 관심을 갖게 되었습니다.

그러면서 제가 얻은 중요한 교훈과 관심사를 학교 친구들과 공유하며 세계를 보는 안목을 일깨워 주고 싶어졌습니다. 그래서 고등학교에 입학하자마자 반크 동아리를 설립하게 되었습니다.

박기태 단장님 말씀처럼 한 개인의 꿈이 한 단체 모든 구성원의 꿈이 되고, 그것이 서서히 대한민국의 꿈으로 실현되듯 저 또한 제 꿈이 학교 구성원 모두의 꿈으로 변화되기를 바랍니다.

사실 처음 동아리를 설립할 때는 걱정부터 앞섰습니다. 수능시험을 앞두고 입시 공부가 중요한 상황에서 많은 시간을 투자해야 하는 반크 활동을 병행할 수 있을까 고민도 많았습니다. 자칫 학업에 소홀해질 수도 있기 때문이죠. 하지만 마음속에 있는 제 열정이 동아리 설립을 부추겼습니다. 개교한 지 2년 밖에 안 된 학교이기에 동아리 문화를 개척하고픈 욕심도 있었고요. 결심을 굳히고, 일단 부딪혀보자 생각했습니다.

그런데 동아리 부장을 맡으면서 공부를 더욱 열심히 하게 되더군요. 물론 여유롭게 공부할 수는 없었지만 공부하는 시간만큼은 더욱 공부에만 집중할 수 있었고, 동아리 활동으로 성적이 떨어져 선생님들께 훈계를 받지 않으려고 밤늦게까지 공부하게 되었습니다. 결과적으로 성적도 올라가고 공부에 대한 의욕도 높아졌지요. 반크 동아리 활동을 하면서 무엇보다 공부의 필요성을 절실히 느낄 수 있었습니다.

저의 반크 동아리 활동 목표는 '한국을 알고 세계를 가슴에 품자'입니다. 한국에 대해 다시 공부하고 국제 사회에 대한 안목을 넓히자는 의미죠. 물론 '사이버 외교사절단'이라는 반크의 역할에 충실했습니다. 먼저 동아리 활동을 크게 두 가지 주제로 나눴고 큰 틀 안에서 1년 계획을 세웠습니다. 그리고 동아리 활동을 꾸준히 해나갔습니다.

온라인을 통해 '한국 홍보하기', '국제 전문가 되기', '영어로 자기소개하기', '한국에 대한 정보의 오류 시정하기' 등을 계획하였고 모두 실천해 냈습니다.

오프라인에서도 '외국인과 함께하는 인사동 탐방', '모의 유엔 총회', '국립박물관 견학' 등을 진행하며 활동의 결과물들을 활동 문집으로 정리했습니다. 이러한 저희 동아리의 다양한 성과는 지방 신문사에 소개된 것에 이어 EBS, KBS, YTN 등의 방송사에서도 취재해 갔습니다.

물론 동아리 설립과 활동에는 많은 난관이 있었습니다. 부원 모집을 위한 홍보 포스터를 각 교실 게시판에 붙이는 것부터가 쉽지 않았습니다. 동아리 활동 허가를 받기 위해 교무실을 밥 먹듯 드나들기도 했죠. 활동 계획을 세우는 데도 많은 시간이 필요해 때로는 밤을 지새우며 기획안을 만들었습니다.

올해 저희 학교에서는 반크 동아리가 주최하는 모의 유엔 총회가 열렸습니다. 전교생이 모두 참석하는 대규모 행사였죠. 안타깝게도, 지금까지의 모의 유엔은 외국어고등학교, 과학고등학교, 민족사관학교 등의 특목고나 소위 상위권이라 불리는 대학교 학생들만의 전유물이었습니다. 그래서 저는 우리 학교 같은 일반 학교에서 전교생이 함께 하는 모의 유엔을 개최하고 싶었습니다.

세계가 가까워지고 국제 교역량이 증가하는 현실 속에서 국제사회에 관심을 갖고 세계의 흐름을 인지하는 것은 그 무엇보다 중요하다고 생각합니다. 때문에 비록 시작은 미약할지라도 모의 유엔 총회를 통해 우리 학교 모든 학생들이 세계를 좀 더 잘 이해할 수 있게 되기를 바랐습니다.

그렇게 열정을 갖고 부원 모두가 똘똘 뭉쳐 일을 해나가다 보니 큰 문제없이 행사를 마칠 수 있었습니다. 보람과 성취감은 이루 말할 수 없이 달콤했습니다.

반크 활동을 하면서 많은 것을 느끼고 깨달았습니다. 확고한 목표가 있는 열정의 필요성, 창의성, 도전정신, 커뮤니케이션의 중요성 등을 피부로 느낄 수 있었답니다. 아울러 반크 활동은 제게 많은 기회를 부여하며 스스로를 되돌아보는 계기를 마련해 주었습니다.

118

앞으로 저 역시 박기태 단장님처럼 나를 넘어 한국을, 한국을 넘어

지구촌을 바꾸는 사람이 되겠습니다. 저를 통해 또 한 명의 겨자씨

가 나무가 되고 새들을 불러 모으는 광경을 상상해 보세요.

이상인 드림

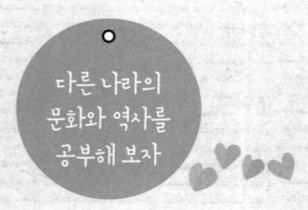

지구상에는 많은 나라들이 있다. 세계로 나아가 많은 친구들과 사귀며 글로벌 리더로 성장하기 위해서는 무엇보다 다른 나라에 대한 이해가 필요하다.

반크 회원 강예지 양은 외국 친구와 교류할 때 친구 나라의 문화와 역사를 공부하는 일을 매우 중요하게 생각하고 이를 실천해 왔다. 강예지 양의 예를 통해 다른 나라, 다른 대륙 그리고 세계 전체를 알아 가는 과정을 알아보자.

한국의 예지

시험이 끝나면 대만에 갈 거야. 네가 여행을 도와줄 수 있을까? 네가 도와주기 어렵다면 나는 가이드와 같이 가야 할 거야. 솔직히 중국에 갔을 때, 가이드 때문에 무진장 화가 났었어. 그는 우리가 방문한 곳에 대해 전혀 설명해 주지 않았거든. 심지어 나한테 화까지 냈어. 내가 역사적인 장소에 대한 질문을 했거든.

After the examination, I'll go Taiwan! Please help me to go to sight. If you cannot, I've to be with the guide. To be honest, when I visited China, I was so angry to my guide, he doesn't explain about the place. And even he got angry to me, because I ask him to tell me sth on the historic place.

대만의 층 아이치

중국을 가 본 적이 있구나. 나는 가 본 적이 없고, 아마 앞으로도 가지 않을 거야. 왜냐고? 잘 모르겠어. 하지만 대만 사람들 대부분이 중국을 싫어해. 내 생각에는 아마 그들이 우리를 대하는 태도 때문일 거야.

네가 중국 본토와 대만의 역사적 관계를 아는지 모르겠어. 중국인들은 대만을 자기 나라의 한 부분으로 생각해서 대만이 어떠한 국제회의나 대회에서도 '타이완'이라는 나라 이름을 사용하지 못하도록 하고 있어. 그러나 문제는 우리가 아주 아주 오래전부터 중국에 속해 있지 않았다는 거지. 대만 사람들은 우리만의 언어와 단어, 문화를 가지고 있어. 심지어 우리는 우리 나라만의 대통령도 있다고(그가 부패한 대통령이라는 건 정말 나쁜 일이지만)!

아아아, 미안해. 난 이 문제를 얘기할 때마다 매번 쉽게 감정적이 돼.

어쨌든 중국은 아름다운 곳이지. 네가 여행을 할 계획이 있다면 그건 좋은 걸 거야.

우리 대만에서는 번체자를 써. 중국 본토와 갈라진 지는 대략 100년 정도

되었지. 정치적으로뿐만 아니라 지리적으로도 남남이 된 거야. 남한과 북한의 관계와 조금 비슷할 거야. 그들도 북한처럼 공산주의자들이 통치하거든. 대만과 중국 사이의 역사를 말하기엔 너무 복잡해. 만약 더 자세히 알고 싶다면 사전이나 책을 찾아보는 게 가장 좋을 거야. 미안하지만 나는 설명하기가 힘들거든.

So, you have been to China? I haven't, and I think I never will be. You ask why? I don't know, but most people in Taiwan didn't like China, I think maybe it's because of the attitude they treat us.

I don't know if you know the history between mainland China and Taiwan. People in China think Taiwan is one of their province, and they did not allow us to use 'Taiwan' in ANY international conference or competition. But the problem is–We don't belong to them a long long long long time before. People in Taiwan have own language, words, cultural. We even have our own president!!(though he is a corrupt president……. it's too bad.)

Ehhh sorry, I got easily emotional when talked about this everytime.:P

Anyway, China is a beautiful place, it's good for you to plan a trip or go around~

we use traditional Chinese in Taiwan. We separate from mainland China for almost 100 years. Not only geographically, but politically. Maybe it's like south and north korea a little bit, because they are still ruled by the Communist Party just like northen korea.

The history between Taiwan and China is too complicate to tell, if you really want to know it better, the best way is to look it up in the dictionary or books. Sorry I couldn't explain it to you~.

한국의 예지

실은 나도 번체자를 배우고 있어. 한국에서도 번체자를 쓰거든. 대만에서 쓰는 거랑 같을 거 같은데, 그렇지? 대만과 중국의 관계에 대해서는 배웠어. 두 나라 관계에 대해 의문스러웠지.

나는 대만이 중국으로부터 자유롭다는 사실을 알고 있어. 그러나 대만이 국제적으로 대만의 권리를 요구하지 못하고 있다는 건 정말 안타까워. 불쾌하다면 얘기하지 않아도 돼.

중국 본토와 대만에 대해서는 중국어 시간에 많이 배웠어. 내 생각엔 내가 사전을 찾아보더라도 알 수 없는 것들이 좀 있을 것 같아. 마치 세계의 많은 사람들이 남한 사람들과 북한 사람들의 마음을 알 수 없는 것처럼 말이야. 언젠가 내가 그러한 것들을 알 수 있고 느낄 수 있게 된다면, 그때는 내가 세계의 지도자가 될 수 있겠지. 이해하도록 노력할게.

Honestly, I'm learning traditional Chinese, too. In Korea, traditional Chinese are used. I think it is the same with what is used in Taiwan. Isn't it? I learned the relation between Taiwan and China. I was curious about the relation.

I know that you are free of China. But I'm so sorry that you cannot ask your rights to the world. If you mind, you don't need to answer.

I've learned on mainland China and Taiwan much in Chinese class. I think there are some that I cannot know even if I use dictionary. Like many people in world cannot know feeling of South-Korean and North-Korean.

Someday, if I can feel, if I can know, then I can be the leader of world. I'll try to understand :D!

강예지 양은 대만인 친구와의 교류를 통해 중국과 대만의 감정의 골이 깊다는 사실을 알게 되었다. 책이나 영화, 수업 시간에 선생님이 들려 준 이야기만으로는 충분히 인식하지 못했던 사실이다. 뿐만 아니라 남한과 북한에 대한 세계인들의 인식도 예지 양이 기존에 생각하던 것과 많이 다르다는 사실도 알게 되었다. 외국인 친구를 사귀고, 그 친구가 사는 나라의 역사와 문화 등을 인터넷으로 공부하면서 타인을 좀 더 깊이 이해하게 되었을 뿐만 아니라 다른 나라의 문화에 대한 이질감과 두려움도 조금씩 사라지게 되었다.

외국인 친구가 사는 나라에 대해 알고 싶다면 전 세계 각국의 정보가
수록된 아래 사이트를 참조해 보자.

마이크로소프트의 엔카르타 (encarta.msn.com)

세계 최대 컴퓨터 프로그램 회사인 마이크로소프트가 전 세계 학생들에게 국가 정보
를 서비스하기 위해 만든 사이트. 해외의 초·중·고등학생들이 수업 시간에 필요한 각
나라의 역사와 문화, 지리 등에 대한 다양한 자료를 바로 이곳에서 찾고 있다. 특히 쉬
운 영어 표현으로 각국의 정보를 소개하고 있어 영어에 서툰 학생들에게 유용하다.

미국 CIA (cia.gov/library/publications/the−world−factbook/index.html)

미국 국가정보국 CIA가 운영하는 사이트. 세계 최고의 정보력을 자랑하는 미국 정부
에서 운영하는 만큼 다양한 국가 정보가 체계적으로 정리되어 있으며 특히 각 나라의
정치와 외교 분야에 대한 자료가 풍부하다.

네이션 마스터, 인포플리즈 (nationmaster.com/country, www.infoplease.com)

네이션 마스터와 인포플리즈는 해외 네티즌들이 가장 많이 찾는 국가 정보 사이트 가
운데 하나로, 전 세계 초·중·고등학생들의 추천 국가 정보 사이트이다.

브리태니커 (britannica.com)

인터넷이 등장하기 전, 전 세계 교사와 학생들에게 가장 공신력 있는 책으로 인정받으
며 사랑받아 온 책. 해외 교사들이 인정한 공신력 있는 국가 정보를 얻고 싶다면 방문
해 보자.

월드 아틀라스 (worldatlas.com)

전 세계 초·중·고등학생들이 세계지리 시간에 자주 방문하는 사이트. 간단한 국가 정
보가 알기 쉽게 정리되어 있고, 특히 세계지도와 나라별 정보가 잘 정리되어 있다.

위키피디아 (wikipedia.org)

전 세계 네티즌들이 운영하는 세계 최대의 백과사전 사이트. 세계적으로 위키 신드롬을 일으킬 만큼 수많은 평범한 사람들이 백과사전 편집자가 되어 정보를 올리고 있다. 하지만 검증되지 않은 자료도 많아 정보의 정확성이 떨어지므로 미국의 일부 대학에서는 보고서를 작성할 때 위키피디아 인용을 금지하고 있다. 이 사이트의 장점은 영어 외에도 수많은 언어로, 매일매일 다양한 정보가 업데이트된다는 것이다. 물론, 세계 여러 나라의 국가 정보를 한국어로도 찾아볼 수 있다.

국가정보원 국가 정보 사이트 (portal.nis.go.kr/app/overseas/worldinfo/list)

우리나라 국가정보원에서 운영하는 국가 정보 사이트.

외교통상부 국가 정보 사이트 (countryinfo.mofat.go.kr/index.html)

우리나라 외교통상부에서 운영하는 국가 정보 사이트.

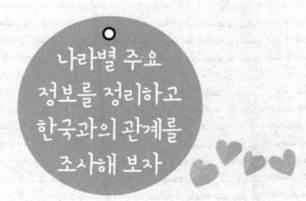

나라별 주요
정보를 정리하고
한국과의 관계를
조사해 보자

대륙 구분	나라 이름	주요 정보	한국과의 관계
아시아			
미주			
유럽			

유럽			
남미			
아프리카			

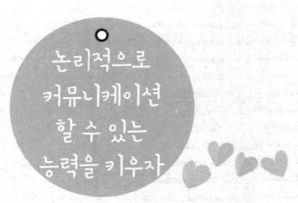

논리적으로
커뮤니케이션
할 수 있는
능력을 키우자

외국인 친구와 펜팔을 시작할 때면 서로의 나라에 대한 호기심과 궁금증이 가득하기 마련이다. 하지만 이야기를 주고받다 보면 서로의 입장 차이가 큰 주제가 있기 마련이다.

반크 회원 진승 군은 사우디아라비아의 팔라사와 이메일을 주고받으며 우리나라 사람들이 개고기를 먹는다는 사실에 대해 놀라워하는 팔라사에게 논리적으로 답변해 주어 서로의 입장 차이를 이해시켰다. 아래는 진승 군과 팔라사가 개고기를 먹는 한국인의 관습에 대해 주고받은 메일 내용의 일부이다.

사우디아라비아의 팔라사

안녕? 너도 잘 지내지? 이메일과 멋진 그림, 사우디아라비아에 대한 짧은 이야기 잘 받았어. 고마워.

사우디아라비아는 왕국이야. 우리가 왕을 모시고 있고 석유가 많이 난다는 건 사실이야(하지만 모든 사람이 부자인 건 아니야).

사우디아라비아 사람들은 모두가 무슬림이야. 이슬람 종교는 아라비아 대륙에서 독립되어 있어서 사우디아라비아 국기에는 '신은 오직 알라뿐이고 무하마드는 알라의 메신저이다'라는 뜻의 문장이 쓰여 있어. 알라는 무슬림의 신이야. 'islamtoday.com'을 보렴.

우리는 전자 제품, 자동차, 동아 같은 회사의 통신 서비스 등으로 한국과

관계를 맺고 있지. 하지만 개인적으로는 별다른 교류가 없어. 우린 한국어

도 영어도 잘 못하니까. 하지만 많은 사우디 사람들이 한국인은 개와 고양

이를 즐겨 먹는다고 생각해(사우디 사람들은 개와 고양이를 먹지 않아).

우리도 한국 축구팀이랑 한국 드라마(대장금)를 본 적이 있어. 나는 런던

과 프랑스, 바레인에서 한국인을 만난 적이 있지. 한국인들은 똑똑하고 현

명하고 첨단 과학에 대해 많이 알고 있지. 나는 두 개의 한국이 언젠가는

하나가 되기를 바란단다.

Hi to you too, thank you for your e-mail and nice painting
picture, the briefing about Saudi Arabia.

The Saudi Arabia is a Kingdom. We have king and a lot of oil.
This true(but it doesn't mean every one is rich).

100% of Saudi are muslim. The ISLAM religion separated from
Arabia land, so in Saudi flag writing is means - there is no
GOD but ALLAH, MUHAMMAD is the messenger of ALLAH.
ALLAH is the god of muslims. Look at www.islamtoday.com.

We have relationships with Korea in electricity, cars,
telecommunication(like dong aah company) but don't have
relationships with people(because we don't know korean and
english). But many saudi people think that the korean likes
eating dogs and cat(saudi people don't eating them).

We have watched korean football teams, korean dramas(jewelry of palace-jun gu ma) I have met some Korean in london, france, bahrain. Korean peoples are cleaver, intelligent. And they know a lot about technology. I dream one day 2 korea become 1 korea.

한국의 진승

안녕! 나는 네 영어가 정말 훌륭하다고 생각해. 한국인에게 말을 걸고 새로운 한국인 친구를 만드는 것에 대해 염려하지 마. 우리가 비록 다른 언어를 쓴다고 해도 우리에게는 '영어'라는 다리가 있으니까.

한국인들은 낯선 사람, 특히 외국인에게 말을 건네는 데 수줍어하지. 하지만 일단 친구가 되고나면 최고의 친구가 될 거야. 내 생각에 우리는 원래 영어를 쓰는 사람들이 아니니까 우리가 영어를 잘 하든 못하든 그건 중요하지 않을 거 같아. 인간관계에서 가장 중요한 건 진실한 마음이니까.

어쨌든 나는 많은 사우디아라비아 사람들이 '한국인들은 개와 고양이를 먹는다'고 생각한다는 것에 별로 놀라지 않았어. 솔직히 그것은 사실이 아니거든. 우리는 고양이를 먹지 않아. 중국의 어느 지방에서 고양이를 먹는다는 이야기는 들은 적이 있어. 한국 사람들이 개를 먹긴 하지만 모두가 그런 건 아니야. 단지 몇몇 사람들이 여름에 먹지. 대부분의 외국인들이 우리가 애완용으로 키우는 개를 먹는다고 생각하는데, 이건 정말 큰 오해야! 한국인들이 먹는 개는 애완견이 아니란다. 특별한 종류의 식용 개가 있거든. 우리는 이 개들을 애완견이 아닌 가축으로 키우지. 그리고 개를 먹는 낡은 관습에서 벗어나야 한다고 생각하는 사람들도 있어.

개고기로 만든 음식은 '보신탕'이라고 불러. 몸에 힘이 나도록 돕는 국이라는 뜻이지. 개고기를 먹는 전통은 매우 오랜 역사를 가지고 있어. 2,000년도 훨씬 전이야. 개고기는 단백질과 지방이 풍부하거든. 우리 조상들은 대부분이 농부였지. 우리나라의 여름은 매우 덥고 습하기 때문에 농부들이 밭에서 일하기에 매우 힘든 계절이란다. 그래서 우리 조상들은 힘이 나게 해줄 특별한 음식이 필요했어. 개는 그들에게 소나 돼지 같은 가축의 한 종류였을 뿐 애완용이 아니었어.

개를 먹는 사람들이 있는 국가는 우리만이 아니야. 중국도 여전히 개를 먹어. 100년 전만 해도 일본 역시 개고기를 먹었지. 프랑스 같은 유럽의 몇몇 국가도 비상시에 개를 먹었다고 들었어.

내가 너의 오해를 풀었기를 바라. 한국에 대해 궁금한 점이 있다면 언제든 환영이야. 네게 한국에 대해 이야기해 줄 수 있어 정말 기쁘단다.

Hi! I think your English is very good. Don't worry about talking to Korean people and making new Korean friends. Though we use different language we have a bridge called 'English'.

Koreans feel shy to talking to new people especially to

foreigners. But when they become friends to you they will be one of your best friends. I think as we are not native English speakers whether we are good at English or not is not a important problem. True heart is always the most important between people.

Anyway, I am not surprised that many Saudi people think Koreans like eating dogs and cats. Actually it is not true. We don't eat cats. I heard some Chinese local people eat cats. We eat dogs but not all Koreans. Only some people eat dogs in summer. Most foreigner think that we eat dog which people raise as a pet. But This is the biggest misunderstanding! The dog Koreans eat is not a pet. There are special kinds of dogs to use as a food. We raised these dogs not as a pet but as a cattle. Also there are Koreans who think eating dog is old tradition we have to stop.

Food made with dog meat is called 'Bo-Sin-Tang'. It means 'the soup helping body to get energy'. Eating dog has very long history. It started more than 2000 years ago. Dog meat has high protein and high fat. Most of ancestor was farmer. As Korean summer is very hot and humid it must be a hard season for farmer to work on field. So our ancestors need special food to get energy. Dog was just a kind of cattle like pig or cow to our ancestors. Dogs were not pet to them.

We are not an only country where people eat dogs. China still eats dogs. Japan ate dogs 100 years ago. I heard some

Europe country like France ate dog when they were in emergency.

I hope I solved your misunderstanding. If there are any questions about Korea it's welcomed. I will very happy to tell you about Korea.

사우디아라비아의 팔라사

안녕? 오늘 아침에 네 이메일을 읽을 수 있어서 정말 기뻤어.

관습이라는 것은 어디나 다르지. 예를 들어 사우디와 무슬림은 일반적으로 돼지고기를 먹지 않아. 이슬람교와 유대교에서 금지되어 있거든. 술을 마시는 것도 금지되어 있지.

나는 중국이나 태국 같은 동양 해물 요리를 매우 좋아해. 미래에 한국 음식도 시도해 볼 수 있기를 바라.

우리 다른 것에 대해 이야기해 볼까? 너는 언젠가 북한과 통일이 되기를 바라니? 한국인과 중국인 일본인은 역사적으로 한 뿌리니? 언어의 기원도 같아? 아랍어 잡지에서 한국의 이름이 신라였다는 걸 읽은 적이 있거든.

hi again, really I'm enjoy this morning because reading your e-mail.

the customs is different every where for example, Saudis and Muslim in general dosen't eating pork it's prohibited in ISLAM

and JUDAISM, and drinking alcohol is prohibited, too.
and I like asian - chinese, thailand sea food too much. I hope
to try korean in the future.
Let us talking another things. Are you hope to became one
country with north korea one day? Are korean, chinese,
japanese from one origin in the history? Are your languages
have same roots? I have read in arabic magazine that korea
was named shella.

진승 군은 한국에 대해 잘못된 정보를 갖고 있는 외국인 친구와 교류
하면서 한국에 대해 제대로 알릴 필요성이 있음을 피부로 느꼈다고 한
다. 또한 먼 타국의 친구가 의외로 한국에 대해 많이 알고 있고, 또 알고
싶어 한다는 사실에 몹시 기뻤다고 한다. 진승 군은 팔라사와 친구가 되
면서 자신이 외국인에게 한국에 대해 차근차근 알려 주기만 한다면 그
들이 귀를 기울여 들어줄 거라 믿게 되었다.

03

바닷물을 짜게 하는
3퍼센트 소금의 힘처럼

"당신은 최고의 홍보대사입니다"

미국 정부 초청으로 '국제 방문자 리더십 프로그램'에 참가했을 때의 일이다. 머물던 호텔 1층에서 환영 행사가 열렸다. 세계 각국에서 초청된 글로벌 리더들이 미국 현지 리더들과 인사를 나누는 자리였다. 다른 나라 글로벌 리더들은 행사장 중앙으로 나가 명함을 나누며 즐거운 시간을 보내고 있었지만, 나는 시차에 적응하지 못한 채로 일정을 소화하느라 무리한 탓인지 컨디션이 좋지 못했다. 그들이 부럽기도 했지만 맨 뒤에 놓인 의자에 조용히 앉아 행사장 광경을 물끄러미 바라보고 있었다. 그런데 그때 한 중년 부인이 내 옆에 조심스럽게 앉으며 인사를 건넸다. 캐나다에서 왔다는 그분은 몹시 상냥했다. 우리는 날씨 이야기를 시작으로 그 지역 사람들의 첫인상, 주변 관광 명소 등에 대해 가벼운 이야기를 나누기 시작했다.

미국에서 만난 캐나다 시장님.

그때까지만 해도 나는 그분이 인근에 사는 평범한 가정주부인 줄 알았다. 나는 평범한 주부가 생각하는 대한민국의 이미지가 궁금했다. 그분은 한국전쟁이 떠오르며, 그 외에는 아는 것이 별로 없다고 대답했다. 그리고 대한민국에 대해 좀 더 알려 줄 것을 부탁했다.

대한민국을 알릴 절호의 찬스

미국에 오기 전, 바로 이런 순간을 위해 준비한 필살의 무기가 있었다. 나는 바로 한국의 역사와 문화 등을 소개한 반크 책자와 엽서 세트, 기념품 등을 가방에서 꺼냈다. 30여 분 동안 입에 침을 튀겨 가며 열심히 설명했다. 고백하자면, 미국에 머무는 동안 만난 세계의 글로벌 리더들과 미국 현지 주요 공무원들은 나에게 심적으로 상당한 부담이었다. 혹시 실수라도 하면 어쩌나, 내 영어 발음을 그들이 제대로 이해할 수 있을까, 지금 내 이미지가 그들에게는 한국 전체의 이미지가 될 수 있는데 자칫 내가 한국에 대한 내용을 잘못 전달하면 어쩌나 등 말 한 마디, 행동 하나하나 신경 쓰이고 부담되었다. 하지만 내 옆에 앉은 평범한 주부에게는 적어도 그런 부담감을 느낄 필요가 없었다. 그저 편안한 마음으로, 친구를 대하듯 내 나라 대한민국에 대해 이야기했고, 그런 나의 열정적인 모습에 그녀 또한 몹시 흥미로워하며 귀 기울여 주었다. 미국 연수 기간 동안 최고로 보람찬 순간이었다.

대화를 나누는 내내 그녀는 행복한 표정을 지어 보였다. 그리고 대화가 끝나 갈 무렵 그녀는 내 덕분에 잘 몰랐던 한국에 대해 자세히 알게 되었다며 감사 인사와 함께 명함을 건넸다. 명함을 받아 본 순간 나는 내 눈을 의심했다. 시장(mayor). 명함에는 분명 그렇게 적혀 있었다. 그녀는 가정주부가 아닌, 캐나다 우드 버팔로 시의 시장이었던 것이다. 그러니까 나는 30분 동안 외국의 시장을 붙들고 한국을 홍보한 것이었다. 그녀는 자신의 고국에 대해 당당하게 설명하는 나의 모습에 큰 감명을 받았다며, 외국에 대해 잘 몰랐던 자신에게 큰 도움이 되었다고 다시 한 번 감사를 표했다.

연수를 마치고 한국에 돌아와 보니 한 통의 이메일이 도착해 있었다. '당신은 당신 고국 최고의 대사입니다(You are a terrific ambassador for your country)'. 메일에는 분명 그렇게 쓰여 있었다. 메일과 함께 보내 온

140

사진 속 그녀는 내가 준 한국 홍보 지도를 펼쳐 들고 활짝 웃고 있었다. 그 짧은 문장을 보는 순간, 한국 정부에서 현지로 파견한 정식 외교관 이상의 역할과 소임을 해냈다는 생각에 마음 한가득 뿌듯함이 몰려 왔다.

1만 명의 청년이 한국 홍보대사로

반크는 외국으로 나가는 청년들이 한국의 역사와 문화를 세계인에게 홍보할 수 있도록 하는 이른바 '한국 홍보대사' 양성을 위해 무던히 노력해 왔다. 그러한 노력의 대표적인 성과가 '21세기 광개토대왕 꿈 날개 프로젝트'다.

이 프로젝트는 한국의 문화, 역사, 영토 등 세 분야로 구성한 한국 홍보 자료를 출국하는 청년들에게 무료로 나눠 주고 그들이 해외에서 만난 외국인들에게 한국을 쉽게 알릴 수 있도록 도움을 주는 데 목적이 있다. 즉, 세계 속에 한국을 바르게 알리려는 한국 청년들의 꿈에 날개를 달아 주는 것이다. 독도가 제대로 표기된 대형 영문 세계지도, 한국의 맛깔스러운 음식 사진을 담은 엽서, 문화유산을 담은 한국 지도, 외국인에게 한국의 역사를 재미있게 소개할 수 있는 영문 잡지 등 10여 년 동안의 반크 홍보 노하우가 담긴 자료를 나눠 주자 청년들은 마치 사막에서 오아시스를 만난 듯 반가워했다. 지금까지 한국을 홍보하고 싶어도 방법을 몰라 망설였던 청년들에게는 더없이 반가운 선물이었던 것이다. 2008년 처음 시작된 프로젝트는 2010년까지 약 1만 명의 한국 청년들을 지구촌 곳곳에서 활동하는 한국 홍보대사로 양성했다.

10여 년 동안의 반크 홍보 노하우가 담긴 자료를 나눠 주자 청년들은 마치 사막에서 오아시스를 만난 듯 반가워했다.

거기에다 반크에서 준비한 또 하나의 야심찬 프로젝트는 한국을 소개하는 홍보물을 나누어 주는 것에 그치지 않고 한국의 청년들이 진정한 민간 외교관으로서의 자질과 실력을 갖출 수 있도록 돕는 사전 교육 프로그램이다. 매년 해외로 출국하는 1,000만 명 가량의 한국인들은 북한의 핵과 관련된 국제적 안보 문제부터 개고기나 한류 현상 같은 문화적 이슈, 한반도 통일 문제와 같은 정치적 이슈 등에 대해 얼마나 잘 설명할 수 있을까? 자신 있게 한국의 매력을 알릴 수 있는 콘텐츠가 있을까? 이러한 질문들이 민간 외교관의 필요성을 절실하게 했다.

세계화 시대, 정부 차원에서 추진하는 공식적인 외교 활동 이상으로 중요한 것이 민간 차원의 '시민 외교 활동'이다. 심지어 정부에서 파견된

142

외교관은 대부분 이미 각 나라에서 높은 지위에 오른 사람들만 상대하기 마련이어서 미래의 대통령, 10년 후 각 나라의 중요한 인물이 될지도 모르는 사람들에게 한국의 이미지를 심어 주는 사전 외교 활동은 민간 외교를 통해서만 가능하다. 때문에 정부 차원의 외교 활동과 민간 차원의 외교 활동은 중요한 상호 보완 관계에 있다고 볼 수 있다.

'반크 홍보대사'라면
꼭 지켜야 할 10가지

민간 외교의 중요성에 대해서는 모두 공감하지만 이를 체계적으로 지원해 줄 시스템은 마련되어 있지 않다. 지금까지 해외로 나아가는 한국인 그 누구도 민간 한국 홍보대사 역할을 할 수 있는 체계적인 교육을 받지 못했다. 그들이 해외로 나간 후 지속적으로 한국을 알릴 수 있는 정보를 제공받을 길은 더더욱 없었다. 그렇다면 한국 홍보대사로서 우리가 가장 먼저 준비해야 할 것은 무엇일까?

첫째, 외국인 친구들의 국가 정보, 한국과의 관계 등을 체크하자.

정부와 기업, 학교와 민간 단체 등을 통해 해외로 나갈 기회를 얻었다면 세계 여러 나라의 외국인들이 한자리에 모이는 행사 등에 초청될 가능성이 높다. 이런 모임에서는 함께 초청된 외국인들의 명단을 사전에 제공하게 마련이다. 적어도 함께 초청된 외국인 친구들의 국가 수도와 언어, 유명 관광지 정도는 미리 공부해 두자.

외국인을 처음 만났을 때 쉽게 친해지는 비결은 먼저 다가가서 상대의 나라에 대해 이야기하며 말을 거는 것이다. 낯선 나라에서 열린 공식적인 모임에서, 자신의 나라에 관심을 가진 외국인에게 호의를 보이는 것은 당연하다. 반크 사이트의 '글로벌 역사 외교 아카데미' 콘텐츠에는 국가별 최신 정보가 수시로 업데이트되고 있으니 참조해도 좋다.

외국인 친구들이 사는 나라와 우리나라의 관계를 미리 살펴보는 것도 중요하다. 한국과의 정식 국교 수립 여부, 정부와 민간의 국제 교류 관계, 특히 한국전쟁 당시 한국전 참전 여부 등을 미리 조사한 후 대화를 시작하면 쉽게 대화를 이어나갈 수 있을 것이다. 한국과의 국교 수립 여부 등에 관해서는 외교통상부 웹사이트에서 확인할 수 있다.

둘째, 가난한 나라에서 온 친구들에게 먼저 다가가자.

해외에서 개최되는 정부 및 민간 행사에 초청되는 경우 대부분 국가명과 개인의 이름이 적힌 명찰을 받게 된다. 이런 경우 미국과 유럽 등 선진국에서 온 사람들 주변에 사람이 많이 모이는 재미있는 현상을 경험하게 된다. 반면 아시아와 아프리카 등 상대적으로 비선진국에 해당하는 나라에서 온 친구들은 주목 받기가 쉽지 않다.

이런 때일수록 비선진국에서 온 친구들에게 먼저 다가가 적극적으로 그 친구의 나라에 대한 관심을 표명해 보자. 우리가 생각하는 것 이상으로 조국에 대한 꿈과 야망이 가득한, 자신의 나라를 장차 선진국 대열에 올려놓을 야심찬 비전을 가진 친구들을 만날 수 있을 것이다, 젊은 시절 그들과 맺은 글로벌 네트워크는 갈수록 중요해지는 아프리카 등 제3세계 국가와의 자원 외교와 한국을 중심으로 한 아시아 평화 구축에 든든한 자산이 될 것이다.

셋째, 한국을 홍보할 수 있는 기념품을 준비하자.

처음 만나는 외국인에게 거창하고 값비싼 선물을 건네는 것은 서로 부담스러운 일이지만 친근하게 한국을 알릴 수 있는 작은 기념품 정도라면 충분히 상대를 기쁘게 하면서 나와 한국을 오래도록 기억시킬 수 있다. 반크에서 제공하는 다양한 한국 홍보물도 큰 도움이 될 것이다. 남대문시장이나 인사동, 혹은 문구점 등에서도 한국을 알릴 만한 기념품을 쉽게 구입할 수 있다. 나의 경우, 한국 음식을 소개하는 엽서를 만나는 외국인들에게 건네곤 했는데 예상외의 폭발적인 반응을 얻었다.

넷째, 대화 중 맞장구를 자주 쳐 주자.

외국인과의 대화 중 외국인이 한국말로 '정말?' '우와!' '대단한데!' 등의 표현을 쓰며 재미있게 대화에 응해 주면 내 기분도 덩달아 좋아질 것이다. 나 또한 국제 행사에 초청되어 외국인과 대화할 때 나라별 맞장구 표현을 미리 익혀 대화중에 자주 사용하곤 했는데 그때마다 외국인 친구들은 크게 웃으며 좋아해 주었고, 덕분에 우리는 쉽게 친구가 될 수 있었다.

영어로 대화를 나누고 있더라도 대화 도중 나오는 단어와 표현을 그들 국가에서는 어떻게 사용하는지 물어보고 그 친구와 대화할 때마다 그에게서 배운 표현을 자주 사용해 보자. 상대의 이야기에 귀 기울이고 호응하는 표현을 사용할 때마다 외국인 친구들에게 큰 기쁨을 선사하게 되는 것은 물론 그들과 더욱 친밀한 관계를 형성할 수 있을 것이다.

다섯째, 외국인 친구들의 1일 사진기사가 되어 주자.

해외에서 외국인들과 어울리다 보면 사진을 찍게 되는 경우가 많을 것이다. 내 사진을 많이 남기는 것도 중요하지만 내가 먼저 외국인 친구에게 멋진 추억을 선물하는 1일 사진기사가 되어 주는 건 어떨까. 찍은 사진을 메일로 보내 주는 것도 잊지 말자. 낯선 이국의 땅에서 추억을 선물한 한국인 친구의 마음은 외국인들에게 가장 소중한 추억으로 자리하게 될 것이다.

여섯째, 페이스북에 가입하자.

젊은 외국인들과 친구가 되면 모임이 끝날 무렵 반드시 받게 되는 질문 중 하나가 페이스북에 가입되어 있느냐는 것이다. 페이스북은 한국의 싸이월드와 비슷한 기능을 가진 글로벌 네트워크 사이트로 해외여행을 떠나기 전 반드시 사전에 발급받아야 하는 여권과 같다.

해외에서 사귄 친구들과 모임에서 있었던 일, 멋진 추억이 담긴 사진 등을 페이스북에 올려놓고 그들을 초대해 온라인에서 지속적인 만남을 유지해 나가자. 외교관들이 파티에서 만난 해외 주요 인사들과 지속적으로 관계를 발전시키기 위해 사용하는 구시대적인 방법보다 페이스북이 훨씬 효과적인 최첨단 인맥 관리와 민간 외교 수단이 될 수 있다.

일곱째, '마돈나'가 되지 말자.

지나치게 자신을 드러내려는 사람들은 어디에나 있다. 글로벌 모임에서도 마찬가지다. 자연스러운 대화와 주제 발표 등을 통해 주목받는 것은 바람직하지만 단지 주목받기 위해 과장된 행동을 하는 것만큼 보기 흉한 것도 없다. 특히 세계 각국의 사람들이 모인 글로벌 모임에서 본인의 지식을 과시하기 위해 질문을 하는 사람, 다른 사람에게는 발언할 기회도 주지 않고 혼자서만 떠드는 사람은 어느 나라 사람들에게나 꼴불견으로 보인다.

모든 조명을 혼자 독차지하는 '나홀로 마돈나'가 되기보다 참석자들과 자연스럽게 조화를 이루어나가다가 중요한 순간에 핵심을 찌르는 질문 혹은 발언을 하는 것이 중요하다. 또한 질문을 할 때는 강연자 혹은 앞서 말한 발언자의 내용이 무척 인상 깊었노라 감사의 표현을 하는 것도 잊지 말자. 대화를 보다 부드럽게 이끌 수 있을 뿐만 아니라 나와 대한민국에 대해 보다 좋은 인상을 심어 줄 수 있는 방법이다.

여덟째, 먼저 낮아지고, 먼저 다가가고, 먼저 도와주자.

단순한 여행이 아닌 글로벌 행사나 모임에 초대된 경우라 해도 행사 진행요원의 눈이 미치는 못하는 곳에서 도움이 필요한 경우가 종종 발생하게 마련이다.

내 경우, 호텔에서 공항까지 버스로 이동할 때 친구들의 짐을 버스 화물칸에 싣거나 내리는 일을 적극적으로 도와주었다. 그 외에도 행사 도중 진행요원의 손길이 미치지 못하는 곳에서 크고 작은 일이 발생할 때마다 먼저 다가가 적극적으로 행동했다. 그 결과 전 세계에서 온 외국인 친구들로부터 '최고의 친구'라는 평판을 듣게 된 것은 물론 '한국에서 온 멋진 친구'라는 별명도 얻게 되었다.

섬김을 받기보다는 먼저 섬기는 것, 올라서기보다 먼저 낮아지는 것, 지구촌 모든 이들에게 한국인의 영향력을 높일 수 있는 가장 중요한 열쇠이다.

아홉째, 언제나 한국 홍보대사, 월드 체인저임을 자각하고 행동하자.

외국인들과 함께하는 회의나 모임에 참석하게 되면 행사 진행 전 간단한 자기소개 시간이 주어진다. 이때 간단히 '안녕하세요', '사랑합니다', '만나서 반갑습니다'라고 한국말을 한 후 "이 표현은 영어로 'hello!', 'I love you', 'nice to meet you'란 말입니다"라고 소개해 보자.

나 역시 글로벌 모임에서 나를 소개할 때 이런 방법을 사용했다. 이후로도 자기소개를 할 기회가 주어질 때마다 나는 간단한 한국말을 가르쳐 주었는데, 외국인들은 나를 '최고의 한국 홍보대사'라 칭찬하며 호응해 주었다.

외국인과 개인적으로 대화할 시간이 주어지면, 한국이라는 나라를 생각할 때 가장 먼저 떠오르는 것이 무엇인지 물어보자. 그리고 상대의 답변에 대한 각자의 생각을 말해 보자. 서로의 생각 차이를 이해하게 되면서 큰 호응을 얻을 것이다. 그리고 한국으로 돌아오기 전, 참석했던 모든 멤버들에게 자필로 적은 감사 카드를 선물해 보자. 당신을 만나서 너무 즐거웠으며 앞으로 당신의 나라를 생각하면 항상 당신이 가장 먼저 떠오를 것이라고, 그리고 나 또한 당신이 한국을 떠올릴 때 가장 먼저 생각나는 친구로 남고 싶다고.

열째, 개인 명함 역시 한국 홍보의 중요한 수단이다.

해외에서도 자신을 소개하는 명함은 필수다. 그런데 대부분의 명함을 보면 디자인부터가 평범한, 연락처를 주고받는 정보지 그 이상도 이하도 아닌 경우가 많다. 그래서 나는 해외에 나가기 전 일반 명함 두 배 크기의 명함을 제작하고, 앞면에는 내 사진과 함께 '저를 어떤 사람으로 기억하나요?'라는 문구를, 뒷면에는 멋진 그림과 시를 넣었다.

내게 명함을 받은 외국인들은 한국의 아름다운 시에 감동한 것은 물론 사진과 함께 프린트 된 문구를 보며 자신과의 만남을 한순간의 추억이 아닌 지속적인 만남으로 발전시켜 나가고자 하는 나의 마음을 높이 평가해 주었다.

명함은 그다지 비싸지 않다. 학생이라 해도 해외에 나갈 때는 반드시 명함을 만들어 나가자. 또한 나 자신과 내가 속한 대한민국이라는 나라를 소개하는 인상 깊은 미디어 광고를 제작하는 마음으로 특별한 명함을 기획해 보자. 1만 원 남짓이면 만들 수 있는 명함이 수억 원의 비용을 들여 제작한 한국 홍보용 미디어 광고보다 더 의미 있고 기억에 남는 홍보물이 될 수 있다.

한국 홍보대사 주의사항

위에서 언급한 열 가지 외에도 반드시 지켜야 할 에티켓은 또 있다. 글로벌 모임에 참석하다보면 버스 출발 시간, 미팅 시간 등 모두가 함께 움직여야 하는 약속 시간이 정해지게 마련인데 이러한 시간은 반드시 지키는 것이 기본적인 예의이다. 개인 일정은 당연히 이러한 일정에 맞추어 조정해야 한다. 또한 강의나 세미나가 진행되는 동안에는 반드시 휴대전화를 끄거나 진동으로 해 두어야 한다. 비록 누구나 알고 있는 간단한 예절이지만 실제로 이를 지키지 않아 국제적으로 망신을 당하는 경우가 종종 있다. 국제무대에서 각자가 보여 주는 작은 실천, 작은 행동들이 신뢰로 이어지고, 이러한 신뢰를 바탕으로 우리 모두가 더 큰 대한민국을 만들어 나가는 주인공으로 성장하게 된다는 사실을 잊지 말자.

외국에서 만난 외국인들은 대한민국의 이미지를 그들이 만난 한국인 한 사람 한 사람을 통해 만들어 간다는 사실을 절대 잊지 말자. 한국인의 말 한 마디, 행동 하나가 한국 전체에 대한 인상이 될 수 있다. 외국인을 대할 때 성의 있는 태도가 중요한 이유도 바로 이 때문이다. 다음 몇 가지 주의사항을 기억해 두는 것도 도움이 될 것이다.

첫째, 무작정 우리나라를 알아 달라 조르지 말자.

친구를 사귈 때 가장 중요한 것은 우정을 쌓는 일이다. 상대가 외국인이라고 해서 달라지는 것은 없다. 우리나라를 알리려는 마음이 지나쳐 친구의 목소리에는 귀 기울이지 않고 무작정 한국을 알아 달라고만 조르는 것은 실례다.

친구는 자신의 갖고 있는 인격만큼 사귈 수 있다는 국적을 초월한 진실을 잊지 말자. 좋은 친구를 사귀고 싶다면 본인부터 좋은 친구가 되어야 한다. 외국인 친구와 대화할 때도 인간적인 친밀감부터 형성하는 것이 우선이다. 친밀한 감정이 생긴 후 우리나라에 대해 차근차근 이야기해 나가며, 친구의 나라에 대해서도 알아가자.

둘째, 우리나라에 대해 과장하지 말고 솔직하게 전달하자.

한국을 보다 멋지게 소개하고 싶어 없는 사실을 지어내거나 과장해서는 안 된다. 거짓말은 거짓말을 낳고, 언젠가는 그 거짓이 탄로 나게 마련이다. 각자가 아는 한도 내에서 한국의 모습을 있는 그대로 전달하면서 새로운 의미와 감동을 줄 수 있는 요소가 무엇인지 고민해 보자. 부끄러운 모습이 있다고 해서 억지로 감추거나 부정하기보다 인정할 것은 솔직하게 인정하는 편이 좋다. 이미 외신에 소개된 한국의 부적절한 모습에 대해 담백하게 인정하고 그에 대해 설명하거나 자신의 입장을 말하는 것이 효과적이다.

셋째, 근거를 들어 설명하자.

우리나라의 역사와 문화 등을 소개할 때 막무가내로 '네가 알고 있는 것을 틀렸다', '한국은 위대하고 멋진 나라'라고 우기기보다 조목조목 근거를 들어 설명해 보자. 근거 없는 억지로 친구를 설득하려다가는 오히려 상대의 기분만 상하게 할 수 있다. 물론 외국인 친구가 충분히 납득할 수 있을 만큼 한국의 역사와 문화에 대해 잘 설명하려면 우리가 먼저 한국에 대해 충분히 공부해야 할 것이다. 외국인이 한국에 대해 잘 모르거나 잘못 알고 있더라도 우리만큼은 제대로 알고 있어야 한국을 세계에 제대로 알릴 수 있다는 사실을 명심하자.

넷째, 유머와 위트를 잊지 말자.

한국을 알려야 한다는 사명감에 도취된 나머지 매사에 너무 진지하기만 하다면 친구의 흥미를 끌 수 없다. 자연스럽게, 내가 생각하는 한국을 전하면 된다. 특히 한국을 소개할 때 교과서나 책, 정부 사이트 등에 나와 있는 내용을 그대로 전하는 경우가 종종 있는데 책이나 정부 사이트에 소개된 내용은 외국인 친구들에게 너무 어렵거나 딱딱하고 단조롭게 느껴질 수 있다. 사진이나 음악, 동영상 등 내가 가진 자료를 활용해서도 얼마든지 재미있고 자연스럽게 대화를 이어나갈 수 있다.

"한국에 대해
제대로 알려줘서 고마워"

    반크가 1999년 출범한 이후 한국을 '아시아의 중심, 동북아의 관문국'으로 성장시키기 위해 노력한 데는 다양한 이유가 있다. 그 가운데 하나는 끊임없이 계속되는 중국과 일본의 역사 교과서 왜곡과 영토 분쟁에 지혜롭게 대처하고 21세기 통일 한국을 이룩하기 위해서는 미국·중국·일본·러시아 그리고 아시아·태평양 각국과 친밀한 협력 관계를 지속해 나가야 하기 때문이다. 대한민국이 아시아의 중심 국가로 도약하고 국가 간 정책 이견을 순조롭게 조율하기 위해서는 한국의 입장을 이해하고 지원해 줄 인맥이 무엇보다 절실하다.

    이를 위해 반크는 반크 회원들과 아시아에 거주하는 한인 동포들을 아시아 평화대사로 위촉하는 사업을 전개하고 있다. 이는 아시아 지역 사람들과 친밀한 인적 네트워크를 구성하게 된 한국이 아시아의 중심국으로 도약하기 위함이다. 아시아 학생들이 어린 시절부터 한국인과 친밀하게 우정을 쌓는다면 자연스럽게 한국을 사랑하는 '친한파'로 성장하게 될 것이다. 또 한국에 애정을 갖고 한국의 입장을 바르게 알릴 수 있는 외국인이 많을수록 세계 속 한국의 입지는 굳건해질 것이다.

아시아 평화대사의 임무는 전 인류의 평화를 위해 세계적인 이슈가 되는 분쟁을 한국인이 주도적으로 해결해 나가고 그 모습을 전 세계인에게 각인시키는 것이다. 그동안 우리나라는 세계적인 이슈 해결을 위한 지원 활동에 인색했다는 비판을 받아왔다. 뿐만 아니라 지구촌 문제에 적극적으로 참여하고 해결하려는 노력을 소홀히 하는 나라로 여겨져 왔다. 이제부터라도 우리가 앞장서서 세계인의 아픔을 이해하고 분쟁을 해결해 나간다면 언젠가는 세계인이 '한국이 아시아 평화의 중심'이라고 말할 날이 올 것이다. 또한 한국은 '평화와 번영의 전령사'로서, 아시아와 세계를 이끄는 '아시아의 등대지기' 비전을 성취하게 될 것이다. 바로 한국의 청년들이 그 꿈의 주인공들이다.

아시아 평화대사 혜민 양 이야기

다음은 아시아 평화대사로 활동하는 김혜민 양이 카티아라는 이름의 프랑스인 친구와 주고받은 편지이다. 카티아는 아빠가 프랑스인이고 엄마가 아프리카 사람인데, 이전에 다른 한국인 소녀에게 심한 인종적 모멸감을 느낀 적이 있어 마음의 상처가 큰 상태였다. 이미 한국인에게 실망한 적이 있는 카티아는 새롭게 다가오는 한국인 친구와 깊은 관계를 맺는 것을 두려워했다. 그러나 혜민 양은 이 친구의 아픈 상처를 치유하고 한국을 대표하는 아시아 평화대사로서의 사명을 실천하기 위해 그 한국인 소녀를 대신해 사과하며, 몇 년 전 한 한국인이 일본 지하철에서 철로에 떨어진 일본인을 구하려고 자신을 희생한 일을 들려주었다.

프랑스의 카티아

비비안, 난 엄마가 아프리카인이고 아빠는 프랑스인이셔. 그래서 여기서 '혼혈아'라고 불려. 놀랐니?

예전에 한국인 여자애랑 얘기를 나눈 적이 있었어. 그 애한테 우리 엄마가 흑인이라고 말했지. 이제 그 애는 나랑 말도 안하고, 심지어 인사도 하지 않아. 무척 슬펐고 한국인에게도 실망했어.

물론 난 네가 나에게 친절하게 대할 것을 알아. 하지만 나는 대부분의 한국 사람들이 무례한 태도를 고쳐야 한다고 생각해.

vivian, my mother is african and my father is french. so i'm called 'metisse' in here. is it surprised to you?

One time i had spoken with a korean girl and i said my mother is black to her. Now she doesn't talk me and even doesn't greet to me. I was so sorrowful and disappointed to Korean.

Of course, I know that you will be kind for me. but I think

156

most of Korean have to change that rude attitude.

한국의 혜민

카티아, 나는 네 어머니가 흑인인 게 전혀 이상하지 않아. 나는 오히려 네가 부러워. 너는 네 가족으로부터 많은 문화를 알고 배울 수 있잖아. 그리고 그 무례한 한국인 여자애는 잊어줘. 내가 대신 사과할게.

대부분의 한국인은 예의가 바르고 친절해. 우리는 예부터 동방예의지국으로 불려 왔거든. 예를 들면, 몇 년 전 한 한국인이 일본 지하철에서 철로에 떨어진 일본인을 구하려고 자신을 희생한 일이 있었어. 이렇게 한국인들은 전 세계에서 타인을 위해 일하고 행동하고 있어.

나는 네가 한국인에 대한 잘못된 오해를 버리길 바라.

Katia, I never think It's surprising that your mother is black. I rather envy you. because you may know and learn many culture from your family. And please forget that rude Korean girl! I'm sorry instead of her.

Most of Korean are kind and polite! We have been called as oriental nation of courtesy since long time ago by Asian. For example, few years ago, a Korean sacrificed himself to save Japanese who fell at railroad in Japanese subway. In this way, Korean is working and acting for others all over the world.

I hope that you take off wrong misconception about Korean.

프랑스의 카티아

비비안, 너의 메일은 정말 고마웠어.

나는 네가 넓은 마음을 가진 현명하고 온화하고 친절한 사람이라고 생각해.

맞아, 나도 내가 두 개의 문화권에 속한 것이 이익이란 걸 알아. 나는 2년

전에 나의 가족을 만나기 위해 아프리카에 갔었어. 네가 원한다면 아프리

카에 대한 이야기를 해줄게.

그리고 네 덕분에 한국인에 대한 내 인식을 바꿀 수 있었어. 인터넷에서 한

국인이 타인을 위해 헌신한 사례를 찾아보았지. 그리고 내 생각이 틀렸다

는 걸 알았어.

나는 한국에 대해 더욱 자세히 알고 싶어.

Thank you for your e-mail, vivian.

I think you are a kind person with a big heart , very gentle and
smart!

Yeah, i know it's an advantage for me to have two culture.
two years ago I gone in africa for to see my family , I'll tell all
about africa if you want.

And I change my cognition of Korean thanks to you. I
searched another contribution of Korean to others in internet.

and I knew my thought are wrong.

I want to know about Korea in more detail, vivian.

혜민 양을 통해 프랑스인 친구는 인종에 대한 편견을 가진 한국인으로부터 받은 상처를 회복할 수 있었고 자칫 한국이라는 나라 전체에 대해 생길 수 있었던 나쁜 이미지도 조금이나마 씻을 수 있었다. 혜민 양으로서는 동방예의지국의 명예도 알릴 수 있는 소중한 경험이었다. 이후 혜민 양은 아주 사소한 행동 하나가 나라 전체의 이미지를 판가름할 수 있다는 사실을 항상 가슴에 새기고, 아시아 평화대사 활동에 보다 신중하고 진지하게 임해야겠다는 생각이 들었다고 한다. 언젠가는 혜민 양과 같은 한국인을 통해 구축된 세계 평화 인적 네트워크로 인해 모든 한국인이 세계인들 사이에서 가장 중요한 사람이 되고, 그 중심에서 등대지기로 우뚝 서게 될 것이다.

'모의 유엔', 글로벌 이슈로
영어 토론을 벌여라

        2009년 8월, 유엔 환경 계획 주최로 열린 '청소년 환경 회의'가 한국에서 개최되었다. 전 세계 110여 개국에서 대표로 선발된 약 1,000여 명의 청소년들이 한자리에 모여 '기후 변화, 우리의 도전' 이라는 주제로 열띤 토론을 벌였다.

    그런데 이날 열린 모의 유엔에서 유독 한국의 청소년들은 꿀 먹은 벙어리였다. 모의 유엔은 대륙별로 진행되었는데 북미와 유럽, 남미 학생들은 '청소년 성명서 초안' 작성에 대해서도 주도적으로 의견을 개진하고 열띤 토론을 벌인 반면 아시아태평양 지역 모의 유엔에 참가한 100여 명의 한국 학생들은 내내 침묵을 지켜 사회자가 회의 전체를 주도하는 해프닝이 벌어졌다.

    행사에 참가한 한 신문 기자는 '환경을 내용으로 전 세계 참가자들이 뽑아낸 글로벌 영어의 수준은 영어를 시험 과목으로 인식하고 학원에서 읽기 위주의 공부만 하느라 다이내믹한 토론 실력을 쌓지 못한 국내 학생들의 수준과 상당히 차이가 났다'고 보도했다. 실제로 미국과 영국 등 선진국의 초·중·고등학교에서는 환경과 빈곤 등 지구촌 문제에 대해 깊이 사고하고 대안을 제시하는 능력을 키우는 것을 교육의 주된 목표로 삼고 있으며, 자국의 학생들이 유엔에서 열리는 청소년 모의 유엔에 주도적으로 활동하는 글로벌 리더가 될 수 있도록 정책적으로 지원하고 있다. 한국의 청소년들이 다른 나라의 학생들에 비해 글로벌 이슈에 대한 발표 능력이 떨어지는 가장 큰 이유는 수능과 내신에만 집중하는 한국의 교육 환경이다. 다행히 최근 들어 한국의 지자체와 각 대학, 국제기구, 청소년 단체 협의회 등에서 한국의 청소년들을 글로벌 리더로 키우기 위해 전 세계에서 열리는 모의 유엔 참여를 적극적으로 유도하는 프로젝트를 추진하고 있다. 서울시도 청소년들을 선발해 전 세계 글로벌 이슈에 대해 탐방 조사를 벌이는 프로젝트를 진행하고 있으며, 한국 유네스코 등 유엔 산하 국제기구 등도 청소년 국제회의 파견 사업을 전개하고 있다.

반크에도 최근 들어 청소년 모의 유엔에 참가하려는 학생들의 문의가 늘어나고 있다. 이들이 바라는 것은 모의 유엔에서 발표할 글로벌 이슈에 대한 자료와 각 국제기구의 활동 목적에 대한 정보, 그리고 전 세계에서 모인 외국인들 앞에서 당당하게 자신의 의견을 밝히며 회의를 주도할 수 있는 방법 등이다. 이에 반크에서는 글로벌 리더로서 국제적 현안에 대한 기본적인 지식과 정보 검색 방법, 이를 바탕으로 외국인들과 토론하는 방법 등을 가르쳐 줄 '사이버 모의 유엔 사이트'를 개설했다.

언젠가 세계무대에서 전 세계인들을 상대로 글로벌 이슈의 정책 대안을 당당히 제시하여 존경받는 주인공이 되는 여러분의 모습을 상상해 보자. 지금 모의 유엔을 준비하는 여러분이 미래 세상을 변화시키는 월드 체인저이다.

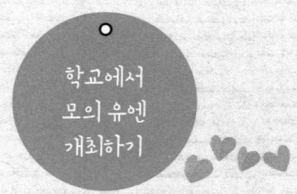

학교에서
모의 유엔
개최하기

안녕하십니까! 저는 동백고등학교 반크 동아리회장 이상인입니다.

현실적으로 학교에서 모의 유엔 총회를 개최하는 일은 굉장히 힘들고 어렵습니다. 기획부터 참가자 모집, 학교 허가, 장소 섭외, 예산안 작성 등 할 일이 매우 많고 복잡합니다. 반크 동아리회장들께 이러한 부담을 최소한으로 덜어 드리고자 제가 학교에서 개최한 경험과 지식을 바탕으로 최대한 자세히 설명하겠으니 참고해 주세요. 단, 실제 모의 유엔 총회와 똑같이 하기에는 많은 제약이 따르므로 교육 여건과 환경 등을 고려해 일부 진행 과정을 생략하고 규칙을 수정한 것도 있으니 이 점 양해 부탁드립니다.

모의 유엔의 정의

참가자들이 가상의 유엔 총회에 참석, 국제적 현안에 대한 토론과 협상을 진행하고 결의문 도출을 통해 해결 방안을 제의하는 회의.

모의 유엔 총회의 참여 효과

① 토론 능력 및 협동심 향상

② 국제 정치 및 국제 관계 공부

③ 세계 시사 흐름을 보는 안목 제고

④ 유엔의 이상과 목표 이해

모의 유엔 총회 개최 일정 정하기

① 장소 정하기 일반적으로 모의 유엔 총회 참여 인원은 25명에서 50명 정도로, 이를 수용할 충분한 공간이 있어야 합니다. 학교에서 비교적 넓은 공간에 속하는 강당 혹은 시청각실을 추천합니다.

② 참가자 선출 참가자 선출을 위한 홍보 기간은 통상 3~4일 정도이며, 그동안 교내 방송을 이용하거나 각 교실 게시판에 포스터를 게재하면 됩니다. 또 참가하고 싶은 학생들을 대상으로 오리엔테이션을 먼저 진행하여 참여한 학생들에게 참가자 선출 양식을 배부합니다. 선출 양식이 정해져 있는 것은 아니지만 참여하고 싶은 이유와 현재 세계가 직면한 주요 이슈에 관해 묻는 문제를 내면 좋습니다. 문제의 난이도는 각 학교의 학생 수준과 오리엔테이션 참여자 수에 따라 결정하시면 됩니다.

③ 오리엔테이션 대회의 의사 규칙과 절차에 관한 내용 등을 강의하는 것입니다. 앞서 말했듯 참가자 선출을 위한 양식도 이때 작성토록 하면 됩니다. 장소는 시청각실과 강당을 추천합니다.

④ 대회 일시 모의 유엔 총회 개최 일시는 오리엔테이션이 끝난 후 1~2주 뒤에 하는 것이 좋습니다. 왜냐하면 최종 참가자를 결정하고 대회를 준비하는 데 시간이 많이 걸리기 때문입니다.

실제 유엔 총회는 약 3개월 정도에 걸쳐 개최됩니다. 국내에서 열리는 모의 유엔 총회의 경우 보통 3~4일 정도에 걸쳐 진행되지만 학교에 기숙사 없는 이상 숙박을 하며 총회를 진행하기란 불가능에 가깝습니다. 이러한 이유로 일반 학교에서 모의 유엔 총회를 개최할 경우 당일 내로 기간이 한정될 수밖에 없습니다.

아래의 표는 실제 저희 학교에서 진행한 모의 유엔 총회 개최 순서와 시간입니다. 이를 참고하시면 큰 문제없이 회의를 진행하실 수 있을 것입니다.

총회의 진행 순서

오전 8시 ~ 8시 30분 신임장 및 기조연설문 제출

오전 8시 50분 ~ 9시 20분 의장(동아리부장) 및 교장선생님의 개최사

오전 9시 30분 ~ 10시 30분 기조연설문 발표

오전 10시 30분 ~ 정오 토의 및 토론

정오 ~ 오후 1시 점심시간

오후 1시 ~ 2시 30분 결의문 작성 및 토론

오후 2시 30분 ~ 3시 최종 결의문 도출 및 낭독

오후 3시 ~ 3시 30분 폐회사 및 수상 발표

구성 요소 및 규칙

① 신임장 및 기조연설문 제출 신임장이란 쉽게 말하면 임명장 같은 것입니다. 각 나라의 대사가 자국의 대통령 혹은 외교부 장관으로부터 유엔대사로 임명 받았다는 것을 증명하는 것인데 대회 개최 전 신임장을 디리 작성

하여 참가자들에게 배부하고 담임선생님 혹은 교장선생님으로부터 확인을 받아오도록 합니다. 각자의 기조연설문 역시 사무국에 미리 제출해야 하는데 기초연설문에는 의제에 관한 각 국의 입장과 주장을 명시하도록 합니다.

② 개최사 개최사는 동아리 부장의 인사말과 교장 선생님의 축사로 이루어집니다. 개최사가 끝난 뒤 바로 총회를 진행합니다.

③ 기조연설문 발표 기조연설문은 미리 복사하여 각 참가자에게 배포합니다. 이는 상대국의 입장과 주장을 파악하고 어떻게 대응할 것인지 전략을 짤 수 있도록 하기 위함입니다. 또한 발언시 이를 참고할 수도 있습니다. 기조연설문 발표는 자유이나 주로 앞에 앉은 국가에서부터 시작됩니다. 제한 시간은 3분 정도이며 연설문 내용은 의장의 노고에 대한 감사, 의제에 관한 자국의 상황, 이를 해결하기 위한 국제사회의 공조 요청과 자국의 전략 등으로 구성됩니다.

④ 토의 및 토론 모든 국가의 기조연설문 발표가 끝나면 발언자 명부를 열어 토의 및 토론 시간에 발언을 원하는 국가들을 기재합니다. 발언자 명부는 10분 정도 열며, 선착순으로 발표하게 됩니다. 공식 회의에서는 국가들끼리 직접적인 대화가 불가능하기에 자국의 입장을 주장하거나 상대 국가에 대한 질의를 명부를 통해 할 수 있습니다. 만약 질의를 받은 국가가 명부에 없어도 질의에 대한 답변을 할 수 있습니다. 발언권은 의장이 주며 발언 시간은 2분 정도로 제한됩니다. 만약 상대 국가와 직접 만나서 대화와 타협을 하고 싶은 경우 의장에게 비공식 회의를 요청할 수 있습니다. 비공

식 회의를 제안할 때는 이유와 시간을 정확히 언급해야 합니다. 이때 의장은 참여 국가의 표결을 통해 과반수 이상이 찬성하면 비공식 회의를 허락합니다.

⑤ 점심시간 보통 1시간 정도 주어지는데 이 시간을 이용하여 상대국과 의논 또는 타협을 할 수 있습니다. 또한 그룹을 중심으로 결의안을 미리 작성할 수 있습니다.

⑥ 결의문 작성 및 토론 결의안은 개별 국가가 작성할 수도 있지만 보통 그룹을 조직하거나 모든 참여 국가가 타협해서 작성합니다. 작성한 결의문은 먼저 사무국에 제출해 표결에 부칩니다. 여기서도 비공식 회의를 요청할 수 있으며 비공식 회의 여부 역시 과반수 표결에 부칩니다. 사무국은 최종 결의문을 복사하여 참여 국가에 배부하고, 먼저 회부된 결의안부터 토의 및 토론을 진행합니다. 각 나라의 대사는 결의문에 기재된 현안에 대해 구두로 수정 요구를 할 수 있으며 수정안은 단순 다수결로 표결 처리합니다.

⑦ 최종 결의문 도출 및 낭독 수정안이 없으면 대표단의 발언으로 최종결의문을 도출합니다. 도출 과정 역시 과반수 표결에 부쳐집니다. 보고관은 시간 관계상 최종결의문만 낭독합니다.

⑧ 폐회사 및 순위 발표 최종결의문 낭독 후 의장은 폐회를 선언하고 대사들의 박수를 유도하며 회의를 마칩니다. 순위 발표는 그 자리에서 하며 상장 및 부상은 조회 때 수여합니다.

실제 유엔 회의에서는 총 197개국의 대사가 참여합니다. 하지만 현실적으로 교내 모의 유엔 총회에 모든 국가가 참여하는 것은 불가능하므로 그 수를 20여 개국 정도로 제한하는 것이 적절합니다. 국가 배정은 대륙별로 5~4 국가를 선정하는 것이 좋습니다.

아래 표는 저희 학교 모의 유엔 총회 때 선정한 참여 국가입니다.

지 역	국 가
아시아 + 오세아니아	중국, 한국, 일본, 호주, 인도네시아
아메리카	미국, 캐나다, 브라질, 멕시코, 페루
아프리카 + 중동	남아프리카공화국, 사우디아라비아, 이스라엘, 케냐, 요르단
유럽	영국, 스페인, 독일, 프랑스, 러시아

심사 기준(100점 만점 기준)

심사 기준은 크게 논리성, 국제성, 태도 및 매너의 세 가지로 구성됩니다. 심사위원은 사회과 혹은 국어과 선생님들로 구성하는 것을 추천하며 2~3분이 함께 하는 것이 적당합니다.

① 논리성(30) 30점 만점이며, 기조연설문과 토의 및 토론 시간에 얼마나 논리적으로 발언하였는지 그리고 상대 국가와 얼마나 잘 타협했는지 등을 평가합니다. 기본 점수는 각 항목마다 5점씩 총 15점입니다.

② 국제성(40) 국제성은 심사 기준에서 가장 배점이 크며 그만큼 중요합니다. 평가 기준은 크게 '세계 시사 문제를 바라보는 안목'과 '자국에 대한 이해'로 나뉩니다. '세계 시사 문제를 바라보는 안목'은 주요 이슈에 대해 얼마만큼 깊은 안목과 지식을 습득했는지를 평가하는 것입니다. '자국에 대한 이해'는 의제와 관련한 자국의 현재 상황에 대한 이해와 이를 세계적 관점에서 파악하는 능력을 평가하는 것입니다. 기본 점수는 기조연설문 10점, 토의 및 토론 5점, 결의안 및 기타 부분이 5점으로 총 20점입니다.

③ 태도 및 매너(30) 태도 및 매너의 평가 항목은 세 가지로 구성됩니다. 첫째 '발표 자세', 둘째 '회의 참여도', 셋째 '팀워크'입니다. '발표 자세'는 기조연설문과 토론 및 토의 시간의 발표 자세와 태도를 말합니다. '회의 참여도'는 공식 및 비공식회의 때의 참여도를 평가하는 것입니다. 얼마나 열의를 갖고 상대 국가와 대화와 타협을 시도하는지 평가하는 것입니다. '팀워크'는 팀 구성원 모두 얼마나 적극적으로 참여하는지를 평가하는 부분입니다. 보통 참가자들은 2인 1국가의 형태로 총회에 참여하게 되는데 파트너와 역할 분담을 잘 이루어 회의에 참여하는지 여부를 평가하는 것입니다. 기본 점수는 각 항목 당 5점씩 총 15점입니다.

사전 숙지 사항

대회 시작 전 및 회의 진행 동안의 숙지 사항을 사전에 미리 공고하는 것이 좋습니다.

〈모의 유엔 숙지 사항〉

① 총회 시작 전 그룹을 조직할 수 있으며 결의안 초고를 완성할 수 있다.

② 발언권을 얻으려면 자국의 명패를 오른손으로 들어 의사 표시를 한다.

③ 한 국가의 대표단이 기조연설문을 발표할 때 타 대표단들은 서로 의사

소통을 할 수 있으나 이는 반드시 진행요원을 통해 문서로만 가능하다.

④ 상대방을 비방하는 행위 및 감정적인 언행은 할 수 없으며 이를 어길

시에는 감점한다.

⑤ 기조연설문의 분량은 3~4분 내로 한다. 초과 때는 감점한다.

⑥ 발언권을 얻어 발표할 때는 2분 내로 한다. 초과 때는 감점한다.

⑦ 참가국 배정은 형평성 유지를 위해 제비뽑기로 결정한다.

⑧ 대표단들은 발표 때 자신이 속한 나라명과 본인의 이름을 먼저 말한다.

예산안

품 목	내 용	가 격
국기	20개국	20×3,000＝6만 원
간식비	빵	50×1,000＝5만 원
	음료수	50×1,000＝5만 원
	초콜릿	1만 원
부상	문화상품권	1등: 2만 원(1명 선정)
		2등: 1만 원(1명 선정)
		3등: 5,000원(2명 선정)
총액		21만 원

예역분담

① 의장단 의장, 부의장, 보고관으로 구성됩니다. 의장은 전반적인 회의 진행, 발언권 부여, 안건을 투표에 회부하는 역할을 맡으며 부의장 또한 의장의 권한을 보조합니다. 보고관은 회의를 기록하는 역할을 합니다.

② 사무국 문서, 보고서, 결의문을 인쇄하고 총회가 필요로 하는 업무를 집행합니다. 보통 교내에서는 3명의 사무국 위원을 둡니다.

③ 진행요원 회의 진행을 보조하는 역할을 합니다. 대표단들의 문서와 마이크 전달, 사진 촬영 등의 역할을 맡습니다. 적정 인원은 2~3명입니다.

커뮤니케이션 최고 무기는
한국의 마음'정'

　　　　　　세계인이 한국에 대해 갖고 있는 이미지는
과거 그들이 만난 한국인을 통해 자연스럽게 형성된 것이다. 실제로 내
가 글로벌 모임에서 만난 외국인 리더들은 한국인을 배려가 부족하고
자기만 생각하는 이기적인 국민, 미소가 없는 딱딱하고 경직된 사람들이
라 생각하고 있었다. 국제무대에서 이미 다른 한국인들의 행동으로 선입
견이 형성되어 있고 그로 인해 내가 부당한 대우를 받을 수도 있는 현실
에 직면하고 보니 몹시 당황스러웠다. 하지만 바꿔 생각하면 과거 외국
인들과 만난 한국인들을 통해 현재의 나에 대한 평판과 대우가 달라지
듯 현재의 나를 통해 미래의 한국인들이 국제사회에서 어떤 대접을 받
을 것인가가 결정된다.

　실제로 일부 한국인들은 경제적으로 풍요롭지 못한 나라에서 현지인

들을 무시하거나 현지 문화를 천박한 것으로 매도하는 거만한 태도를 보인다. 반면 한국보다 경제적으로 잘 사는 나라에서는 겸손하게 행동하며 현지 문화를 앞선 문화라 칭송하는 문화적 사대주의에 빠져 있다.

어글리 코리안에서 지구촌 인재로

수년 전, 해외 유적지에 한글로 낙서하거나 술을 과하게 마시고 주사를 부리는 한국인들에 대해 해외 언론이 '어글리 코리안'으로 비꼬며 지적한 바 있다. 지금도 아시아의 일부 관광지에는 한글로 '이곳에 낙서를 하지 마세요', '이곳에 앉지 마세요' 등의 경고문이 붙어 있다. 한국인들이 규정을 무시하고 유적을 훼손하는 행동을 서슴없이 하기 때문에 붙여놓은 문구들이다. 유럽의 호텔에는 '음식물 외부 유출 금지'라는 한국어 경고문이 붙어 있기도 한데 이는 호텔에서 무료로 제공되는 아침 식사를 외부로 반출하는 한국인 관광객들이 많기 때문이란다. 무심코 한 행동으로 인한 피해가 부메랑처럼 되돌아와 한국인 전체가 국제사회에서 불이익을 당할 수도 있다는 사실을 명심해야 한다.

21세기를 살아가는 한국의 청년들은 '대한민국 역사상 가장 세계화된 인재'의 주인공이다. 이런 풍요로운 혜택은 전쟁의 폐허를 딛고 세계에서 가장 가난한 나라를 세계 10대 경제대국으로 성장시킨 앞선 세대들의 헌신과 땀이 있었기에 가능했다. 이제 한국의 청년들은 앞선 세대가 그랬던 것처럼 다음 세대를 위해 어떤 대한민국을 만들어 나가야 할지 진지한 고민을 해야 한다. 한국의 청년들이 국제사회에서 어떻게 행동하는가에 따라 우리의 다음 세대가 새로운 대한민국의 첫 세대가 될 수 있다. '새로운 대한민국'이란 전 세계인이 한국인을 가장 사귀고 싶고, 가장 믿을 수 있고, 가장 만나고 싶은 단짝친구 같은 이미지로 기억하는 것을 의미한다.

한국인과 생활했던 많은 외국인은 한국인의 '정'이 인상 깊었다고 말한다. 한국인의 마음속에는 세계인을 친구처럼, 처음 만나는 외국인을 내 가족처럼 대접하고 사랑하는 '정'이라는 씨앗이 심어져 있다. 외국인을 대하는 한국 청년들의 행동과 태도가 그들의 마음속에 '한국인의 정'으로 뿌리내려 언젠가는 울창한 나무로 성장할 것이다. 그날이 오면 한국은 전 세계 모든 이들에게 마음의 친구가 사는 나라로 바뀔 것이다.

한국인의 '정'을 세계인의 가슴에 심는 7가지 방법

마음속에 숨겨진 '정'을 끄집어내 외국인들의 마음속에 옮겨 심으려면 어떻게 해야 할까.

첫째, 먼저 인사하자.

미국 정부의 초청으로 미국의 주요 도시들을 방문하게 된 첫날 아침, 호텔 엘리베이터를 타자 한 외국인이 처음 보는 내게 반갑게 인사했다. 낯선 사람에게는 인사하지 않는 한국 풍토에 익숙한 나에게는 상당히 기분 좋은 일이었다. 다음날부터 나도 엘리베이터에서 처음 만나는 외국인들에게 인사를 건넸다. 짧은 시간 동안에 나눈 몇 마디 대화에 외국인들 역시 즐거워하며 자기 또한 한국에 방문하고 싶다고 말하곤 했다. 외국인들에게 먼저 인사하고 반갑게 다가간다면 한국인의 이미지는 보다 친근해질 것이다.

둘째, 먼저 배려하자.

미국의 한 국제기구 세미나에 참석하기 위해 대형 빌딩 정문에 들어설 때였다. 바쁜 출근 시간이라 많은 사람들이 문을 열고 들어가고 있었다. 그런데 나보다 앞서 문을 밀고 들어간 외국인이 내가 들어갈 때까지 문을 잠시 손으로 잡아 주는 것이었다. 바쁜 시간임에도 일행이 아닌 낯선 사람까지 배려하는 광경은 나에게 상당한 충격이었다. 그 뒤로 나도 빌딩 문을 통과할 때마다 항상 다음 사람을 위해 문을 잡아 주며 반갑게 미소지었다. 외국인들 역시 환한 미소로 화답했다. 이런 작은 배려와 미소는 하루의 시작을 행복하게 하는 커다란 활력소가 되었다.

공공장소에서 질서를 잘 지키고 큰 소리로 떠들지 않는 등 남을 먼저 배려하는 한국인들의 모습을 보여 주자. 세계인들에게 존경받는 한국인의 이미지를 만들어 나갈 수 있을 것이다.

셋째, 먼저 존중하자.

외국의 글로벌 모임에서 주최한 저녁 식사에 초대받았을 때이다. 내가 앉은 테이블에는 다양한 나라에서 온 외국인들이 함께 모여 식사를 했다. 그런데 한 외국인이 식당 종업원에게 '채식주의자'를 위한 메뉴가 있는지 물어보더니 그 음식을 주문하는 것이었다. 알고 보니 그는 동물

보호운동의 일환으로 채식주의자가 된 사람이었다. 그런데 더 인상 깊었던 것은 내 옆에 앉은 싱가포르인이 채식주의자인 외국인에게 언제 채식주의자가 되었는지, 왜 동물보호운동에 참여하게 되었는지 등을 물어보며 자신 또한 오늘만큼은 채식주의자인 당신을 배려해 같은 종류의 음식을 먹겠다면서 메뉴를 추천해 달라고 청하는 모습이었다.

싱가포르인 친구의 매너 덕분에 두 사람 사이에 더욱 친근한 대화가 오고간 것은 물론 같은 테이블에 앉았던 모든 외국인들도 깊은 감명을 받았다. 그 후로 나 또한 채식주의자들을 배려해 그들과 함께하는 그 한 끼만이라도 그들의 입장에서 생각해 보는 시간을 갖게 되었고, 국제사회에서 만나는 다양한 외국인들의 가치관을 존중하는 태도를 갖게 되었다. 국제무대에서 만나는 다양한 외국인들의 삶과 신념에 대해 먼저 존중하고 진심으로 대하는 태도를 보인다면 세계인들의 마음에 깊은 인상을 심어 줄 수 있을 것이다.

넷째, 먼저 여유를 보여 주자.

외국의 유명 레스토랑에서 겪은 일이다. 현지에서는 상당히 이름난 곳이라 30분 정도 줄을 서야 했고, 테이블에 앉은 후에도 주문한 음식이 나오기까지 다소 시간이 걸렸다. 마침 내가 앉은 테이블 맞은편에도 한국인이 앉아 있었는데 그는 기다리는 것에 화가 나 연신 짜증을 내며 큰 소리로 종업원을 재촉하는 등 소란을 피웠다. 주변 사람들이 일제히 놀란 눈으로 그를 쳐다본 것은 물론이다. 나는 어쩐지 부끄러운 생각이 들었다. 사실 나도 종업원을 재촉하고픈 마음이 굴뚝같았기 때문이다. 공공장소에서 너무 서두르거나 재촉하기보다 여유로운 마음으로 행동하는 태도가 필요하다는 것을 절실히 느끼게 된 사건이었다.

다섯째, 먼저 감동을 보여 주자.

칭찬과 감동에 인색한 한국인들과는 달리 외국인들은 사소한 것에 감동하고 상대방의 영웅적 행동에 아낌없는 찬사와 박수를 보낸다. 나 또한 어떤 꿈을 꾸고 그 꿈을 실현시키기 위해 어떤 어려움을 극복하고 도전해 나가는지에 대한 이야기를 들려주었을 때, 그들은 아낌없는 지지와 박수를 보내 주었다. 그러한 외국인들의 태도에 나는 큰 감동을 받았다.

여섯째, 먼저 긍정적으로 행동하자.

전 세계 글로벌 리더들과 미국의 주요 도시들을 방문했을 때의 일이다. 공항에서 비행기가 연착되어 3시간 정도 기다리게 되었는데, 재미있는 것은 동행한 외국인들의 반응이 정말 각양각색이었다는 점이다. 탑승시간이 늦어진 것에 짜증부터 내는 사람들이 서서히 생겨났고, 어쩔 수 없는 일인 만큼 현실을 직시하고 남는 시간동안 책이나 컴퓨터를 보며 시간을 보내려는 사람들도 있었다. 무엇을 하면 좋을까 곰곰이 생각하던 나는 흩어져 있는 외국인 친구들을 한자리에 불러 모아 '이왕 이렇게 일정이 늦어진 거, 주어진 시간 동안 서로의 꿈에 대해 이야기해 보자'고 제안했다. 분위기는 한결 밝아졌고 그날 이후 언제나 상황을 적극적으로 밝게 이끌어 나가려는 나를 좋아해 주는 친구들이 늘어났다. 한국인이든 외국인이든 사람은 본능적으로 밝고 긍정적인 사람에게 더욱 끌린다. 언제나 주어진 상황을 긍정적으로 받아들이고 적극적으로 대처한다면 세계인들에게 한국인은 더욱 매력적인 모습으로 기억될 것이다.

일곱째, 먼저 글로벌 에티켓을 보여 주자.

이슬람 친구들은 돼지고기를 먹지 않는다. 그들은 술을 마시지도 권하지도 않는다. 술을 마시지 않는 이슬람 친구들에게 술을 권해서는 절대 안 된다. 인도네시아와 말레이시아, 태국, 대만, 라오스, 베트남 등 일부 동남아 국가에서는 머리에 손을 대는 것을 몹시 싫어한다. 머리에 정령이 스며있다고 생각해 신성시하기 때문이다. 이들 나라를 여행할 때는 귀여운 아이를 만나더라도 절대 머리를 쓰다듬으면 안 된다. 태국에서는 사원의 불상 앞에서 사진을 찍는 것이 금지되어 있으며 사원에 들어갈 때는 반드시 다리가 안 보이는 긴바지를 입어야 한다. 싱가포르는 공중도덕에 대한 강제가 심한 나라이다. 그곳에서는 절대 의학적 목적 외로 껌을 씹어서는 안 되며 길거리에 휴지를 무단으로 버렸다가는 엄청난 벌금을 물어야 한다. 캐나다인들은 외국인들이 자신을 미국인으로 생각하는 것을 싫어하는 경향이 있다. 인도에서는 악수를 하거나 선물을 줄 때 반드시 오른손을 사용해야 하고, 중국인들은 찬 음료를 싫어한다.

이처럼 외국인 친구들과 교류하면서 나라별로 그 나라만의 에티켓이 있고, 반드시 지켜야 할 금기사항도 있다는 것을 알게 되었다. 외국인 친구와 사귀기 전, 그 나라의 에티켓과 금기사항에 대해 미리 알아 두는 것은 큰 도움이 된다. 혹은 처음 만나는 외국인이라면 서로의 나라 에티켓에 대해 의견을 나누며 화제를 이어나가는 것도 서로의 차이를 이해하고 친해질 수 있는 방법이다.

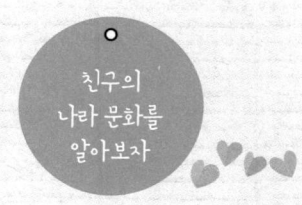

친구의
나라 문화를
알아보자

1. 나라별 글로벌 에티켓을 조사해 보자

대륙	국가 이름	에티켓	금기 사항
아시아			
미주			

유럽			
남미			
아프리카			

180

아래는 글로벌 에티켓과 문화 정보를 알 수 있는 사이트이다.

아시아 소사이어티 (asiasociety.org)

미국과 아시아의 이해 증진을 목적으로 설립한 '아시아 소사이어티'에서 운영하는 사이트. 아시아의 역사와 문화, 인물 등을 이해하기 위해 설립한 사이트인 단큼 아시아각 나라의 문화에 대한 자료가 매우 풍부하므로 유럽이나 미주 친구들에게 아시아 문화나 에티켓을 소개할 때 참고하면 유용하다.

여행 에티켓 (traveletiquette.co.uk)

영국의 민간단체가 운영하는 사이트로, 해외여행자들이 각 나라를 방문할 때 반드시알아야 할 나라별 에티켓이 소개되어 있다.

글로벌 에티켓 (kwintessential.co.uk/resources/country-profiles.html)

영국의 민간 글로벌 리더십 및 국제 교류 단체에서 운영하는 사이트. 전 세계 글로벌에티켓을 한눈에 볼 수 있다.

내셔널지오그래픽 (travel.nationalgeographic.com)

세계적인 지도 제작 업체인 내셔널지오그래픽에서 운영하는 문화관광 사이트. 내셔널지오그래픽은 세계적인 학자들이 모여 전 세계 문화와 역사, 인물 등에 대한 방송과 잡지, 책자를 발행하고 있으며 이 사이트는 특히 대륙·국가별 문화와 관광·예절·역사가 자세히 소개되어 있다.

론리 플래닛 (lonelyplanet.com)

세계 1위의 여행 사이트로, 전 세계 배낭여행객들의 여행 정보 바이블이라고 일컬어질만큼 수많은 외국인들이 즐겨 찾는다. 세계의 문화와 여행 정보가 잘 정리되어 있다.

2. 나라별 인사 표현과 감사 표현을 조사해 보자

대륙	나라 이름	안녕하세요	감사합니다
아시아			
미주			
유럽			

182

유럽			
남미			
아프리카			

'청년 반크'에 지지 않는
'노인 반크' 이야기

"충성! 박기태 단장님, 감사합니다!"

전화기 너머 대뜸 '충성'이라는 우렁찬 목소리부터 들린 것도 놀라웠지만 그 목소리의 주인공이 여든이 넘은 할아버지라는 사실에 더더욱 놀랐다. 목소리의 주인공은 육군 중령 출신의 최종성 할아버지, 군인 출신이라 친근하게 다가오려는 의도로 재미삼아 그런 말씀을 하신 것인데 전화를 받은 나는 적잖이 당황할 수밖에 없었다.

"젊은 회원들과 호흡을 같이 하면서 보다 젊어진 기분이에요. 나도 할수 있다는 자신감이 생겼습니다. 내 나이가 올해로 여든, 누가 말했다죠? 나이는 숫자에 불과하다고. 저도 그렇게 생각합니다. 건강이 허락하는한 반크의 젊은 회원들과 호흡을 같이 하면서 최선을 다해야겠다고 다짐했습니다. 대장님도 반크를 더욱 잘 이끌어 주시길 바랍니다!"

184

나이는 숫자에 불과하다는 최종성 할아버지. '한국 홍보대사'를 넘어 지구촌 문제를 해결하고자 노력하며 청년들의 모범이 되고 있는 분이다.

나이가 믿기지 않을 만큼 또렷한 어투로 말씀을 이어나가신 이분은 뱅크의 한국 홍보대사로 활동하다가 지구촌 문제를 해결하기 위해 '월드 체인저'가 되신 81살의 최고령 뱅크 회원 최종성 할아버지다. 내가 이분을 주목하게 된 것이 단지 여든이 넘는 나이 때문만은 아니다. 영어도 인터넷도 서툰 분이 뱅크의 모든 과제를 성실히 이수하며 청소년도, 청년도 하지 못한 일을 이루어냈기 때문이다. 무엇보다 '한국 홍보대사'를 넘어 지구촌 문제를 해결하고자 뱅크의 월드 체인저가 되기를 자처하며 프로젝트 최전선에서 깃발을 꽂고 후배 청년들의 본보기가 되고 있는 분이다.

나이는 숫자에 불과하다는 최종성 할아버지. 대체 무엇이 이분으로

하여금 청년들도 하기 힘든 일을 거침없이 해내게 만든 것일까.

그는 1947년 17세의 나이로 국방경비대에 입대해 1951년 소위로 임관했다. 하지만 강원도 횡성전투에서 중공군에게 붙잡혀 포로 생활을 하다 1953년에야 풀려나 원대로 복귀했다고 한다. 이후 29년간의 군생활을 마치고 1975년 육군 중령으로 전역해 오랜 시간을 평범하게 살아 왔다. 그러던 중 우연히 반크의 존재를 알게 되어 2004년 회원으로 가입하게 되었다. 그 후로 각 나라의 교과서와 웹사이트에서 한국의 영토와 역사가 잘못 기재된 부분을 조사하며 인터넷 펜팔로 외국의 할아버지 할머니들을 사귀고 한국을 홍보하는 등 활발한 활동을 계속해 한국 홍보대사, 아시아 평화대사로 위촉되기도 했다.

세계를 구하는 활동에 참여하고 싶어요

최종성 할아버지가 지구촌을 변화시키는 국제 활동에 참여하게된 것은 최근 아이티에서 일어난 끔직한 지진과 지구온난화, 빈곤 등의 문제를 바라보며 세계를 구하는 활동에 참여하고 싶은 마음이 들었기 때문이라고 한다. 현실적인 제약 때문에 생각을 실천할 기회가 좀처럼 없던 터에 2009년 반크에서 빈곤과 테러, 온난화 등 전 지구적인 위기로부터 세계를 구하는 글로벌 리더 양성 프로젝트에 착수했다는 이야기를 전해 듣고 곧바로 함께 하기로 결심한 것이다.

지난 1999년 출범 이후 독도와 동해의 영유권 주장, 동북공정 등 중국과 일본의 역사 왜곡과 영토 분쟁에 대응하고 세계 곳곳에 친한파를 양성하기 위해 '사이버 외교관'을 양성해 온 반크는 이제 한국이 국제 관계를 주도하고 세계를 변화시킬 수 있도록 하는 거대한 프로젝트에 착수했다. 환경 문제를 비롯해 빈곤과 테러 등 글로벌 이슈의 다양한 정책 대안을 제시하고 이를 실행에 옮길 활동가를 배출하는 것이 '월드 체인저 프로젝트'의 목적이다. 일종의 '국제 인재 양성 사이버 학교'인 '월드 체인저'의 입학생은 한 달 간 온라인을 통해 지구온난화·빈곤·테러·인권 등 세계 곳곳에서 일어나는 다양한 문제를 분석하고 세계 문화유산과 국제기구를 조사하며 외신 번역, 국제기구 관계자 인터뷰, 국제 인맥 구축 등의 과정을 거쳐 전 세계에서 활동할 '글로벌 리더'로서의 소양을 갖추게 된다.

소금과 같은 3퍼센트의 노력들

아직도 우리는 동해와 독도, 간도 문제를 비롯해 일본과 중국의 역사 왜곡 문제가 불거질 때마다 흥분부터 한다. 하지만 독도에 대한 일본의 병적인 망언에 화풀이하듯 규탄 시위를 하거나 '동해'를 '일본해'로 표기한 지도를 아무리 북북 찢어 봐야 문제가 해결되지는 않는다. 길게 보면 오히려 손해다.

반크가 처음 활동을 시작한 1999년, 인터넷 검색어로 일본해를 입력했을 때 나온 세계 지도를 비롯해 각종 문서의 일본해 표기는 두려 100만 개, 97퍼센트의 압도적인 비율이었다. 엄청난 현실 앞에 계란으로 바위치기를 하는 듯한 기분이 들어 좌절하기도 했지만 동해를 병기한 나머지 3퍼센트의 지도는 바닷물을 짜게 하는 염분의 비율처럼 진실을 보존하는 소금 역할을 했다. 회원들의 끈질긴 노력으로 10년 후 동해 표기 문서들은 24퍼센트로 늘어났다. 그러나 이보다 더 중요한 성과는 우리 젊은이들이 지구촌의 문제를 우리의 문제로 인식하는 글로벌 시민의식을 갖게 됐다는 것이다.

지금까지 우리는 세계인들에게 자랑스러운 5,000년 역사와 한국전쟁 이후의 눈부신 성장을 이야기하며 일본과 중국의 역사 왜곡을 규탄해왔다. 하지만 정작 같은 지구촌을 살아가는 아시아와 아프리카, 중동 등에서 빈곤과 기아, 전쟁의 고통에 시달리고 있는 이들의 신음 소리에는 귀 기울이지 못했다. 우리가 세계인들의 목소리에 귀를 막고 있었기에 세계인들 역시 우리의 바람에 귀를 막고 있었던 것은 아닐까. 다른 나라의 현안과 고통에 관심을 갖고 진심으로 해결책을 모색하려는 마음가짐이야말로 독도와 동해, 동북공정과 강제 위안부 문제 등에 대한 우리의 목소리를 편협한 국수주의로 비춰지지 않도록 하는 소금과 같은 역할을 할 것이다.

나와 세상을 바꾸는
'월드 체인저'13단계

2007년 봄, 유엔에서 공식 운영하는 국가 정보 웹사이트 '사이버 스쿨버스'의 세계지도에 '동해'가 '일본해'로 단독 표기되어 있는 것이 발견되어 한국인들에게 커다란 충격을 준 사건이 있었다. 지도의 아랫부분에는 "지도에 표기한 이름과 경계선이 유엔의 공식적 입장을 의미하지는 않는다"라는 문구가 적혀 있었다. 국제기구인 유엔이 '일본해' 단독 표기 지도를 공식 사이트에 사용하면서 자신들의 입장이 아니라고 주장하는 것은 대단히 이중적인 태도였다. 1977년 유엔의 지명 표준화 회의에서 정해진 '국제 지도 제작 원칙'에서 이미 2개국 이상의 주권 아래 있거나 2개국 이상에 의해 분할된 지형물의 지명에 대한 당사국 간의 합의가 이뤄지지 않았을 경우 각 당사국에서 사용하는 지명을 모두 수용하도록 했기 때문이다.

이 모든 사실은 한국인들의 열정 덕분에 밝혀질 수 있었다. 국제기구의 웹사이트를 조사하고, 유엔에서 운영하는 웹사이트 지도상에 한국의 바다 '동해'가 '일본해'로 표기된 것을 발견한 후 유엔에서 발표한 과거의 권고안과 관련 내용까지 찾아낸 일련의 과정은 오롯이 대한민국 국민들의 자발적인 노력에 의한 것이었다. 이는 국제사회에서 일어나는 한국 관련 분쟁에 대응하기 위해서는 우리 스스로 국제기구의 역할과 의무는 물론 국제기구의 분쟁 대응 활동에 대해서까지 관심을 가지는 것이 중요하다는 것을 보여 준 단적인 예이다.

유엔에 입성한 명진 씨 이야기

반기문 장관이 유엔 사무총장으로 선출된 이후 국제기구에 대한 대한민국 청년들의 관심이 높아지고 있다. 우리나라의 외교 정책을 총괄하던 외교부 장관이 전 세계 모든 나라의 평화를 위해 힘쓰고 국가 간의 분쟁을 해결하는 유엔에 입성함으로써 세계무대를 향한 대한민국 젊은이들에도 커다란 자극이 된 것이다. 바로 그 즈음 반크에서도 민간외교 활동 경험을 바탕으로 유엔에 입성한 사람이 있다. 고등학교 재학 시절 반크 활동을 시작한 서명진 씨가 그 주인공이다. 그는 반크에서 한국 홍보대사, 최고의 사이버 외교관으로 위촉될 만큼 적극적으로 활동했으며 그런 일들을 계기로 대학에서의 전공도 관광학과를 선택, 세계에 한국을 알리는 일에 열정적이었다. 그러다보니 자연스럽게 세계인들의 관심사인 국제 분쟁·외교·안보 문제에까지 관심이 이어지게 되었고 반기문 외교부

장관이 유엔의 사무총장으로 취임하게 되면서 명진 씨도 뉴욕의 유엔 본부 홍보국 비정부기구 섹션 인턴으로 일할 기회를 얻게 되었다.

그에게 반크는 유엔과 국제 사회에 관심을 갖게 해준 첫단추였다. 세계에 한국을 알리는 활동을 하면서 국제 사회에서 일어나는 일에도 관심을 갖게 되었고, 특히 '동해'의 '일본해' 표기 문제를 시정해 달라고 건의하기 위해 국제수로기구 등 세계의 바다 문제를 조정하는 국제기구를 찾다보니 자연스럽게 유엔의 역할과 중요성에 대해서도 관심을 가지게 되었다고 한다.

명진 씨는 국제기구에서 일한다는 것은 곧 각기 다른 배경에서 자란, 나와는 많이 다른 수많은 사람들과 함께 한다는 것을 뜻하므로 지구촌을 하나의 거대한 공동체로 인식하는 글로벌 마인드와 환경·인권·기아 등 지구촌이 당면한 수많은 난제에 대해 책임 의식을 가지는 것이 중요하다고 강조했다. 서로 다양성과 차이를 이해하고 존중하지 않으면 함께 일하는 것이 결코 쉽지 않다는 것이다. 이를 위해서는 세계의 지리와 환경, 각국의 특징, 국가 간의 관계 등을 미리 공부해 둘 필요가 있음은 물론이다. 세계인이 널리 사용하는 영어를 기본으로 유엔 공용어인 프랑스어·중국어·아랍어·스페인어·러시아어 중 한두 가지 언어는 더 구사할 수 있도록 공부하는 것도 중요하다.

세계를 향한 1퍼센트의 힘

우리 청소년들에게 세계를 향한 꿈을 성취할 무대를 만들어 주는 일은 결코 거창한 데서 시작하지 않는다. 굳이 비싼 해외 어학연수나 유학, 국제적인 행사와 포럼에 참가시킬 필요도 없다. 명진 씨처럼, 세계를 변화시키는 활동을 체험하며 하루하루 가슴 벅찬 꿈을 꾸는 것이 결코 일부 특별한 청소년들에게만 허락된 특권은 아니기 때문이다. 지구촌 리더가 되는 길은 멀리 있지 않다. 인터넷을 통해 외국 친구들과 교류하고 다른 나라의 문화와 역사·지리·글로벌 에티켓 등을 공부하게 하는 것, 국제기구 웹사이트를 클릭해 국제기구의 설립 목적과 활동 등을 조사하는 것은 지금 바로 실천할 수 있는 세계화의 방법이다.

이를 위해서는 교육 현장에서의 변화가 절실하다. 교사와 학부모, 학생 모두가 세계화의 필요성은 절감하지만 구체적인 체험의 기회와 방법을 접하기란 쉽지 않은 형편이다. 글로벌 교육의 활성화를 위해서는 일선 학교에서부터 학생들이 쉽게 체험할 수 있는 글로벌 교육의 여건을 적극 마련할 필요가 있다.

코리안, 세계를 향한 1퍼센트의 힘! 대한민국을 가슴에 품고 지구촌을 변화시켜 나가야 한다. 이에 반크에서는 세계인과 친구가 되어 지구촌을 이해하고 지구촌 문제를 해결하는 데 앞장서는 월드 리더, '월드 체인저'를 양성하기 위한 교육을 실시하고 있다.

월드 체인저 교육은 지구촌 시민으로서의 나를 인식하고 지구촌 문제에 관심을 가질 수 있는 동기를 부여하는 '월드 체인저의 기본 이해', 다음으로 해외 친구들을 사귀며 지구촌 정보를 수집하는 '지구촌 이해하기', 그다음은 월드 체인저 교육의 핵심 과제로 기후변화·분쟁·빈곤 등 지구촌 공동 문제의 실태를 알아보고 이를 적극적으로 해결해 보는 '지구촌 문제 해결하기', 마지막으로 나의 멘토가 될 월드 리더를 찾아보고 지구촌을 향한 나의 꿈을 다지는 '월드 체인저 꿈 다지기'로 구성돼 있다. 이 네 가지 구성은 총 13단계로 세분화되어 진행된다.

● 나도 월드 체인저 1　국제기구를 조사해 보자

지구촌 인재들이 한자리에 모인다는 국제기구, 그곳에서 활동하는 한국인의 숫자는 얼마나 될까? 2003년 유엔과 유엔 산하기관 등 35개 국제기구에서 활동한 한국인은 221명으로, 선진국에 비해 꽤 낮은 수치로 조사되었다. 2007년 말 우리나라 국정신문을 통해 발표된 경제협력개발기구(OECD) 직원 2,172명 중 한국인의 숫자는 23명으로 프랑스 819명, 영국 307명, 미국 213명, 독일 89명 등에 비해 여전히 현저하게 적은 인원만이 국제기구에서 활동하고 있음을 확인할 수 있었다.

물론 세계인들의 존경을 받으며 국제기구 고위직으로 선출된 한국인도 있다. 지금은 고인이 되신 이종욱 박사는 2003년, 한국인 최초로 제6대 세계보건기구 사무총장으로 당선되었으며 2006년에는 반기문 외교부 장관이 세계 국제기구의 대표격인 유엔 사무총장으로 선출되었다. 두 사람 모두 정치적 파워와 힘의 논리에 의해 선출된 임명직이 아닌 국제기구 회원국들의 자발적인 존경과 지지를 받아 당선된 고위직이라는 점에서 의미가 더욱 크다.

세계인들의 자발적인 존경과 지지를 받는 국제기구의 리더가 되기 위해 가장 필요한 것은 무엇일까? 근본적으로는 국제기구의 설립 목적과 사명을 이해하고 그 사명에 인생을 바치고자 하는 마음가짐일 것이다. 특히 국제기구는 영리적인 수익 창출을 목표로 하는 것이 아닌 만큼 지도자 스스로 강한 열정과 헌신으로 모범을 보여 조직원들의 자발적인 참여를 이끌어 내는 것이 무엇보다 중요하다.

세상을 변화시키는 일을 하는 국제기구 구성원들에게 가장 필요한 것은 재능과 실력이 아니다. 재능과 실력을 갖춘 젊은이들은 넘쳐나기 때문이다. 세상을 변화시키겠다는 꿈과 포부, 그리고 이를 성취하기 위한 열정만 있다면 실력과 재능은 자연스럽게 갖춰진다. 세상을 변화시킬 원대한 꿈을 가진 젊은이라면 지금 당장 인터넷 창을 열어 환경과 빈곤, 여성, 인권, 군비 축소 등 분야별 국제기구를 찾아 각각의 설립 목적과 사명, 주요 활동 등을 알아보자. 그 국제기구의 리더가 된 미래의 자기 모습을 상상하며 취임사를 작성하고, 가장 먼저 추진하고 싶은 프로젝트를 기획해 보자. 그리고 바로 당신이 21세기 세상을 구할 월드 체인저라는 사실을 가슴 깊이 새겨 보자.

1. 관심 있는 분야의 국제기구 사이트를 방문해 보자.

2. 자신이 방문한 국제기구의 비전과 목표, 활동 내용을 조사해 보자.

3. 관심 있는 분야의 국제기구 사무총장이 되었다고 가정하고, 가장 먼저 추진하고픈 프로젝트의 기획안을 작성해 보자.

4. 당신에게 관심 있는 분야의 국제기구 대표자를 인터뷰할 기회가 주어

졌다. 질문 리스트를 작성해 보자.

5. 위 질문 리스트를 받을 해당 국제기구의 대표자가 되었다고 가정하고 스스로 답해 보자.

6. 자신이 해당 국제기구의 인사 책임자라면 어떤 인재를 뽑고 싶은지, 국제기구에 적합한 인재상을 적어 보자.

7. 위 질문에서 답한 국제기구에서 일하려면 무엇을 어떻게 준비해야 할지 지금부터 할 수 있는 것들을 적어 보자.

● 나도 월드 체인저 2 **피부색에 따른 편견을 없애자**

지하철에서 낯선 백인 여성이 당신에게 다가와 길을 물었다. 당신은 어떤 태도를 취할 것인가? 아시아인인 파키스탄 남성 혹은 아프리카 케냐 남성이 말을 걸어 온다면? 우리는 진심으로 피부색과 지역적 특성에 연연하지 않고 지구촌 모든 사람들을 똑같이 대할 수 있을까.

2010년 현재 한국에 거주하고 있는 외국인들의 숫자만도 100만여 명인 것으로 추산되며 1년에 700만여 명의 외국인이 한국을 방문하고 있다. 그들이 고국에 돌아갈 때 한국인을 '피부색과 출신 국가에 따라 사람을 차별하는 사람들'로 기억한다면?

피부색과 출신 국가에 대한 차별 사례는 사이버 세상에서도 쉽게 발견할 수 있다. 해외 펜팔 사이트에 게재된 한국인들의 프로필을 읽다 보면 그들이 유럽인이나 미국인들과 사귀고 싶어 한다는 것을 쉽게 눈치챌 수 있다. 하지만 한국인들과 펜팔을 원하는 외국인들은 유럽이나 미

피부색과 지역에 따른 편견을 없애고 우리 모두가 지구촌 시민이라는 인식을 갖는 것, 그것이야말로 21세기 변화를 주도할 월드 체인저에게 반드시 필요한 마음가짐이다.

국 쪽 사람들보다 아시아, 아프리카, 중동 사람들이 더 많다. 심지어 한국인들이 유럽인들이나 미국 사람들에게 먼저 메일을 보냈을 때는 답장을 받지 못하는 경우가 빈번하다. 이는 우리가 아프리카 사람들로부터 먼저 메일을 받고도 답장을 주저하는 것과 비슷한 이유 때문일 것이다.

이러한 현상은 외국인들과 대화를 나눌 수 있는 채팅방에서도 뚜렷하게 나타난다. 흔히 선진국이라고 생각하는 나라의 채팅방에는 그들과 이야기를 나누려는 한국인들로 넘쳐나는 반면 소위 후진국이라 불리는 나라의 채팅방은 텅 비어 있다. 겉으로는 피부색과 출신 국가에 따라 외국인을 차별하지 않겠다고 말하지만 실제로는 후진국보다는 선진국을, 동남아시아인이나 아프리카인보다는 미주인과 유럽인을 선호하는 것이다.

196

2009년, 아프리카 케냐 출신의 흑인 오바마가 미국 대통령으로 당선되었다. 세계 최강대국이라 불리는 미국이지만 아직도 인종에 대한 편견은 사회 곳곳에 뿌리 깊게 박혀 있다. 흑인에 대한 미국인들의 부정적인 시각 또한 사라지지 않았다. 그럼에도 흑인 대통령이 탄생할 수 있었던 것은 변화를 갈망하는 미국인들의 강한 의지가 있었기 때문이다. 20세기에 이어 21세기에도 세계 변화의 중심이 되고자 하는 미국인들의 꿈이 스스로를 변화시킨 것이다.

세상을 변화시킬 월드 체인저에 도전하는 한국 청년들은 어떠한가. 피부색과 지역에 따른 편견을 없애고 우리 모두가 지구촌 시민이라는 인식을 갖는 것, 그것이야말로 21세기 변화를 주도할 월드 체인저에게 반드시 필요한 마음가짐이다. 한국 청년들 역시 인종과 출신 국가를 편견이 아닌 문화적 차이로 받아들일 수 있어야 한다.

1. 백인과 흑인, 황인 등 피부색에 대한 느낌을 솔직히 적어 보자.
2. 아시아와 유럽, 미주, 남미, 아프리카, 중동 등 각 지역에 대한 느낌을 솔직히 적어 보자.
3. 가장 호감 가는 나라와 가장 싫어하는 나라에 대해 말해 보고, 왜 그런 느낌을 가지게 되었는지 각각 적어 보자.
4. 인종과 지역에 따른 편견이 생기는 근본 원인이 무엇인지 생각해 보자.
5. 자신이 가장 심한 편견을 갖고 바라보는 인종과 지역에 대해 생각해 보고, 만약 외국인들이 한국과 한국인에 대해 그와 같은 편견을 가지고

있다면 나는 어떤 기분이 들까 생각해 보자.

6. 피부색과 문화의 차이에 따른 편견으로 인해 발생하는 세계 곳곳의 문제에 대해 조사해 보자.

7. 지구촌 사람들이 피부색과 지역에 따른 편견 없이 모두가 지구촌 시민이라는 인식을 갖기 위해서는 어떤 노력이 필요한지 생각해 보자.

나도 월드 체인저 3　　새천년개발계획을 실천하자

지구촌 빈곤 문제를 해결하는 것은 인류가 처한 위기를 본질적으로 해결하는 일이다. 빈곤은 인권, 난민, 여성, 교육 등 수많은 글로벌 이슈의 근원이기 때문이다. 67억 세계 인구 중 약 27억 명이 하루 2달러도 안 되는 돈으로 살아가고 있다.

2000년, 유엔은 빈곤 문제 해결을 가장 중요한 목표로 설정하고 새천년개발계획(MDG, Millennium Development Goals)을 발표했다. 새천년개발계획은 세계 189개국 대통령들이 세계에서 가장 중요한 현안을 해결하기 위해 합의한 대규모 프로젝트이다. 유엔은 2005년, 그 목표를 재확인하고 8가지 세부 목표를 통해 2015년까지 세계가 처한 빈곤 상황을 절반으로 줄이겠다고 선언했다.

새천년개발계획의 실천은 한국이 국제 사회에서 월드 체인저로 인정받을 수 있는가를 결정짓는 중요한 요소이다. 새천년개발계획 프로젝트의 8가지 세부 목표를 달성하기 위해 정부와 기업은 물론 일반 시민들까지 협력해 나가는 것은 물론 실천을 위한 제도적 시스템이 마련될 수 있도록 한국의 청년들 스스로 국내 여론을 형성하고 이를 실천해 나가야 한다. 그리고 이를 바탕으로 리더십을 발휘해야 한다.

1. 새천년개발계획의 8가지 목표를 간단히 설명해 보자.

2. 새천년개발계획의 8가지 목표 중 가장 중요하게 생각하는 목표가 무엇인지를 말하고 그 이유를 설명해 보자.

3. 새천년개발계획으로 추가하고 싶은 목표가 있다면 그 이유와 함께 말해 보자.

4. 새천년개발계획 캠페인 사이트를 방문해 세계 주요 나라들의 MDG 목표 달성 상황을 살펴보자.

5. 주변 친구와 가족, 동료들 중 새천년개발계획에 대해 알고 있는 사람이 얼마나 되는지 알아보자.

6. 새천년개발계획의 8가지 목표 중 하나를 골라 자신이 실천할 수 있는 프로젝트가 무엇인지 생각해 보자.

7. 인터넷에서 새천년개발계획을 검색해 보고, 한국의 새천년개발계획 추진 상황을 조사해 보자.

나도 월드 체인저 4　**내가 만일 100명이 사는 지구촌 마을 촌장이라면**

작가 도넬라 메도스 박사는 지구촌 기아와 분쟁, 인권 유린 등의 문제에 맞서 평화 운동을 펼치며 세계 시민 교육에 헌신하다 2001년 2월 세상을 떠났다. 다음은 그녀의 시이다.

지금 세계에는 63억 명의 사람이 살고 있습니다. 그런데 만일 그것을 100명이 사는 마을로 축소시키면 어떻게 될까요? 61명은 아시아 사람이고 13명이 아프리카 사람, 13명은 남북아메리카 사람, 12명이 유럽 사람, 나머지 1명은 남태평양 지역 사람입니다.

마을 사람들 중 20명은 영양실조이고, 1명은 굶어 죽기 직전이지만 15명은 비만입니다. 마을의 재산 중 59퍼센트를 6명이 가졌고, 74명이 39퍼센트를, 나머지 20명은 겨우 2퍼센트를 나눠 가졌습니다. 마을의 에너지 80퍼센트를 20명이 사용하고 있고 나머지 20퍼센트를 80명이 나눠 쓰고 있습니다. 75명은 먹을 양식을 비축해 놓았고 비와 이슬을 피할 집이 있습니다. 하지만 나머지 25명은 그렇지 못합니다. 17명은 깨끗하고 안전한 물을 마실 수 없습니다. 마을 사람들 중 1명은 대학 교육을 받았고 2명은 컴퓨터를 가지고 있습니다. 그러나 14명은 글도 읽지 못합니다.

만일 당신이 어떤 괴롭힘이나 체포와 고문, 죽음을 두려워하지 않고 자신의 신념과 양심에 따라 움직이고 말할 수 있다면 그렇지 못한 48명보다 축복 받은 것입니다. 만일 당신이 공습이나 폭격, 지뢰로 인해 다치거나 죽을 염려가 없고 무장단체의 강간이나 납치를 두려워하지 않을 수 있다면 그렇지 않은 20명보다 축복받은 것입니다.

누군가 이 시를 인터넷에 소개하자마자 삽시간에 전 세계로 퍼져 나가서 2001년 9월에는 일본 치바현의 한 중학교 교사에게까지 전해졌다고 한다. 그는 자신이 가르치는 학생들에게 글로벌 마인드를 심어 주기 위해 이 시를 이메일로 보냈고, 시를 받은 학생의 학부모가 또다시 주변 지인들에게 메일을 전달하면서 일본 전역에 확산되었다. 마침내 시는 〈세계가 만일 100명의 마을이라면〉이라는 책으로 발간되었고, 이후 한국어와 영어 등 전 세계의 언어로 번역되어 수많은 지구촌 사람들을 감동시켰다. 도넬라 메도스 박사가 생전에 소원하던 대로, 그녀의 시가 전 세계인들이 지구촌 문제를 진지하게 고민하게 만든 셈이다.

10년이 넘는 세월 동안 반크 활동을 통해 세계인에게 한국을 알리는 일에 골몰해 있던 나는 세계인들에게 어떻게 하면 한국을 매력적으로 소개하고 자랑할 수 있을까만을 고민하며 지내 왔다. 한 외국인 친구가 '전 세계인의 마음을 한 곳으로 모이게 하는 글'이라며 이 시를 보내 주기 전까지는 말이다. 빈곤과 환경, 정치적인 이슈 등에 관심이 많은 친구였기에 메일함을 열었을 때만 해도 북핵 문제 같은, 세계인들에게 이슈가 되는 한국의 정치 현안에 대한 참고 자료를 보내 주려나보다 생각했다. 하지만 메일함에는 〈세계가 만일 100명의 마을이라면〉이라는 제목의 이 시가 들어 있었다.

이 시를 읽으며 누군가 '세계가 만약 100명이 사는 마을이라면, 한국 사람인 너는 어디쯤 속해 있니?'라고 물었을 때 과연 나는 어떤 대답을 할 수 있을까 고민해 보았다. 100명 중 20명은 영양실조이고 1명은 굶어 죽기 직전인 마을에 살고 있지만 다행히 나는 잘 먹고 잘 사는 15명의 귀족층에 속해 있다며 지금껏 자랑만 늘어놓고 있었던 것은 아닌지 되돌아보게 된 것이다. 100명 중 25명이 자기 한 몸 편히 쉴 수 있는 집조차 없는 마을에 살고 있지만 그래도 나는 근사한 아파트가 있어 잘 살고 있으니 우리 집에 놀러나 한번 오라고 권하고 있었던 것은 아닌지, 100명 중 20명이 전쟁의 공포 속에서 고통스러운 삶을 이어가고 있지만 그래도 나는 평화롭고 안전한 곳에 살고 있어 다행이라며 그 20명의 눈물과 절망스러운 현실에 눈과 귀를 닫고 지내지 않았는지…….

외국인들에게 한국을 한국전쟁 이후 세계 최대 빈민국에서 불과 50년 만에 세계 12대 경제대국으로 성장한 나라, 선진국들의 모임인 OECD 회원국이자 정보통신대국, 세계 일류 선진국으로 도약할 희망으로 가득 찬 나라라며 입에 침이 마르도록 자랑을 늘어놓았던 기억이 떠올랐다. 하지만 반크를 이끌어 온 나조차도 아시아와 아프리카, 중동 등지에 살고 있는 친구들이 겪고 있는 빈곤과 기아, 전쟁, 분쟁 등에 대해서는 귀를 닫고 살고 있었다. 부끄러워 얼굴을 들 수가 없었다. 한국이 세계 12위의 경제대국으로 성장했음에도 세계무대에서 제대로 된 평가를 받지 못했던 이유 역시 여기에 있는 것은 아닐까. 세계인들의 바람에 귀를 막고 있는 한국인들의 목소리에 세계인이 귀를 기울일 이유가 없었던 것인지도 모른다.

지금 한국인들에게 진정으로 필요한 것은 지구촌 문제를 나의 문제로 여기는 역지사지의 정신일 것이다. 일제강점기 굴욕의 역사와 독도 영유권, 동해 표기, 위안부, 동북공정 등의 문제에 대한 세계인들의 진심 어린 관심과 지지를 원한다면 한국 역시 다른 식민지 국가들의 아픔을 이해해야 하고 어려운 현실에 처해있는 나라들에 관심을 기울여야 할 것이다.

〈세계가 만일 100명의 마을이라면〉이라는 책은 다음과 글귀로 끝난다.

먼저 당신이 사랑하세요. 이 마을에 살고 있는 당신과 다른 모든 이들을.
나 그리고 우리가 이 마을을 사랑해야 함을 진정으로 알고 있다면 아직 늦지 않았습니다. 우리를 갈라놓는 비열한 힘으로부터 이 마을을 반드시 구할 수 있을 것입니다.

지구촌 문제를 곧 나의 문제로 생각하는 한국인이 늘어나고 친구의 나라가 처한 문제를 해결하기 위해 국제적 네트워크를 구축해 몸과 마음을 하나로 모아 간다면 21세기 지구촌을 갈라놓는 비열한 힘으로부터 이 마을을 구할 주인공은 한국인, 바로 당신이 될 것이다.

1. 〈세계가 만일 100명의 마을이라면〉을 읽고 느낀 점을 이야기해 보자.
2. 가장 마음에 와 닿는 구절은 무엇이며 왜 그런지 이야기해 보자.
3. 반크에서 만든 한글과 영문 동영상을 찾아보고 느낀 점을 말해 보자.
4. 지구촌 문제를 주변 친구들에게 쉽게 전할 수 있는 시를 지어 보자.
5. 빈곤과 전쟁, 분쟁 등으로 아픔을 겪고 있는 나라들에 우리가 관심을 기울여야 하는 이유를 생각해 보자.
6. 자신이 100명의 지구촌 마을을 대표하는 촌장이라고 가정하고 마을이 처한 문제를 해결하기 위한 계획과 실천 프로그램을 만들어 보자.

지구온난화로부터 인류를 구할 지혜를 모으자

기후 변화는 21세기 지구촌 최대의 화두이다. 수질오염과 대기오염 등 20세기 각 나라가 안고 있던 환경오염 문제는 더 이상 특정 국가만의 한시적 문제가 아니다. 지구촌 곳곳에서 전해지는 기상이변에 관한 뉴스는 일상이 되어 버렸고, 전문가들은 지구온난화에 전 세계가 함께 대처하지 않으면 인류의 생존 자체가 위협받게 될 것이라 전망한다.

2006년 스턴 보고서에 따르면 지구의 온도가 2도만 상승해도 15~40퍼센트의 동식물이 멸종하고, 3~4도 상승할 경우 약 2억 명 이상이 살던 곳을 떠나 이주해야 할 것으로 예측했다. 한국도 지구온난화의 재앙으로부터 자유로울 수 없다. 1908년부터 2007년까지 지난 100년간 우리나라 6대 도시의 평균 기온은 2도 상승했으며 특히 서울의 경우 그보다 더 높은 2.5도가 상승했다. 학계에서는 이런 속도대로라면 오는 2090년 서울의 겨울은 1920년대에 비해 36일 짧아지고 여름은 20일 정도 늘어날 것이라 예상했다.

서울 강남구청에서 시작된 '탄소 마일리지 제도'는 우리가 일상에서 실천할 수 있는 지구온난화 예방의 좋은 예이다. 2008년 말 처음으로 '탄소 마일리지 제도'를 도입한 강남구는 전체 22만 가주 중 10만 가구가 회원으로 참여, 상당한 양의 온실가스 감축 성과를 거뒀다. '탄소 마일리지 제도'란 지구온난화의 주범인 이산화탄소 배출을 줄이기 위해 개인과 기업, 정부가 협력하는 시스템으로 생활 속에서 탄소 배출량을 줄인 만큼 포인트를 부여해 그 포인트를 일상생활에서 유용하게 사용할 수 있도록 인센티브를 제공하는 것이다. 지자체 홈페이지를 통해 탄소 마일리지 회원으로 가입하면 매년 사용하던 에너지 사용량을 비교할 수 있는데 사용하지 않는 전자제품의 플러그를 뽑아 두거나, 외출 때 보일 러를 끄는 작은 실천만으로도 온실가스를 줄이는 커다란 힘을 발휘한다는 것을 쉽게 확인할 수 있다.

탄소 마일리지 회원으로 가입한 시민들 개개인이 각 가정에서 전기, 도시가스, 상수도 등의 생활 에너지를 절약함으로써 이산화탄소(온실가스) 배출량을 감축시키면 그 실적에 따라 세제 감면은 물론 친환경 상품권, 은행 온라인 수수료 감면, 대중교통 이용 포인트 등의 실질적인 혜택을 얻을 수 있다. 강남구의 성공에 힘입어 2009년 3월부터는 서울의 25개 자치구 모두가 이 제도를 도입, 전국 지자체로 확산되고 있다.

지구를 구하는 영웅은 하늘을 나는 슈퍼맨이 아니다. 각 가정에서 에너지 절약을 실천하는 대한민국 국민 한 사람 한 사람이 모두 지구를 지키는 영웅이라는 사실을 명심하자. 지금 인류는 지구온난화라는 전 지구적 위기에 당당히 맞서 싸울 용기와 지혜를 갖출 대한민국 청년들의 탄생을 기다리고 있다.

1. 지구온난화 문제가 무엇인지 조사해 보자.
2. 선진국들은 지구온난화 문제에 어떻게 대응하고 있는지 알아보자.
3. 지구온난화 문제에 한국 정부와 지자체, 기업 등이 어떻게 대처하고 있는지 알아보자. 자료가 미흡할 경우 해당 웹사이트를 방문해 관리자에

게 문의해 보자.

4. 지구온난화 문제에 대응할 수 있는 생활 속 아이디어와 실천 프로그램을 생각해 보자.

5. 21세기, 한국이 지구온난화 문제에 적극적으로 대처해야 하는 이유가 무엇인지 생각해 보자.

6. 지구온난화 문제 해결을 위해 본인이 할 수 있는 일이 무엇이지 말해 보고 행동으로 옮겨 보자.

녹색 성장 홈페이지(www.greengrowth.go.kr), C40 정상회의 홈페이지(www.c40seoulsummit.com), C40사무국 홈페이지(www.c40cities.org) 등을 참고하면 더욱 다양한 정보를 얻을 수 있다.

● 나도 월드 체인저 6   **외국인 친구를 사귀자**

《역사를 바꾸는 리더십》이라는 책에는 수에즈운하의 성공신화를 만든 주인공 이야기가 실려 있다. 세계지도를 보면 유럽과 아프리카 대륙을 사이에 두고 각각 지중해와 홍해가 있다. 이 두 바다를 하나로 연결하는 것이 바로 수에즈운하이다. 수에즈운하가 완공되기 전까지만 해도 지중해와 홍해는 육지로 가로막혀 있어 유럽에서 아프리카를 거쳐 아시아를 가는 길은 멀고 험난하기만 했다. 엄청난 길을 돌아가야 했기 때문이다. 홍해와 지중해 사이의 대륙에 바닷길을 내는 것은 수천 년 동안 이어져 온 대륙인들의 꿈이었다. 지난 3,000년 동안 이집트 왕부터 유럽의 나폴레옹까지 인접 국가 최고 지도자들은 유럽과 아시아의 항로를 절반으로 단축시킬 수 있을 뿐만 아니라 동양과 서양의 문화가 만나고 교역의 혁명적인 역사를 창조할 이 프로젝트를 성공시키기 위해 각고의 노력을 기울였지만 정치·경제적 이유로 그 꿈은 번번이 좌초되고 말았다.

이 불가능해 보이던 꿈을 현실로 만든 사람은 레셉스라는 이름의 평범한 프랑스인이었다. 그는 동서양을 하나로 연결하는 운하를 건설하고야 말겠다는 가슴 벅찬 꿈을 이루기 위해 운하의 역사를 공부하고 이집트와 영국을 오가며 수많은 사람들에게 자신의 꿈을 전했다. 운하 건설에 필요한 자본과 인적 자원을 차근차근 구축해 나간 것이다.

하지만 수에즈운하 건설의 결정적 걸림돌은 이집트와 터키, 영국 간에 복잡하게 얽힌 정치적 이해관계였다. 무엇보다 대륙을 뚫어 운하를 만들기 위해서는 이집트 왕의 승인이 필요했다. 그런데 그 어떤 국가의 대표도 얻어 내지 못한 운하 개발의 특권을 레셉스는 아주 쉽게, 그것도 이집트 왕의 전적인 지원과 도움으로 받아 냈다. 이집트 왕과 레셉스는 어린 시절부터 친한 친구였기 때문이다. 외교관 집안이었던 레셉스는 어린 시절 이집트 영사관에서 생활하며 먼 훗날 이집트 왕이 될 친구와 깊은 우정을 나누었다. 그리고 수십 년이 지난 후 어린 시절의 그 친구는 세상을 변화시킬 꿈을 가진 한 청년의 든든한 조력자로 다시 만난 것이다.

우리도 마찬가지다. 세계를 변화시킬 위대한 프로젝트를 실현시킬 월드 체인저를 꿈꾼다면 지금부터 전 세계 곳곳에 글로벌 인맥을 구축해 두어야 한다. 그리고 친구의 나라 역사와 문화에 대한 공부를 게을리 하지 말아야 한다. 세계를 변화시킬 글로벌 프로젝트를 추진하기 위해서는 국가와 민족을 초월한 수많은 사람들의 지지와 협력이 필요하기 때문이다.

전 세계인들과 친구가 되자. 그리고 그들에게 세상을 변화시킬 나의 꿈을 이야기하자. 나의 꿈이 한 개인의 명예나 출세를 위한 것이 아닌, 세상 모든 이를 위한 꿈이란 사실을 스스로의 삶 전체를 통해 증명해 나가자.

1. 해외 인터넷 펜팔 사이트에서 나라별, 대륙별 친구를 사귀어 보자.

2. 외국인 친구와 우정을 지속적으로 발전시키기 위해 필요한 것이 무엇인지 생각해 보자.

3. 외국인 친구가 사는 나라의 에티켓을 조사해 보자.

4. 외국인 친구의 나라 혹은 대륙의 중요한 역사적 사건들을 조사해 보자.

5. 외국인 친구가 사는 나라의 위대한 영웅에 대해 조사해 보고 그 친구에게도 물어보자.

● 나도 월드 체인저 7   **한국의 문화로 세계와 소통하자**

한국의 전통문화를 세계에 홍보하는 예술 단체 대표로부터 재미있는 이야기를 들은 적이 있다. 해외에서 열린 친목 행사에 참석한 그는 현지의 주요 인사들이 모인 자리에서 한 일본 외교관이 일본의 전통 악기를 연주하는 모습을 보게 되었다고 한다. 그 광경을 지켜본 외국인들에게는 아시아 문화가 곧 일본 문화라는 인식을 강하게 심어 주는 계기가 된 것이다. 황당한 일은 그 뒤에 일어났다. 그 자리에 참석한 한국의 한 유명 인사가 무대에서 〈마이 웨이〉라는 팝송을 자랑스럽게 열창한 것이다.

일본의 경우 외교관을 해외로 파견하기 전 충분한 사전 교육을 통해 일본 전통문화를 외국인들에게 소개할 수 있을 정도의 실력을 갖추도록 하는 반면 한국은 안타깝게도 그러한 시스템이 전혀 마련되어 있지 않다. 해외에서 열리는 한국 전통문화 공연조차 주로 해외에 거주하는 동포들을 위한 소규모 가족 행사 정도에 국한되어 있다.

미국의 한 민간 외교 단체가 주관하는 아시아 리더들의 글로벌 회의 석상에서 나 또한 비슷한 경험을 한 적이 있다. 회의는 일본에서 개최되었다. 전 세계 200명의 청년 글로벌 리더들이 팀을 조직하고 네트워킹을 구축하여 세계를 변화시킬 아이디어와 프로젝트를 구상하는 것이 행사의 주목적이었지만 행사가 진행되는 틈틈이 일본의 차 문화와 전통 악기 등을 체험할 다양한 기회가 제공되었다.

세계의 정치, 경체, 언론, 문화 등 각 분야 차세대 리더들은 자연스럽게 일본의 전통문화를 체험하며 일본 문화를 바탕으로 지구촌 문제를 해결해 나갈 글로벌 네트워킹을 구축해 나가고 있었다. 참가자들은 일본 문화를 통해 하나가 되는 세계무대의 배우로 선택된 것이다. 자신의 나라로 돌아간 그들은 향후 행사에 참석했던 세계의 리더들과 교류하며 그들이 함께 체험했던 일본 전통 문화를 떠올리게 될 것이고, 대화의 중심에는 그때의 에피소드가 함께할 것이다. 행사를 후원한 일본의 기획력이 몹시 부러운 순간이었다.

한국의 젊은이들은 아직도 '세계화'를 미국과 유럽 중심의 '서양화'로 오해하는 경우가 많다. 미국과 유럽의 패션과 문화 스타일을 추종하는 것이 세계화에 뒤처지지 않는 길이며 나아가 세계의 중심이 되는 거라 생각하는 것이다. 하지만 21세기, 세계화가 곧 서양화라는 공식을 내세웠던 서양인들조차 아시아의 전통과 문화를 배우고자 노력하고 있다. 그들 스스로 21세기는 아시아의 시대라고 예견하기까지 한다. 아시아 각 지역의 대표들은 일방적으로 서구 문화를 추종하던 것에서 벗어나 범아시아적인 가치와 문화를 지키며 세계와 소통하는 방법을 모색하고 있다.

최근 한국은 정부와 전문가들의 오랜 연구 끝에 한국의 전통문화를 세계인에게 전하는 '한스타일'을 발표했다. 한복, 한식, 한국 음악, 한지, 한옥 등 한국의 문화 키워드를 국가 브랜드로 키우자는 취지이다. 물론 한국의 문화만 지나치게 강조하는 태도로는 세계인의 공감을 불러일으킬 수 없다. 세계화가 서양화가 될 수 없듯 자국의 문화를 보존하고 세계에 알리려는 노력이 외국 문화와의 소통을 가로막는 국수주의로 굳어질 수 있기 때문이다.

한국에 한복이 있으면 일본에 기모노가 있듯 각 나라에는 그 나라만의 고유한 전통의상이 있게 마련이다. 한국에 김치가 있으면 인도에는 카레가 있고 한국인이 아리랑을 부르는 것처럼 외국에도 그 민족의 애절한 감정을 대변하는 노래가 있다. 악기와 춤, 노래, 의상 등 신기하게도 세계에는 한국과 닮은 문화적 공통분모를 가진 나라들이 너무나도 많다. 문화적 공감대를 형성하는 것은 외국인들의 관심을 모을 수 있는 더없이 훌륭한 방법이다. 한국 문화를 세계에 알리려는 노력의 본질은 우리 것을 고집하는 데 있는 것이 아니라 세계의 문화를 하나로 융합하는 데 있음을 잊지 말아야 한다. 국제 사회에 한국의 문화를 소개 할 때는 일방적으로 우리 문화를 대변하는 것이 아니라 외국의 문화를 이해하고 받아들이며 그 나라 혹은 그 지역의 문화와 한국 문화의 동질성을 찾도록 노력해야 한다.

21세기 세상의 변화를 주도할 월드 체인저가 국제무대에서 입어야할 유니폼의 색깔은 가장 한국적이면서도 세계적인 것이어야 한다. 가장 한국적이면서도 세계적인 색채를 연출하는 것, 그것은 21세기 월드 체인저가 준비해야 할 중요한 임무이다.

1. 한국 문화를 상징하는 '한스타일'의 6개 분야를 각각 조사해 보자.
2. 국제무대에서 외국인들에게 우리 문화를 소개할 기회가 주어졌다고 가정하고, 주제와 내용을 준비해 발표해 보자.
3. 한국의 한스타일처럼, 관심 있는 해외 국가의 전통의상과 음식, 주거지, 음악 등 대표적 문화 키워드를 조사해 보자.
4. 한국의 문화 중 한 가지를 골라 본인이 관심 있는 국가의 문화와 비교, 유사점과 차이점을 조사해 보자.
5. 자신이 생각하는 세계화의 정의에 대해 발표해 보자.
6. 21세기 세계화 시대에 한국의 정체성을 보존하면서 세계인과 소통하기 위해 가장 필요한 것이 무엇인지 생각해 보자.

월드 체인저의 서류가방을 준비하자

최근 유엔과 경희대학교가 공동으로 주관하는 '세계시민포럼(World Civic Forum, WCF)'의 강연을 의뢰받은 적이 있다. 세계시민 포럼은 21세기 첨단 지식의 발전에도 불구하고 기아와 질병 등의 문제가 여전히 계속되고 있다는 데 대한 문제의식에서 출발했다. 주최측은 민족과 국가를 초월한 인류의 보편적 가치인 자유, 평등, 정의, 인간 존엄성 등을 주제로 2년마다 한 번씩, 전 세계 대학들과 연계한 세계시민포럼을 이어갈 예정이라고 한다.

한국인이 주도적으로 국제사회에 기여하게 되는 행사에 강사로 참가하게 된 것은 나에게도 무척 영광스러운 일이었고, 보다 확실한 강연 준비가 필요했다. 기후변화와 지구온난화, 빈부 격차, 질병과 오염, 국제 분쟁, 물 부족, 여성과 어린이의 인권 등 세계가 겪고 있는 문제들을 떠올리며 인터넷 검색을 통해 정보를 수집하기 시작했다.

영문 포털 사이트에서 '기후변화'에 대한 내용을 검색하자 자그마치 5,000만 개가 넘는 웹사이트가 나왔다. 블로거들이 올린 글은 1,000만 여 개에 달했고 한 달 동안 전 세계 외신에 보도된 기사는 5만 건, 관련 동영상은 2만 개가 넘었다. 영어로만 검색해도 이렇게 많은 검색 결과가 나오다니! 넘쳐나는 자료들을 보며 평소에 관련 주제에 대한 정보를 모아두지 않았던 것이 후회스러웠다.

월드 체인저를 준비하는 한국의 청년들도 자신만의 '서류가방'을 준비해야 한다. 출국하는 무역회사 직원들의 서류가방에는 팔고자 하는 제품에 대한 다양한 홍보 자료가 준비되어 있어야 하고, 외교관의 서류가 방에는 자기 나라에 대한 자료 뿐만 아니라 상대방 나라에 대해 체계적으로 분류된 자료가 들어 있어야 한다. 월드 체인저 역시 지금 지구촌에 어떤 문제가 발생하고 있는지에 대한 정보를 수집하고 자료를 체계적으로 정리해 두어야 세계를 변화시킬 기회가 주어졌을 때 당당하게 무대로 나설 수 있는 것이다.

1. 구글 영문 사이트(google.com)에서 기후변화(Climatic Change)와 지구온난화(global warming), 빈부 격차(Gap Between Rich and Poor), 질병과 오염(Disease and Pollution), 국제 분쟁(International Conflict), 물 부족(Water Shortages), 여성과 어린이(Women and Children) 등을 검색해 외신과 관련 사이트, 블로그, 동영상 등의 자료를 찾아보자.

2. 검색한 외신, 인터넷 웹사이트, 블로그, 동영상 중 관심 있는 주제에 대한 내용을 한글로 번역해 보자.

3. 번역한 내용에 대한 자신의 생각과 느낌을 적어 보자.

4. 국내 인터넷 포털사이트에서 지구촌 이슈와 관련된 주제를 검색해 신문과 인터넷, 블로그, 동영상 등을 찾아본 후 자신의 생각과 느낌을 적어 보자.

5. 해외 매체에 실린 지구촌 문제에 대한 내용과 국내 매체에 실린 내용이 어떻게 다른지, 또 어떤 점이 비슷한지 적어 보자.

국제기구를 대상으로 협력·교류 서한 보내기

　나는 최근 국내 대학의 국제교육원에 재학 중인 외국인 학생들을 대상으로 한국 문화와 역사에 대한 강연 프로그램을 진행했다. 한 대학에서 강의를 마치고 진행을 도와주던 학교 사무국 직원과 점심을 먹으며 이런 저런 이야기를 나누던 중 '미래의 미얀마 대통령'에 관한 이야기를 듣게 되었다.

　그 대학에는 유학생들 사이에 미얀마 대통령으로 불리는 학생이 있는데 이 학생의 한국에 대한 관심은 몹시 유별나다고 한다. 한국에 대한 관심이 높은 만큼 자신의 나라인 미얀마에 대한 사랑도 지극해서 미얀마가 비록 지금은 국제적으로 독재국가, 가난한 나라라는 이미지를 갖고 있지만 30년 후에는 지금의 한국처럼 변화할 수 있을 거라고 입버릇처럼 말한다는 것이다. 함께 생활하는 유학생들이 못 믿겠다는 반응을 보이면 그는 한국도 50년 전에는 미얀마와 다르지 않았다고 반박한다고 한다. 오늘날 세계 10대 경제대국 한국을 만든 것도 과거 미국과 유럽 등 선진국으로 유학을 떠났던 한국의 젊은이들의 가난한 고국에 대한 꿈과 희망을 잃지 않았기 때문이라며 자신 또한 과거 한국의 유학생들처럼 미얀마의 미래를 이끌어가는 역사의 주인공이 될 것이라고 당당하게 말한다는 것이다. 유학 생활 틈틈이 한국의 역사와 문화, 관광, 경제 등 다양한 내용에 대해 공부하고 직접 체험하려 애쓰며 주변 친구들에게 미얀마의 밝은 미래에 대한 포부를 밝히곤 하는 그에게 선생님들과 친구들이 '미얀마 대통령'이라는 애칭을 붙여 준 것이다.

214

선진국에서는 이미 수십 년 전부터 청년들의 글로벌 인맥 구축을 국가 핵심 사업으로 추진하고 있다. 미국은 제2차 세계대전 이후인 1946년부터 풀브라이트 프로그램을 통해 각국의 젊은이들에게 미국으로 건너가 공부할 기회를 제공, 글로벌 인재들의 친미파 네트워크를 구축하고 있다. 또한 미국 정부는 매년 약 8,000여 명의 젊은이들을 세계 평화봉사단으로 임명해 전 세계에 파견함으로써 미국 청년들이 현지인들과 직접적으로 교류하며 그들과 돈독한 우정을 쌓고 세계에 봉사하는 이미지를 구축하도록 지원하고 있다.

지금까지 미국의 풀브라이트 프로그램을 거쳐 간 세계의 젊은이들 중 자신의 나라로 돌아가 그 나라를 대표하는 국가 최고 지도자가 된 사람만도 18명, 노벨상 수상자는 39명이 탄생했다. 오늘날 세계를 움직이는 각 나라의 리더 중 상당수가 젊은 시절 미국에서 학위를 받은 사람들이다. 일본 또한 1954년부터 전 세계 대학생들을 대상으로 일본 대학 전액 장학금과 일본 현지 생활비를 후원해 주는 '문부 과학성 유학생 초청 사업'을 진행, 전 세계적으로 일본에 우호적인 네트워크를 구축하고 있다.

오늘날 유럽 연합이 구축될 수 있었던 것 역시 과거 유럽 국가 최고 지도자들이 '에라스무스 프로그램'을 통해 유럽 젊은이들을 변화시켰기 때문이다. '에라스무스 프로그램'은 유럽 각국의 대학생들이 언어와 문화, 민족과 국가의 벽을 허물고 하나가 되는 교류 프로그램이다. 1987년 3,000명에 불과했던 이 국제 대학생 교류 프로젝트가 2008년에는 유럽 통합을 기대하는 젊은이들의 지지와 공감대에 힘입어 31개국 2,200여

개 대학이 참여하는 대형 프로젝트로 성장, 무려 20만여 명의 유럽 젊은 이들이 함께하고 있다. 자국에 우호적인 인맥을 구축하기 위해 시작했던 교류 프로젝트가 국익을 넘어 대륙을 잇고 세계를 변화시켜 나가고 있는 것이다.

1. 자신이 소속된 기관이나 학교, 직장과 자매결연을 맺은 해외 기관이나 학교, 단체가 있다면 소개해 보자.

2. 자매결연을 맺고 있는 기관이 없다면 반크에서 구축한 국제 교류 중개 사이트를 통해 교류할 기관을 찾아보자.

3. 본인이 속한 기관이나 단체와 비슷한 취지를 가진 기관의 구성원들에게 협력과 교류를 제안하는 국제 서한을 작성해 보자.

4. 온라인상에서의 국제 교류가 진행되고 있다면 그들과 함께 지구촌 공동 문제에 대응할 수 있는 협력 프로젝트를 논의해 보자.

5. 전 세계 초·중·고등학교와 대학교, 국제 교류 기관들을 검색해 해당 사이트 관리자에게 반크에서 구축한 국제 교류 사이트를 소개하는 이메일을 보내 보자.

6. 국내 모든 기관들이 전 세계 기관들과 자매결연을 맺고 한국인을 중심으로 세계 국제 교류가 이루어진다면 21세기 세계 속 한국의 모습은 어떻게 변할지 생각해 보자.

톨스토이가 쓴 〈이반 일리치의 죽음〉의 주인공 이반의 고백에는 촉망받던 이반이 죽음을 앞에 두고 자신이 삶 전반에 걸쳐 추구해 온 최고의 가치가 시작부터 잘못되었음을 깨닫고 후회하는 대목이 있다.

> "언제나 산 위로 올라가고 있다고 생각했는데 나는 계속해서 산 아래로
>
> 내려오고 있었던 거야. 그랬어. 사람들 말대로라면 나는 산을 오르고 있었
>
> 지. 하지만 내 인생은 계속해서 내 발 밑으로 빠져나가고 있었던 거야."

여러분도 혹시 자기 삶 최고의 가치라고 생각했던 무언가가 수십 년 후 모래성처럼 파도에 떠밀려 순식간에 무너져 버릴 수도 있다는 생각을 해본 적이 있는가. 대한민국 국민들에게는 영어 공부가 이와 같을 수 있다. 청소년들 역시 특목고 입학과 대학 입시를 위해 손에서 영어 교재를 놓지 않으며 대학생들도 취업을 위해서는 반드시 영어 공부를 해야 한다는 강박관념에 사로잡혀 있다. 어린 자녀의 영어 발음을 위해 혀 수술까지 시키는 한국 학부모들의 행태는 외신을 통해 조롱거리가 되기도 했다.

언제부턴가 한국에서의 영어는 커뮤니케이션이라는 본래 목적을 잃어버리고 진학과 취업을 위한 목적 자체가 되어버렸다. 잘못된 북극성을 향해 수십 년간 항해해 온 선장은 자기가 기준으로 삼았던 북극성이 진짜가 아님을 알게 되었을 때 돌이킬 수 없는 절망에 빠질 수밖에 없다.

수십 년간 공부한 영어도 마찬가지다. 영어 공부 본래의 목적을 착각한 한국인들은 수십 년간 영어를 공부해 왔음에도 외국인과 간단한 대화조차 할 수 없어 절망하곤 한다.

나 또한 학창 시절 영어 공부 그 자체가 목적인양 매달렸다. 영어 공부에 대한 내 생각이 바뀐 것은 성인이 된 후 외국인 친구를 사귀면서부터였다. 나와 다른 언어와 문자를 사용하는 외국인들과 인터넷으로 펜팔을 시작하면서 영어는 자연스럽게 나와 그들을 더욱 친밀하게 이어주는 다리 역할을 해주었다.

최근 나는 아프리카와 라오스의 공무원들에게 한국의 문화와 역사, 그리고 독도 문제에 대해 영어로 강의해 달라는 요청을 받게 되었다. 강의를 준비하는 동안 정말 행복했다. 물론 외국인들을 면전에 두고 영어로 강연하는 것은 펜팔을 주고받는 것과는 달리 심적으로도 상당히 부담이 되는 일인지라 준비하는 과정부터가 쉽지 않았다. 하고 싶은 말이 입안에서만 맴돌 때마다 지난 수십 년간 내가 영어 공부를 제대로 한 적이 있기는 한 걸까 싶은 자괴감이 밀려왔다. 하지만 목적 없이 방황한 시간을 회복하기 위해서라도 열심히 공부하고 준비했다. 무엇보다 나를 통해 외국인들이 한국의 역사와 문화, 그리도 우리 땅 독도에 대해 제대로 알 수 있게 된다는 막중한 사명감이 생기면서 영어 공부는 더 이상 목적이 아닌, 삶의 의미 있는 과정으로 변했다.

아프리카와 라오스의 공무원들에게도 영어는 모국어가 아니었기에 우리는 서로의 서툰 영어를 통해 서로의 마음을 읽으려 애썼다. 나 역시 한국의 역사와 문화에 대해 일방적으로 강의하기보다 그들에게 한국과 비슷한 그들의 역사적 사례를 들려 달라 청했고 그들은 기꺼이 자신들의 문화와 역사를 소개했다. 그 강연을 통해 얻은 기쁨은 수십 년간 성적표에 찍혔던 영어 점수를 보며 느꼈던 기쁨의 감정과는 본질적으로 차원이 다른 것이었다. 내가 세상 누군가에게 기쁨이 되는 존재라는 것, 내가 누군가에게 도움이 될 수 있다는 희망, 내가 내 조국을 변화시키고 세계를 변화시킬 수 있다는 자신감. 그것은 그 강의가 나에게 준 가장 값진 선물이었다.

영어는 지구촌에 접속할 수 있는 열쇠이다. 하지만 그 열쇠를 갖기 위해 치열하게 경쟁할 필요는 없다. 그저 열쇠로 문을 열고 나와 저 넓은 세상을 향해 뚜벅뚜벅 걸어 나가면 된다. 그곳에서 만나는 지구촌 사람들에게 여러분 자신과 대한민국을 소개해 보자. 그리고 친구가 들려주는 그 나라 문화와 역사 이야기에도 귀 기울이자. 영어는 전 세계 모든 이와 꿈과 우정을 나누며 지구촌 공동의 문제에 대한 해결책을 의논하기 위한 통로이다. 한국을 넘어 세계를 변화시키는 가슴 벅찬 꿈을 위해 영어를 공부해 나가다 보면 어느새 북극성 가까이에 도달한 자신을 발견할 수 있을 것이다.

1. 영어 공부를 하는 이유와 동기를 적어 보자.

2. 외국인에게 영어로 자기소개를 해보자.

3. 외국인에게 영어로 한국과 내가 살고 있는 고장을 소개해 보자.

4. 자신이 관심 있는 나라의 문화와 역사에 대해 영어로 소개해 보자.

5. 지구촌 공동 해결 과제 중 하나를 영어로 소개해 보자.

● 나도 월드 체인저 11 **세계를 변화시키는 글로벌 모임에 참가하자**

다보시라는 도시가 있다. 인구 1만3,000여 명에 불과한 스위스 동부의 작은 관광 휴양 도시인 이곳으로 매년 겨울 전 세계 정재계 인사들과 사회 지도자, 할리우드 최고의 스타 등 수천 명에 이르는 사람들이 모여든다. 그리고 다음날이면 다보스에 모인 사람들이 어떤 주제를 가지고 무슨 토론을 했는지가 언론의 집중적인 조명을 받고 전 세계 뉴스의 헤드라인을 장식한다.

다보스가 전 세계 지도자들이 모이는 도시로 탈바꿈한 것은 스위스의 대학 교수였던 클라우스 슈밥이 이곳에서 작은 모임을 시작하면서부터였다. 1971년, 클라우스 교수는 유럽과 세계의 경제 문제를 토론하기 위해 평소 친분이 있던 재계 인사들과 작은 모임을 만들었다. 이 모임이 30년 후에는 세계 경제와 정치를 주름잡는 리더들이 한자리에 모여 전 지구적인 문제에 대한 해결 방안을 모색하는, 유엔에 버금가는 국제기구로 성장하게 되었다. 이것이 세계 1,200여 개의 기업과 단체가 가입되어 있는 '다보스포럼' 즉, '세계경제포럼'이다.

월드 리더를 희망하는 많은 한국의 젊은이들도 '다보스포럼' 꿈꾼다. 하지만 실제로 우리가 그 모임에 참석해 목소리를 내기란 쉽지 않다. 그렇다고 아예 방법이 없는 것은 아니다. '다보스 포럼' 회원들과 서로의 의견을 활발하게 주고받는 평범한 젊은이들의 모임이 있기 때문이다. '테이킹 아이티 글로벌'이라는 웹사이트가 바로 그것이다. '세계 젊은이들의 유엔'이라 불리는 '테이킹 아이티 글로벌'은 전 지구적 해결 과제를 유엔이나 각 나라의 정치인, 외교관들에게 맡겨 두지 않고 미래 지구촌 세상의 주인공인 젊은이들 스스로 지혜를 모으고 실천해서 변화시키자는 취지로 개설되었다.

2000년에 개설된 테이킹 아이티 글로벌은 불과 몇 년 만에 전 세계 200여 개 나라 11만 명의 회원을 확보하고 자원봉사자들에 의해 12개 언어로 운영하면서 500만 명의 사람들이 방문할 정도로 급속히 성장하고 있다. 이들은 지역과 민족, 언어를 초월해 지구의 미래를 위협하는 모든 과제에 대해 함께 고민하고 아이디어를 공유하며 세상을 변화시켜 나갈 다양한 프로젝트를 추진하고 있다. 때문에 지구촌 젊은이들이 자발적으로 운영하는 순수 민간 웹사이트임에도 불구하고 유엔과 다보스 포럼 같은 세계적인 규모의 국제기구를 비롯해 구글과 마이크로소프트사 등 다국적 글로벌 기업 등과 협력해 지구촌 문제를 해결하는 글로벌 프로젝트를 진행할 만큼 공신력을 인정받고 있다.

2003년 설립된 '월드 체인징' 역시 전 세계 네티즌들이 모여 아이디어를 나누는 일종의 민간 유엔 사이트이다. 물질, 주거, 도시, 지역, 사회, 비즈니스, 정치, 지구 등 총 7개의 카테고리에는 미래학자와 기술자, 언론인, 디자이너, 일반인 등이 지속적으로 업데이트하는, 세상을 변화시킬 일상적이지만 혁신적인 아이디어들이 담겨 있다. 이러한 아이디어들은 그저 생각으로만 그치지 않고 이를 실천할 수 있는 다양한 실행 프로젝트로 개발된다. 이곳에서 생산된 전 세계 네티즌들의 컨텐츠는 세계의 주요 언론과 기업, 공공기관, 정부 등에 공급되고 있다.

다보스 포럼, 테이킹 아이티 글로벌, 월드 체인징은 세 가지 공통점이 있다. 첫째, 60억 세계인 공동의 목표를 해결하기 위해 시작된 모임이라는 점. 둘째, 시작은 작은 모임에 불과했으나 지금은 세계를 변화시켜나가는 월드 체인저들의 아지트가 되었다는 점. 그리고 마지막으로 한국인들의 참여가 극히 저조하다는 점이다.

21세기는 전 지구가 협력하여 세계적 위기를 해결하고 기회를 만들어 가는 시대이다. 하지만 지금까지 지구촌 문제를 고민하는 대부분의 글로벌 커뮤니티 사이트가 미주권과 유럽권을 중심으로 개설되었다. 한국 청년들이 주도적으로 세계 문제를 고민하고 대응책을 마련하는 커뮤니티를 꿈꾸던 나는 새로운 영문 사이트 더 월드 체인저를 개설했다. 이 사이트는 지금 인류에게 가장 심각한 문제로 다가오고 있는 글로벌 이슈 7가지를 선정, 각 주제를 해결하고자하는 뜻있는 세계인들을 네트워킹하고 세계를 변화시켜 나갈 인맥을 형성하는 사이트이다. 예를 들어 지구온난화에 관심 있는 프랑스인, 미국인, 아프리카인이 온라인상에서 친구가 되어 정보를 교류 하고 '사이버 모의 유엔'을 개최, 해외 여론을 이끌어 내 세계 문제를 주도적으로 해결해 나가는 식이다.

위기로부터 지구촌을 구하기 위해 온몸을 던지는 용기와 도전정신을 보여 주는 것, 글로벌 이슈를 적극적으로 주도하며 전 세계 젊은이들과 협력 네트워크를 구축하는 것 등은 21세기 세상을 구할 월드 체인저가 해야 할 중요한 임무이다.

1. 빈곤, 지구온난화, 질병, 여성 인권, 테러, 전쟁 등 전 세계가 직면한 수많은 글로벌 이슈 중 가장 중요한 다섯 가지가 무엇인지 제시하고 그 이유를 말해 보자.

2. 제시한 다섯 가지 글로벌 이슈에 대한 신문과 도서 자료를 모아 보자.

3. 다보스 포럼 웹사이트를 방문해 올해 세계의 지도자들이 언급한 글로벌 이슈는 무엇인지 알아보자.

4. 테이킹 아이티 글로벌 웹사이트의 회원으로 가입해 전 세계 네티즌들이 올린 글로벌 이슈에 관한 다양한 아이디어를 읽어 보자.

5. 월드 체인징 사이트를 방문해 세계를 변화시킬 다양한 아이디이와 칼럼 등을 읽고 느낀 점을 말해 보자.

7. 반크의 더 월드 체인저 사이트를 방문해 글로벌 이슈에 관심 있는 전 세계 외국인들과 사귀면서 세계를 바꾸는 활동에 직접 참여해 보자.

8. 한국인 친구들과 함께 테이킹 아이티 글로벌과 월드 체인징, 더 월드 체인저 사이트를 방문해 세계를 변화시키고자 하는 네티즌들과 다양한 프로젝트에 참여해 보자.

나도 월드 체인저 12   **세상을 변화시킬 그 이름, 아이디어**

2008년 9월 25일, 세계 1위의 인터넷 기업 구글은 창립 10주년을 맞아 '세상을 변화시키는 아이디어 공모전'을 개최해 주목받았다. 구글이라는 작은 규모의 회사가 엄청난 영향력을 발휘하는 스마트 기술의 강자로 성장한 것처럼, 공모전을 통해 세상을 변화시킬 작지만 엄청난 아이디어를 찾아 내겠다는 숨은 의지가 담겨 있었던 것이다.

공모전 세부 주제는 총 여덟 개로 지구촌 사람들의 유대관계를 강화해 공동체를 형성하면서도 고유한 문화를 보호할 수 있는 방법, 지구촌 사람들이 자신과 가족들에게 더 나은 삶을 제공할 수 있도록 돕는 방법, 안전하고 깨끗하고 경제적인 에너지가 동력이 되는 세상을 만드는 방법, 보다 청정하고 지속 가능한 지구 생태계를 가꾸는 방법, 더 오래 더 건강한 삶을 영위할 수 있도록 돕는 방법, 더 많은 사람들이 더 좋은 교육을 더 쉽게 받을 수 있게 돕는 방법, 모든 사람들이 안전한 곳에서 살아갈 수 있도록 보장하는 방법, 많은 사람들을 도와줄 수 있는 기타 다양한 방법 등으로 나눠졌다. 공모전을 통해 세상을 변화시키는 본질적인 문제에 접근하고자 했던 것이다.

구글의 공모전을 보면서 어떻게 구글이 창립 10년 만에 세계를 움직이는 가장 혁신적인 인터넷 기업으로 성장할 수 있었는지 알 것 같았다. 세상을 변화시키고 움직일 아이디어는 손에 쥐고 있는 것이 아니라 나누는 것, 돈은 가지는 것이 아니라 베푸는 것, 동기는 개인을 위한 것이 아니라 모두를 위한 것이어야 한다. 세상을 변화시키는 열쇠는 먼 데 있지 않다. 구글은 지금 바로 우리 곁에, 우리 손에, 우리 눈에 보이는 가장 단순한 진리를 구체화시키는 방법을 알고 있는 것이 아니었을까.

224

1. 자신의 생활 속 작은 아이디어로 주변 사람들을 행복하게 한 사례가 있었는지 생각해 보자. 없다면 어떻게 하면 주변 사람들은 행복하게 할 수 있을지 아이디어를 내보자.

2. 친구와 동료들을 대상으로 '세상을 변화시키는 아이디어 공모전'을 주최해 보자.

3. 작은 아이디어가 지역과 도시, 국가, 세상을 변화시킨 사례를 조사해 보자.

4. 자신이 생각하는 '세상을 변화시킨 국내외 기업과 단체' 한 곳을 선정해 그 이유를 발표해 보자.

5. '사회적 기업'이 무엇인지 조사해 보고, 본인이 만약 사회적 기업의 CEO가 된다면 어떤 분야에서 활동하고 싶은지 생각해 보자.

나도 월드 체인저 13   **세계의 미래를 바꿀 월드 체인저를 꿈꾸자**

때로는 한 사람의 꿈이 세계를 변화시키는 강력한 힘을 발휘한다. 영국의 윌버포스라는 청년은 당시 그 누구도 생각지 못했던 노예무역 폐지를 꿈꿨다. 노예무역은 제국주의 국가였던 영국의 국가 수입 3분의 1을 차지하는, 식민 산업의 근간이었기에 어느 누구도 감히 그 제도를 유지하려는 기득권 세력에 대항해 싸울 용기를 내지 못했다. 하지만 그는 인류의 보편적 가치인 인간의 존엄성을 지키기 위해 노예제도를 폐지하는 데 삶 전체를 헌신하고자 했다. 그리고 마침내 인류 역사상 가장 극복하기 어려운 죄악이었던 노예제도를 그의 조국 영국에서 영원히 사라지게 만들었다. 뿐만 아니라 노예제도에 달라붙어 있던 영국의 정치, 경제, 사회, 문화의 구조적인 패악을 바로잡는 기틀을 마련했다. 무엇보다 그의 꿈은 노예제도의 희생양이었던 수많은 아프리카와 아시아 사람들의 미래를 자유와 희망으로 변화시켰다.

물론 반대의 경우도 있다. 20세기 초 히틀러라는 한 청년의 비틀린 꿈은 독일을 전범국으로 전락시켰다. 히틀러가 가슴에 품었던 꿈은 독일인뿐만 아니라 전 세계 수많은 나라 사람들을 전쟁터로 내몰았다. 그의 꿈은 유대인 학살이라는 인류역사상 씻지 못할 죄악을 남겼으며 5,000만 명이 넘는 사람들이 그의 꿈으로 인해 비참한 죽음을 맞아야 했다. 한 청년의 잘못된 꿈이 독일과 유럽, 나아가 전 세계의 미래를 황폐화시킨 것이다.

이처럼 한 시대의 청년이 어떤 꿈을 꾸고 있느냐는 한 나라는 물론 세계의 미래에까지 영향을 미친다. 대한민국 미래 또한 현재의 대한민국 청년들이 어떤 꿈을 꾸고 있는지에 따라 달라질 것이다.

1. '네이션 체인저(나라를 변화시키는 사람)'로서 자신이 꿈꾸는 미래를 그려 보자.

2. '아시아 피스 메이커(아시아 평화를 주도하는 사람)'로서 자신이 꿈꾸는 미래를 그려 보자.

3. '월드 체인저(지구촌 문제 해결을 주도하는 사람)'로서 자신이 꿈꾸는 미래를 그려 보자.

4. '히스토리 메이커(인류 역사를 만들어 나가는 사람)'로서 먼 훗날 인류 역사가 자신을 어떤 사람으로 기록하기를 바라는지 그려 보자.

5. 자신이 꿈꾸는 미래의 모습과 가장 비슷한 삶을 살고 있는 네이션 체인 저, 아시아 피스 메이커, 월드 체인저, 히스토리 메이커를 찾아보자.

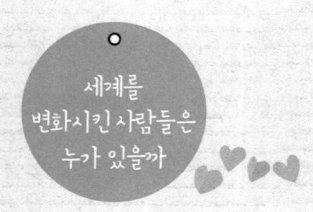

세계를
변화시킨 사람들은
누가 있을까

세계를 변화시킬 꿈을 꾸고 있는가. 나보다 앞서 지구촌 곳곳에서 세계를 변화시킨 '월드 체인저'들, 그들의 삶을 조사하다 보면 내가 꾸던 것과 비슷한 꿈을 가졌던 '월드 체인저'를 발견할 수 있을 것이다. 아래는 반크의 이정애 수석 연구원이 조사한 각 분야 월드 체인저들이다. 아래 리스트에 언급된 선배 '월드 체인저'들처럼 한국의 청년들 또한 미래의 전 세계 청년들에게 등대와 같은 존재가 되길 희망한다.

1. 기후변화를 막는 데 기여한 월드 체인저들

왕가리 마타이(Wangari Muta Maathai, 1940~ / greenbeltmovement.org)

케냐의 여성 환경 운동가. 1977년 그린벨트 운동을 시작으로 2000년대 초까지 3,000만 그루의 나무를 심었다. 2004년 아프리카 흑인 여성 최초로 노벨 평화상을 수상했다.

그린피스(Greenpeace / greenpeace.org)

1971년 설립된 국제 환경 보호 단체. 전 세계 41개국에 지부를 두고 280만 명의 후원자가 지구온난화 저지, 바다와 산림 보호, 유해물질과 유전자 조작 저지 등의 활동을 펼치고 있다.

기후변화에 관한 정부 간 패널(IPCC, Intergovernmental Panel on Climate Change / ipcc.ch)

1988년, 전 세계 3,000여 명의 전문가들이 기후변화와 관련된 환경 문제에 공동 대응하기 위해 설립한 패널. 인간이 기후변화에 미친 영향 등을 연구, 2007년 노벨 평화상을 수상했다.

세계자연보호기금 (WWF, World Wide Fund for Nature / wwf.org)

1961년 창립된 세계 최대 환경보호 단체 중 하나로 현재 전 세계 100여 나라에서 1,300여 개의 환경 보존 프로젝트를 진행하고 있다. 기후 변화에 대처하기 위해 지구촌 불끄기(Earth Hour) 행사를 진행했다.

2. 빈곤을 구제하는 데 앞장선 월드 체인저들

월드비전 (Worldvision / worldvision.org, worldvision.or.kr)

1950년, 한국전쟁 당시 고아와 미망인들을 돕기 위해 설립된 기독교 국제 구호 개발 단체. 전 세계 100여 나라에서 1억여 명의 사람들이 참여할 정도로 사업이 확장되어 전 세계 개인 구호 활동은 물론 지역 개발 사업, 긴급 구호 사업 등을 펼치고 있다.

무하마드 유누스 (Muhammad Yunus,1940~ / muhammadyunus.org)

방글라데시의 은행가로 1983년, 빈민들에게 무담보 소액대출을 하는 그라민은행을 설립했다. 2006년에는 노벨 평화상을 수상했으며 2009년 현재, 2,500여 개 지점에서 784만 명의 빈민들에게 무담보 대출을 진행했다.

아베 피에르 (Abbe Pierre, 1912~2007 / emmaus.org)

평생을 빈민구호에 헌신한 프랑스 신부. 1949년 노숙자들을 위한 자립공동체 엠마우스(Emmaus)를 설립했으며 그의 정신을 받든 '엠마우스 운동'은 2007년 현재, 40여 개국으로 확산되어 세계적인 빈민 구호 공동체로 성장했다.

마더 테레사 (Mother Teresa, 1910~1997 / motherteresa.org)

평생을 인도 콜카타에서 가난하고 병든 사람들을 위해 봉사한 수녀. 1950년, '사랑의 선교 수녀회'를 설립하였으며 1979년에는 노벨 평화상을 수상했다. 현재 사랑의 선교 수녀회에는 133개국 4,500여 명의 수녀들이 함께하고 있다.

해비타트 (Habbit for Humanity / habitat.org, 한국지부 habitat.or.kr)

사랑의 집짓기 운동을 펼치는 구호단체로 모든 사람에게 안락한 집이 있는 세상을 비전으로 삼는다. 1976년 첫 발을 내딛어 2008년까지 95개국 30만여 채의 집을 지었으며 150만여 명이 보금자리를 얻어 새로운 삶을 시작하였다.

3. 질병과 오염의 근절에 앞장선 월드 체인저들

국경 없는 의사회 (MSF, Medecins Sans Frontieres / msf.org)

전 세계에 19개국에 지부를 두고 있는 국제 민간 의료 구호 단체. 인간의 존엄성을 지키기 위해 인종과 종교, 신념, 정치적 입장에 상관없이 긴급 의료 구호를 필요로 하는 사람들을 돕는다. 1999년, 노벨 평화상을 수상했다.

민병준 박사

세계 최빈국 중 하나인 아프리카 스와질란드에서 30년 이상 의료 봉사에 헌신, 30만 명 이상의 환자를 돌본 아프리카 의료 봉사자이다.

국제백신연구소 (IVI, International Vaccine Institute / ivi.int)

개발도상국의 가난한 사람들을 위해 백신을 개발하고 도입하는 것을 목적으로 1997년 설립되었다. 아시아와 아프리카, 남미 28개국에서 백신 개발과 도입에 관한 연구 프로그램을 추진하고 있다.

국제 에이즈백신추진본부 (IAVI, International AIDS Vaccine Initiative / iavi.org)

안전하고 효율적이며 접근이 용이한 에이즈 백신 개발을 목적으로 1996년에 설립되었다. 현재 24개국에 지부를 두고 연구와 예방 활동을 펼치고 있다.

다일천사병원 (dail.org/1004)

글로벌 나눔 공동체인 다일공동체가 2002년 설립한 병원으로 정부의 도움 없이 100퍼센트 민간 후원금만으로 운영된다. 80여 명의 의료진, 300여 명의 비의료진 봉사자들

230

이 무료 의료 서비스를 제공하며 한국의 빈민들은 물론 외국인 노동자와 제3세계 절대 빈곤층 아동 환자들을 돌본다.

4. 국제 분쟁 해결에 앞장선 월드 체인저들

느베 샬롬(Neve Salom / nswas.org)

1970년, 교육자인 브르노 후사르(Bruno Hussar)가 설립한 팔레스타인과 이스라엘의 평화마을로 1977년 첫 번째 가구가 정착한 이래 2006년 현재 52개 가구가 정착했다.

간디(Mohandas Karamchand Gandhi, 1869~1948)

자신의 독특한 사티아 그라하(Satya Agraha), 비폭력 저항 사상을 일평생 실천하며 평화적으로 투쟁한 인도의 민족운동 지도자. 남아프리카의 인종 차별을 반대하고 인도의 독립을 위해 싸웠다.

조디 윌리엄스(Jody Williams, 1950~ / icbl.org)

미국의 사회 운동가. 1991년, 국제 지뢰 금지 운동 단체(ICBL)를 설립. 지뢰 금지 운동을 시작한 지 6년 만인 1997년에는 123개국의 대인지뢰 사용 금지 협약을 이끌어 내 노벨 평화상을 수상했다.

빌리 브란트(Willy Brandt, 1913~1992)

'독일 통일의 아버지'라 불리는 독일의 정치가. 1967~1974년, 독일연방공화국(서독)의 수상으로 활약하였으며 1990년, 독일 통일에 결정적인 기여를 했다. 1971년 노벨 평화상 수상자이다.

국제위기감시기구(ICG, International Crisis Group / crisisgroup.org)

국제 분쟁 예방과 해결을 위해 1995년에 설립된 국제기구. 분쟁 위기 지역에 조사팀을 파견하여 현장 조사를 실시하고 분석 보고서를 작성. '크래시스 워치(Crisis Watch)'라는 월례 보고서를 발표하며 이를 토대로 유엔과 유럽연합 등의 국제기구와 각국 정부에 국제 분쟁 관련 제언을 한다.

5. 여성과 아동 문제 해결에 기여한 월드 체인저들

무크타르 마이(Mukhtar Mai, 1972~)

파키스탄의 여성 인권 운동가로 2002년, 관습적인 명예범죄의 피해자가 되어 3년간 목숨을 건 법정투쟁을 벌여 끝내 승리를 거뒀다. 보상금과 민간단체의 도움으로 학교를 설립했다.

볼프강 쉐플러(Wolfgang Scheffler)

태양열 조리기를 발명하였으나 많은 사람들에게 그 혜택이 돌아갈 수 있도록 발명특허를 내지 않았다. 케냐와 인도 등 21개 개발도상국에 2000여 대의 쉐플러 태양열 조리기를 보급, 가정과 학교, 병원 등에서 사용하고 있다.

제인 애덤스(Jane Addams, 1860~1935 / hullhouse.org)

1889년 북아메리카 최초의 사회복지기관 중 하나인 시카고 헐 하우스(Hull House)를 창시한 사회개혁가. 빈민, 아동과 여성, 이민자, 흑인 등의 권익을 위해 헌신했으며 1931년, 노벨 평화상을 수상했다.

아니타 보그 협회(Anita Borg Institute for Women and Technology / anitaborg.org)

1997년, 아니타 보그 박사(1949~2003)에 의해 설립된 여성 교육 단체로 개발도상국 여성들에게 컴퓨터와 기술을 가르치고 장학금을 지급, 활동을 장려하고 있다. 특히 IT 실력을 갖춘 산업·교육·정치 분야의 세계적인 여성 리더를 양성하는 데 힘쓴다.

아프가니스탄 여성혁명위원회(RAWA / rawa.org)

아프가니스탄 여성의 자유와 인권 향상을 위해 1977년, 미나(1956~1987)에 의해 설립되었다. 아프가니스탄 여성의 정치·사회적 실상을 국제사회에 알리고 그들의 자유와 인권을 위해 투쟁하고 있다.

232

6. 인권 수호에 앞장선 월드 체인저들

국제 앰네스티(Amnesty International / amnesty.org, 한국지부 amnesty.or.kr)

1961년, 영국의 변호사 피터 베넨슨에 의해 시작된 인권수호 단체. 전 세계 인권 현황을 조사하고 이를 세계에 알리며 위급한 상황에 처한 사람들의 구명활동에 앞장선다. 전 세계 160여 개국 220만 명의 회원이 활동하고 있다.

윌버포스(William Wilberforce, 1759~1833)

영국의 정치가. 1780년, 하원의원에 당선되었으며 1787년에는 노예무역 폐지 운동의 선구자가 되어 1807년, 노예무역 폐지 법안을 통과시켰다. 1818년부터는 노예해방 운동을 본격으로 전개해 1833년, 마침내 노예제도 자체를 폐지하는 법안을 통과시켰다.

로자 파크스(Rosa Parks, 1913~2005)

1955년, 버스에서 백인 승객에게 자리 양보를 거절하면서 '몽고메리 버스 보이콧'을 주도한 인권 운동가이다. 아프리카계 미국인의 인권을 보호하고 권익을 개선하는 데 앞장서 미국 민권 운동의 시초가 되었다.

휴먼 라이츠 워치(Human Rights Watch / hrw.org)

1978년에 설립된 국제 인권 단체로 인권 전문가와 법률가, 기자, 학자들로 구성된 280여 명의 조사자들이 세계 90여 개국의 인권 침해 사례를 조사하여 보고서를 발표하고 인권 침해 해결을 위한 글로벌 캠페인을 추진한다.

7. 물 부족난 해소에 앞장선 월드 체인저들

채리티 워터(Charity : water / charitywater.org)

개발도상국 사람들에게 깨끗하고 안전한 식수를 공급하기 위해 설립된 비정부기구. 사랑의 물(Charity : Water)이라 불리는 생수를 1병에 20달러에 판매하는 독특한 물 기부 캠페인을 추진하고 있다.

워터와이즈(Waterwise / waterwise.org.uk)

영국 내 물 부족 문제 해결을 위해 일하는 비정부기구. 화장실 내 절수형 변기와 샤워기를 보급하고 가전제품과 생활용품에 물 절약 인증마크를 부착하는 등 다양한 물 절약 프로젝트를 펼치고 있다.

세계물위원회(WWC, World Water Council / worldwatercouncil.org)

21세기 지구촌 물 부족 문제를 해결하기 위해 1996년에 설립된 국제위원회. 세계 여러 나라 정부와 전문가, 국제 비정부기구로 구성되어 있으며 3년에 한 번씩 세계 물 부족 문제 해결을 논의하는 '세계 물 포럼'을 개최하고 물 부족 문제 해결에 공헌한 사람들을 선정해 시상한다.

유니세프 물 프로젝트(Unicef Tap Project / tapproject.org)

2007년에 시작된 유니세프의 물 프로젝트. 뉴욕 시의 300여 개 식당의 참여로 시작해 지금은 수천 개 식당이 함께하고 있다. 기부금 전액은 전 세계 수백만 아동들에게 깨끗한 물과 관련 시설을 공급하는 데 사용된다.

국제기구 활동에 참여해 볼까

미국의 한 초등학생이 미국 대통령 오바마와의 인터뷰를 성공적으로 진행해 화제가 된 적이 있다. 학교 방송국 기자로 활동 중인 11살의 데이먼 위버는 오바마와의 인터뷰 이전에도 이미 미국 현직 부통령과 상원의원, 힐러리 클린턴 국무장관, 세계적인 토크쇼의 여왕 오프라 윈프리, 세계 최대 인터넷 기업 구글의 대표이사 에릭 슈미트, NBA 농구스타 등 미국 각계각층의 유명 인사들과 성공적으로 인터뷰를 치러낸 화려한 경력의 베테랑이었다. 위버는 그가 만난 유명 인사들의 인터뷰 동영상을 학교 방송뿐만 아니라 세계적인 인터넷 동영상 사이트인 유튜브에 올려 전 세계 네티즌들과 공유했다.

초등학생이 미국을 대표하는 유명인사와 인터뷰를 진행하는 것은 결코 쉬운 일이 아닐 것이다. 위버는 오바마 대통령과의 인터뷰를 성공시키기 위해 오바마 대통령과 인터뷰를 진행하고 싶다는 내용의 동영상을 인터넷에 먼저 올리고 대통령 취임식에도 참석하는 등 여러 차례 다양한 방법으로 섭외를 추진했다. 물론 백악관에서는 보안상의 이유 등을 들어 위버의 인터뷰 제안을 거절했다. 하지만 위버는 포기하지 않았다. 그는 8개월간의 끈질긴 구애 끝에 마침내 미국 대통령과의 단독 인터뷰를 성사시킨 최초의 흑인 어린이 기자가 될 수 있었다.

인터뷰를 진행하는 자리에서도 위버는 오바마의 교육 정책과 학교 급식 문제, 그리고 정치적 현안에 대해 날카로운 질문을 던졌다. 또한 인터뷰 중간에 오바마가 좋아하는 농구를 화제로 삼으며 친구가 되어 줄 것을 청했고, 오바마로부터 친구가 되어 주겠노라는 약속까지 얻어 냈다. 위버가 오바마 대통령과 인터뷰한 내용은 백악관 홈페이지와 유튜브를 통해 전 세계에 전해졌다. 미국 플로리다주에서 홀어머니와 함께 살고 있는 위버는 장차 미국의 대통령이 되고 싶다는 자신의 꿈을 당당하게 밝히기도 했다. '초등학생이 뭘 할 수 있겠어'라는 세상 사람들의 시선과 편견에 흔들리지 않고 자신의 큰 꿈을 향해 한 걸음 한 걸음 나아가는 위버는 세상을 변화시키고 있는 작은 거인이다.

한국 젊은이들 역시 전 세계 국제기구 대표와 지구촌 곳곳에서 세상을 변화시키기 위해 일하고 있는 국제단체를 인터넷으로 인터뷰할 수 있다. 세계 변화의 중심 현장에서 활동하고 있는 국제기구 대표와 직원들을 인터뷰하여 그 기관의 비전과 활동 목표, 과거와 현재, 그리고 미래를 향한 다양한 의견을 듣는 것은 세상을 변화시킬 지혜와 식견을 넓힐 수 있는 좋은 기회이다.

세계 변화의 중심에 서 있는 거인들의 어깨 위에서 더 큰 세상을 바라보고 더 위대한 변화를 성취하자. 도전하는 한국 청년이야 말로 21세기 세계를 변화시키는 월드 체인저이다.

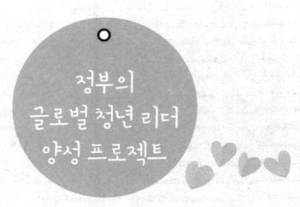

해외로 나가는 대학생들을 지원하는 정부와 민간 기업·단체의 다양한 프로젝트에 과한 정보를 살펴보자.

구분	사업명(주관 부처·기관)	지원 대상·기간	지원 금역(한도)
해외 취업	해외 취업 연수 (노동부, 산업인력공단)	미취업 청년 3~12개월 연수	400만~ 원
	해외 건설인력 양성 (국토해양부, 해외건설협회)	미취업 청년 2~6개월 교육	400만 원
해외 인턴	전문대학생 해외 인턴 (교과부, 전문대학교육협의회)	전문대학생 16주	항공료, 체재비 등
	대학생 글로벌 현장 학습 (교과부, 대학교육협의회)	4년제 대학생 16주	미정
	국제 무역전문 인력 양성 (지식경제부, 중소기업청)	대학생 2~6개월	항공료, 체재비 등
	재외공관 인턴(외교통상부)	대학(원)생 6개월	미정
	국제 전문여성 인턴(여성부)	여성 대학생 1년	항공료 등 지원
	산림 분야 인턴(산림청)	산림 전공 2년	미정
해외 자원 봉사	해외 봉사단 파견 (외교통상부, 코이카)	대학 졸업생 2년	항공료, 체제비 등
	대학생 국내외 봉사활동 (교과부, 대학사회봉사협의회)	대학생 단기(1개월)· 중기(6개월)	항공료, 체재비 등
	해외 인터넷 청년봉사단 (행안부, 한국정보문화진흥원)	대학생 1~3개월	항공료, 체재비 등
	개도국 과학기술지원단 (교과부, 국제과학기술협력재단)	이공계 대학생 1년	체재비, 활동비 등

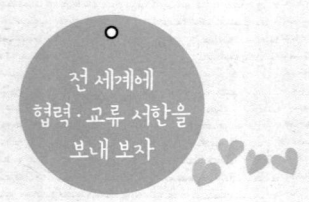

교류 서한을 보내 봅시다

Hello, I found your website while I was surfing the net.

안녕하세요? 인터넷 서핑을 하다가 귀 기관 웹사이트를 알게 되었습니다.

I'm ○○○ and Korean. I'm currently doing international exchange volunteer works in VANK. www.theworldchanger.net

저는 한국에 살고 있는 ○○○ 라고입니다. 반크라는 단체에서 국제 교류 분야 자원봉사 활동을 하고 있습니다.

I thought Korean students and your students could be good friends for each other if we can do class exchange after I found your website.

귀 기관의 웹사이트를 보고 그쪽 학생들과 한국 학생들이 교류를 한다면 서로 좋은 친구가 될 수 있을 거라는 생각이 들었습니다.

VANK is founded in Korea and has been dedicating our efforts to developing international exchange programs between

238

individuals, schools and organizations. We're trying to let young people in the world share their dream and friendship and enables them across culture, language, nation and the board through email class exchange programs.

반크는 개인과 개인, 학교와 학교, 단체와 단체 사이의 국제 교류 프로그램을 추진하는 한국의 자원봉사 단체입니다. 우리는 세계의 젊은이들이 문화와 언어, 국가의 장벽을 넘어 꿈과 우정을 나눌 수 있도록 이메일 학급 교류의 장을 여는 프로그램을 진행하고 있습니다.

We, VANK especially initiated international exchange programs which provide Korean and foreign young people to discuss about crucial issues that should be solved for our planet, including Climatic Change, Gap between the Rich and Poor, Water Shortage, International Conflict, Women and Children and Disease and Pollution.

특히 저희 반크는 한국의 젊은이들과 외국의 젊은이들이 함께 토론하고 해결해 나가야 할 지구촌의 중대한 문제인 지구온난화, 빈부격차, 물 부족, 국제 분쟁, 여성과 아동 문제, 질병과 오염 등에 대한 국제 교류 프로그램을 추진하고 있습니다.

Our wish for this program is helping young people in the

world to be friends and find ways to solve these issues through international exchange.

이러한 프로그램으로 우리는 세계의 젊은이들이 국제 교류를 통해 친구가 되고, 지구촌 문제에 대한 해결책을 발견할 수 있게 되기를 바랍니다.

If you're willing to have interest about this program, please contact us to initiate this program with yours and provide your students to meet Korean friends online. Our organization's Korean members are ready for this program and want to meet new friends through this international exchange program

만약 당신이 이러한 프로그램에 관심이 있다면 그쪽 학생들과 한국의 학생들이 이 프로그램에 참여해 온라인을 통해 만날 수 있도록 주선해 주세요. 우리 단체에 가입해 활동하는 한국의 젊은이들은 이 프로그램을 함께할 준비가 되어 있으며 국제 교류 프로그램을 통해 새로운 친구를 만날 수 있기를 고대하고 있습니다.

I hope this program initiate building a friendship between your students and ours and providing a chance to be a World leader.

이 프로그램을 통해 양국의 학생들이 우정을 나눌 수 있는 다리가 건설되고 세

계를 변화시키는 월드 체인저로 성장할 수 있게 되기를 바랍니다.

This is our website. www.theworldchanger.net

Thank you for reading it and look forward to your reply.

우리의 웹사이트 주소입니다. www.theworldchanger.net

끝까지 읽어 주셔서 감사드리며, 당신의 답장을 기다리고 있겠습니다.

Thank you again.

Best Regards, 000

다시 한번 감사합니다.

000로부터

협력 서한을 보내 봅시다

Hello, I found your website while I was surfing the net.

안녕하세요? 인터넷 서핑을 하다가 당신의 기관 웹사이트를 알게 되었습니다.

I'm 000 and Korean. I'm currently doing international

cooperation volunteer works in VANK. This is our website.

www.theworldchanger.net

저는 한국에 살고 있는 ○○○이라고 합니다. 반크의 국제협력 분야에서 자원

봉사활동을 하고 있습니다. 우리 웹사이트 주소예요. theworldchanger.net

We, VANK is founded in Korea and dedicate to developing

international cooperation projects which help Korean and

young leaders in the world have a chance to discuss and find

ways to solve crucial issues that should be solved for our

planet, including Climatic Change, Gap between the Rich and

Poor, Water Shortage, International Conflict, Women and

Children and Disease and Pollution.

반크는 한국의 젊은이들과 세계의 젊은 리더들이 현재 지구촌이 겪고 있는 중

대한 문제인 지구온난화, 빈부격차, 물 부족, 국제 분쟁, 여성과 아동 문제, 질병

과 오염 등에 대해 함께 토론하고 해결책을 고민할 기회를 가질 수 있도록 국

제 협력 프로젝트를 진행하는 한국의 국제협력 자원봉사 단체입니다.

I thought we can be a good partner to change the world

when we run co-operated projects after I found information

about your organization online.

Here's the list of projects which we're cooperating with

international organizations.

인터넷에서 귀 기관에 관한 정보를 발견하고, 협력 활동을 추진한다면 세상을

변화시킬만한 멋진 파트너가 될 수 있을 거란 생각이 들었습니다.

저희가 외국 기관과 추진하는 주요 협력 프로젝트는 다음과 같습니다.

1) Building a friendship between young people in the world through email exchange.

세계의 젊은이들이 이메일로 교류하며 우정을 나누는 프로젝트.

2) Establishing Classroom email exchanges network between classes in the world to solve crucial issues.

세계의 학급 간에 지구촌 문제 해결을 위한 이메일 교류 수업 네트워크 구축.

3) Sharing information of crucial issues, such as Climatic Change and Disease and Pollution.

지구온난화, 질병과 오염 같은 지구촌 문제에 대한 정보 공유.

4) Constructing resource network of Global Etiquettes, Travel, Culture, City and Nation.

글로벌 에티켓, 관광, 문화, 국가, 도시 정보에 대한 자료 구축.

5) Holding online-based Model UN for netziens and operating online forum website.

전 세계 네티즌들을 대상으로 사이버 모의 유엔 개최 및 온라인 포럼 운영.

If you have any related programs with ours, please don't hesitate to cooperate with us and contact to us. I'll be appreciated if you put the link or banner of our program in your website, after you visit our website. This is our website. www.theworldchanger.net

만약 우리와 함께 할 수 있는 협력 프로그램이 있다면 주저하지 말고 연락 주세요. 당신이 우리 반크의 홈페이지를 방문한 후 홈페이지나 우리가 추진하는 프로그램 배너를 링크시켜 준다면 정말 감사하겠습니다. 이것이 우리 웹사이트 주소입니다. theworldchanger.net

I believe young leaders in the world can build a one network through your helps and cooperation and this network will give the chance for young leaders to solve crucial issues which we're experiencing.

당신의 도움과 협조로 세계의 젊은이들이 하나의 네트워크를 형성하고 지금 우리가 겪고 있는 지구촌 문제를 해결해 나갈 수 있는 계기를 마련할 것입니다.

Thank you for reading this email, and look forward to your reply.

끝까지 읽어 주셔서 감사드리며, 당신의 답장을 기다리고 있겠습니다.

Thank you.

감사합니다.

04

꿈을
반짝이게 하는 건
열정과 노력

가슴 떨리는
'우리나라 소개서'를 준비하라

혹시 이 나라에 대해 알고 있나요?

36년간 다른 나라의 식민지였던 나라.

1950년대, 전쟁으로 폐허가 되었던 나라.

1950년대, 1인당 국민소득 50달러로 전 세계에서 가장 가난한 나라 중 하나였던 나라.

전쟁 당시 이 나라를 돕기 위해 미국에서 온 맥아더 장군은 다음과 같이 말했습니다.

"전쟁으로 폐허가 된 이 나라가 다시 원래의 모습을 되찾는 데 족히 100년은 걸릴 것이다."

영국의 한 신문사는 이 나라에 대해서 다음과 같이 평가했습니다.

"36년간의 식민통치에, 전쟁까지 치른 이 나라가 스스로 일어서기를 바라느니 쓰레기 더미에서 꽃이 피기를 바라는 편이 낫겠다."

이 나라에 대해서 알고 있나요?

1950년 전쟁 이후 반세기만에 국민소득 380배, 국내총생산(GDP) 750배로 성장한 세계에서 유일한 나라입니다.

1960년대, 최빈곤국 자격으로 국제사회의 지원을 받았던 이 나라가 1996년에는 경제협력개발기구(OECD)의 회원국이 되었습니다.

2010년대, 이 나라는 1인당 국민소득이 2만 달러를 넘어 세계 10위의 경제대국으로 성장했습니다.

이 나라는 철강과 반도체, 자동차, 조선, 그리고 핸드폰 제조 등에서 세계 최고의 반열에 오른 신흥국가입니다.

이 나라는 2009년 11월 25일 경제협력개발기구(OECD)의 개발원조위원회(DAC)에 24번째 회원국으로 가입해 2010년 1월 1일부터 정식 활동을 하고 있습니다. 개발원조위원회는 아프리카와 아시아 등 원조를 필요로 하는 나라를 돕는 선진국들로 구성되어 있습니다.

OECD가 출범한 1960년대 이후, 이 나라는 '원조를 받는 나라'에서 '원조를 주는 나라'로 바뀐 유일한 나라가 되었습니다.

이 나라는 제2차 세계대전 후 독립한 140여 국가 중 민주화와 산업화를 동시에 이룬 유일한 나라입니다. 1960년대, 아프리카 가나와 같은 경제 수준이었던 이 나라는 불과 60년 만에 원조가 필요한 나라를 도울 수 있는 선진국으로 성장했습니다. 현재 이 나라는 미국과 일본에 이어 세계 3위의 해외 자원봉사자 파견 국가입니다.

이 나라에 대해서 알고 있나요?

2007년, 세계 최고의 명성을 자랑하는 금융 투자 기관인 골드만삭스는 다음과 같이 전망했습니다.

"2007년, 이 나라의 경제 규모는 GDP 8,140억 달러로 세계 11위를 기록할 것이다. 그리고 2025년에는 세계 9위의 강국으로 부상할 것이다. 더 나아가 2050년에는 1인당 GDP 8만1,000달러를 기록, 일본과 독일 같은 경쟁국들을 따돌리고 미국에 이어 세계 2위로 올라설 것이다."

이 나라의 이름은 '대한민국'입니다.

해외에서 만난 외국인들의 상당수는 50년 전 전쟁으로 폐허가 되었던 나라가 불과 반세기만에 세계 10대 경제 대국으로 성장했다는 사실에 놀라움을 금치 못했다. 실제로 미국과 유럽 등 해외 주요 도시의 호텔에 설치된 텔레비전 대부분이 한국산이었으며 그들이 가장 선호하는 휴대전화 역시 한국 브랜드였다. 하지만 안타깝게도 외국인들은 자신이 그토록 선호하는 전자 제품이 한국에서 만들어졌다는 것을 모르는 경우가 더 많았다. 한국의 회사들이 해외로 제품을 수출하면서 그 제품이 한국에서 만들어졌다는 사실을 일부러 숨기기 때문이다. 이른바 코리아 디스카운트 현상, 한국산 제품이라는 것을 외국의 소비자들이 알게 되면 브랜드 가치가 떨어지기 때문이란다. 제품 판매를 우선시하는 회사의 입장을 이해하지 못하는 것은 아니나 한국의 국가 브랜드가 저평가되어 그것이 제품의 가치까지 떨어트린다는 것은 한국인의 입장에서 실로 안타

250

까운 일이다.

세계인들은 한국의 5,000년 유구한 역사보다 한국이 50년 만에 세계 10대 경제대국으로 성장한 사실을 높이 평가한다. 그래서 나는 한국을 소개할 기회가 있을 때마다 한국의 경제 발전 스토리를 감동적으로 엮은, 앞서 소개한 글을 낭송하며 한국을 알리곤 했다. 여러분도 세계인에게 가장 감동적으로 한국을 소개할 만한 방법이 무엇인지 생각해 보고 기회가 있을 때 비장의 무기로 활용해 보자. 우리의 작은 노력들이 모여 언젠가 한국의 국가 브랜드 가치가 제대로 평가받고, 한국의 수많은 기업들이 자발적 커밍아웃을 통해 한국의 브랜드임을 적극적으로 홍보할 수 있는 날이 오기를 간절히 희망한다.

글로벌 이슈 세미나에서

미국에서 만난 전 세계 글로벌 리더 30명과 함께 글로벌 이슈에 관한 세미나에 참석했을 때의 일이다. 오전 일정을 마치고, 평소 내가 자랑하던 한국 음식의 맛과 매력에 호기심을 가지게 된 외국인들이 '오늘 점심은 한식으로 하자'고 제안했다. 외국의 글로벌 리더들에게 한식을 직접 맛보게 할 수 있는 중요한 기회를 얻게 된 것에 너무 신이 난 나는 바로 호텔 직원에게 달려가 근처에 한식당이 있는지 물어보았다. 그런데 호텔 직원은 몹시 난처한 표정으로 그 근처에는 한식당이 없지만 꼭 한식을 먹고 싶다면 근처 일식당에 가보라고 권했다. 메뉴 중 한식이 포함되어 있을 것이라는 말이었다.

하는 수 없이 나는 호텔 근처 일식당에서 메뉴판 속 수많은 일본 메뉴 중 맨 아래에 조그맣게 표시된 한국 음식을 찾아 글로벌 리더들에게 권해야 했다. 식사를 하는 도중 한 외국인이 '한국 음식을 맛보고 싶어도 우리나라에 한식당이 많지 않아 접할 기회가 없다'며 아쉬워했다. 사실 전 세계에 어느 나라, 어느 도시를 가더라도 일본 음식점과 중국 음식점이 없는 곳은 많지 않다. 미국의 작은 산골 마을을 방문했을 때도 일식당은 쉽게 찾을 수 있었다. 외국인들에게 아무리 한국 음식을 홍보해도 한국 음식을 체험하거나 한국 문화를 배울 수 있는 곳이 없으면 그들의 호기심은 오래지 않아 사그라들 것이다. 하지만 그보다 더 절망스러운 것은 한국 음식이 일본 식당의 메뉴판에 끼어 세계인들에게 일본 음식으로 기억되는 것이다.

어디 한국 음식뿐일까? 최근 몇 해 동안 내가 방문한 나라들의 호텔에 설치된 텔레비전 대부분이 놀랍게도 한국 브랜드 제품이었다. 실제로 한국의 '삼성'과 '엘지'의 미국과 유럽 시장 점유율은 세계 최고 수준이다. 그런데 이들 브랜드가 외국인들에게는 한국 제품이 아닌 일본 제품으로 인식된다면 믿을 수 있겠는가? 대한무역투자진흥공사(KOTRA)가 발표한 '2009년도 국가브랜드 맵 조사'에 따르면 미주 지역 사람들의 42퍼센트, 유럽 사람들의 27.2퍼센트가 삼성을 일본 기업으로 알고 있다고 답했다. 내가 자문위원으로 활동하고 있는 국가브랜드 위원회에서 미국 대학생 1,000명을 대상으로 조사한 결과 답변자의 60퍼센트 이상이 삼성을 일본 브랜드라고 알고 있었다.

한국의 가치를 높이는 방법

국민들 입장에서는 당연히 기업 스스로 자신들이 한국 기업임을 당당히 밝혀야 한국의 국가 브랜드 가치가 혁신적으로 높아질 것 같다. 하지만 이들 기업이 제품을 만든 주체가 한국 기업이라는 것을 굳이 밝히지 않는 데는 그만한 이유가 있다. 해외 소비자들이 자신이 구입한 물건이 한국산이라는 사실을 알게 되는 순간 가격이 30퍼센트 이상 다운될 수 있기 때문이다. '코리아 디스카운트', 즉 한국의 낮은 국가 브랜드 이미지로 인해 한국산 제품이 제 값을 받지 못한다는 것이다.

대한무역투자진흥공사의 보고서에 따르면 해외 비즈니스맨들을 대상으로 '한국에서 만든 A 상품의 가격이 100달러라고 가정하고 같은 제품을 다른 나라에서 만들었다면 얼마를 지불할 용의가 있느냐'는 질문을 던졌을 때 독일 상품은 평균 149.4달러, 일본 상품은 139.1달러, 미국 상품은 135.6달러라고 답했다고 한다. 동일 제품이라 해도 독일과 미국, 일본에서 생산된 제품이 한국에서 생산된 제품보다 믿을 수 있는 좋은 제품이라고 생각해서 1.5배 높은 값을 지불할 수 있다는 이야기다. 이런 이유 때문에 전문가들은 '코리아 디스카운트'의 5퍼센트만 줄여도 국내 10대 기업의 영업 이익과 맞먹는 이익이 발생한다고 말한다.

한국을 홍보하고 그 가치를 높여가는 노력이 지금처럼 산발적인 방법에만 의존한다면 한국 청년들의 열정과 노력에 의해 지금 막 시작된 외국인들의 관심도 신기루처럼 우리 눈앞에서 사라져 버릴 것이다. 한국의 국가 브랜드 가치를 위해 필요한 것은 보다 체계적이고 조직적인 시스템이다. 그 시스템을 준비하고 실천해야 할 주인공 역시 이 시대를 살아가는 한국의 청년들이다. 이는 대한민국이 이 시대 청년들에게 부여한 시대적 소명이다.

왠지 끌리는
매력적인 이미지를 만들자

2010년 10월, 국정감사에서 당시 한나라당의 홍정욱 의원은 미국에서만 회당 1,000만 명 이상이 시청하고 또 세계 각국으로 방영되어 수억 명이 보는 인기 있는 미국 드라마에 한국이 어떤 이미지로 소개되는지를 발표했다. 한마디로 미국 드라마 속 한국은 정치·경제·사회·문화적으로 심각하게 왜곡되어 있다. 〈24〉라는 미국의 유명 탐정 드라마에서는 한국을 가혹한 고문을 자행하는 나라로 소개한다. 한국에서도 방영되고 있는, 전 세계적으로 선풍적인 인기를 끌고 있는 수사 드라마 〈CSI〉에서는 그 양태가 더욱 심각하다. 미국 내 한인타운이 배경인 한 에피소드에서는 '북한 노동당에 충성한다'는 내용이 담긴 북한 가요 〈내 이름 묻지 마세요〉가 연주되고 있었다. 한국과 북한조차 제대로 구별하지 못하는 세계인들에게 한국의 정치 상황을 심각하

게 왜곡시켜 전달한 것이다. 전 세계에 방영된 인기 첩보 드라마 〈전격Z
작전〉이나 〈앨리어스〉에서도 북한은 항상 세계 평화를 위협하는 최악의
무기 밀매 집단으로 표현된다.

한국인 배우 김윤진 씨가 출연해 국내에서도 인기를 끌었던 유명 드
라마 〈로스트〉에서는 한국이 경제적으로 매우 궁핍한 것으로 소개된다.
'한강대교'라고 적힌 푯말이 세워진 낡은 다리가 등장하는가 하면 다리
아래 흐르는 실개천이 한강인양 묘사된다. 더욱 기가 막힌 것은 경남 남
해라고 소개된 지역에는 돛단배가 떠다니고 배에는 베트남 전통 모자를
쓴 어부가 등장한다. 문화적으로도 한국의 전통 문화는 간곳없고 마치
한국 문화가 중국과 일본 문화의 일부인양 소개된다. 주인공인 김윤진
씨의 배역이 한국인인 관계로 한국과 관련된 내용이 자주 등장하지만
도저히 소주잔이라고 보기 어려운 이상한 잔이 소주잔인양 등장하고, 가
옥과 절 같은 전통 건축물들도 한국의 건축양식과는 거리가 먼 중국식,
혹은 일본과 동남아식을 혼합한 형태로 묘사된다.

세계적으로 왜곡된 한국의 이미지

세계적으로 인기를 끌고 있는 미국 드라마에서만 한국의 이미지를 왜곡
하는 것이 아니다. 할리우드 영화에서는 '전 세계의 적은 북한'이라는 공
식이 절대 진리인 것처럼 묘사된다. 최근 수년간 국제 안보, 첩보, 테러
를 주제로 한 할리우드 영화들만 살펴보더라도 북한은 언제나 '세계 평
화를 위협하는 주적', '인류의 적'으로 묘사되고 있다. 2010년 8월 7일자

동아일보 기사에 따르면 할리우드 영화에서 1940~1950년대에는 나치 독일을, 1960~1980년대에는 소련을, 1990년대에는 외계인을, 그리고 현재는 북한을 공공의 적으로 소개하고 있다는 것이다. 더욱이 과거 이라크나 외계인 등이 세계의 주적으로 묘사되었을 때만 해도 세계의 경찰을 자임하는 미국에게도 문제가 있다는 뉘앙스가 포함되어 있었지만 북한의 경우에는 어떤 타협의 여지도 없는 절대 악으로 소개되어 더욱 치명적이다.

구체적인 예로 할리우드 스타 안젤리나 졸리가 미녀 첩보원으로 등장하는 영화 〈솔트〉에서 졸리는 북한의 핵무기를 파괴하러 잠입했다가 북한군에게 붙잡혀 고문을 받게 된다. 졸리가 북한군 병사에게 폭행을 당하는 장면의 배경에는 '자주 통일'이란 한글이 등장했다. 2010년에 개봉해 전 세계적으로 선풍적인 인기를 끈 〈아이언 맨 2〉에서는 북한이 세계 정복을 위해 특수무기를 개발하려다 실패하는 멍청하고 바보스런 국가로 묘사되었다. 그보다 앞서 2006년에 상영된 〈에너미 라인스 2〉에서는 북한의 핵미사일 기지가 등장, 북한이 세계 테러의 본산으로 묘사되었으며 2007년, 전 세계인들에게 로봇 신드롬을 일으킨 〈트랜스 포머〉에서는 외계 로봇들에게 미군 기지가 공격당하자 '이런 짓을 할 나라는 북한'이라며 적대적인 모습을 보이는 미국 관리가 등장한다. 2002년에 영화화된 〈007 어나더데이〉에서는 무기 밀매를 벌이는 북한 장교들이 주인공인 제임스 본드를 위협하는 '절대 악'으로 등장했다.

만화영화에서도 상황은 마찬가지이다. 2005년 〈팀 아메리카 : 세계경찰〉이란 애니메이션에서는 전 세계 테러집단의 수장인 북한의 김정일을 '왜 이렇게 다들 무식하지? 나처럼 지적이지 못하고'라고 중얼거리며 노래하는 나르시시즘 환자로 비꼬았다.

한국과는 다른 중국·일본의 세계 속 이미지

한국을 잘못 소개하거나 북한을 지구촌 평화를 위협하는 주적으로 단정 짓는 것과는 달리 미국의 드라마나 영화에 등장하는 일본과 중국의 모습은 매우 호의적이다. 할리우드 최고의 스타로 불리는 톰 크루즈가 주연한 〈라스트 사무라이〉는 일본의 사무라이 정신과 문화를 흠모하게 된 미국인의 심리를 탁월하게 묘사해 일본 남성의 강인한 정신과 일본 문화의 정통성을 세계에 홍보하는 전도사 역할을 톡톡히 했다. 세계적인 영화감독 스티븐 스필버그가 제작한 〈게이샤의 추억〉 역시 순수한 사랑을 추구한 격동기 일본 기생의 삶을 드라마틱하게 보여 주어 기모노와 일본 춤 등 일본 전통 문화의 매력을 세계인에게 알리는 데 크게 기여했다.

미국으로 향하는 비행기 안에서 보았던 최신 할리우드 영화에서는 가난한 흑인 여성들이 모여 '어서 성공해서 돈을 많이 벌고 근사한 일식집에서 일본 음식을 먹고 싶다'라는 이야기를 주고받았다. 마치 '일본 음식은 미국에서 성공한 사람들이 먹는 고급 음식'이란 정의가 내려진 듯했다. 이렇게 전 세계적으로 수억 명이 시청하는 할리우드 영화나 드라마를 통해 알려진 일본 문화는 세계인들에게 일본을 더 알고 싶고, 더 배우고 싶고, 나아가 일본인들과 친구가 되고 싶은 매력으로 이어진다.

아이러니하게도 미국인들은 수십 년 전까지만 해도 날 생선을 먹는 일본 사람들을 야만인이라고 비하하며 '일본인은 돈만 밝히는 경제 동물'이라고 평가했었다. 그런데 불과 몇 십 년 만에 일본 음식은 성공한 사람들이 먹는 상류층의 고급 음식으로, 일본 문화는 아시아를 대표하는 문화양식으로, 일본 사람들은 정직하고 친절한 국민으로 완전히 뒤바뀐 것이다. 일본 음식과 일본 사람들에 대한 이미지가 이렇듯 달라진 것은 일본 문화를 알리려는 일본 정부의 보이지 않는 노력과 기업, 그리고 국민들의 자발적인 홍보 덕분임은 두말할 나위가 없을 것이다.

'일본해' '중국의 속국', 왜 왜곡하는 걸까?

안녕하세요. 중국에서 국제학교를 다니고 있는 여학생입니다.

국제학교를 다니면서 많은 외국인 친구들을 만나게 되었는데 그 친구들이 한국에 대해 몰라도 너무 모른다는 생각이 들었어요. 언젠가 한국사를 전공하고 싶다고 말했더니 외국인 친구가 이렇게 말하더군요.

"한국 역사? 배울 게 뭐가 있어? 중국 역사의 일부였다가, 일본 식민 통치 아래 있었다가 한국이 세워진 거, 그게 다잖아."

순간 너무 기분이 나빠서 "Nooooooooo!" 하고 외쳤죠. 그게 아니라고 안 되는 영어로 떠듬떠듬 열심히 설명하긴 했지만 잘 이해를 못하더군요. 이미 세계사 교과서에서 넉 다운된 한국 역사를 다시 일으킬 수도 없고.

더 속상한 건 외국에서 오래 살다 온 한국 아이들의 태도였어요. 우리나라에 대한 정보가 왜곡된 게 자기들과는 아무런 상관없다는 듯이 말하더군요. 민족주의, 국수주의에 사로잡혀 국제화를 놓치네 어쩌네 이런 소리나 하는 통에 몹시 슬펐습니다.

이런 사연과 제보를 담은 유학생들의 편지만도 반크 홈페이지에 7,000여 건이 넘는다. 나는 이것을 역사 전쟁, 즉 세계관 전쟁이라 부르고 싶다. 반크는 설립 이래 중국과 일본의 역사 왜곡에 맞서 치열한 전쟁을 계속하고 있다. '동북공정'이란 이름으로 전개되는 중국과의 전쟁은 과거 한국이 중국의 속국이었는지 독립국이었는지를 두고, 일본과의 전쟁은 한국과 일본 사이에 있는 바다 이름이 '동해'인지 '일본해'인지를 두고 벌어지고 있다.

더욱 안타까운 것은 우리나라 역사에 대한 왜곡이 비단 중국과 일본에 의해서만 자행되는 것이 아니라는 사실이다. 유럽과 미국, 아시아의 수많은 나라들이 우리나라의 역사를 '피침의 역사', '속국의 역사'로 규정하고 한국은 긴 세월 동안 주체성을 가진 독립국이 아닌 중국의 속국이었으며, 청일전쟁 이후에는 일본의 지배를 받은 식민국이었던 것으로 인식하고 있다.

유럽이나 미국의 학교에서 가르치는 아시아 역사의 중심은 중국과 일본이다. 교과서뿐만 아니라 다른 학습 참고 자료에도 중국이나 일본의 역사만을 비중 있게 다룰 뿐 우리나라는 중국의 한 시대를 소개할 때 잠시 언급하는 정도에 그친다. 더욱 큰 문제는 잠깐 소개되는 우리나라의 역사마저 중국과 일본에서 제공하는 자료를 근거로 하고 있다는 점이다. 때문에 최근에는 일본학자들로부터도 외면 받는 '임나일본부설(고대 한국의 남부 지역이 일본의 식민지였다는 주장)'을 채택한 경우까지 있다.

우리나라가 중국의 식민지였다니

우리나라의 수능 교재에 해당하는 미국의 'SAT 2' 세계사 온·오프라인 교육 자료에는 우리나라가 중국의 속국이었다는 뉘앙스의 글이 곳곳에 서술되어 있다. 더욱 기가 막힌 것은 미국에서 광범위하게 사용하는 교과서인 홀트 리네하트 윈스턴(holt rinehart Winston) 출판사의 세계사 분야에 수록된 부분이다. 그 교과서는 고구려는 물론 고려, 조선 등이 모두 중국의 식민지였던 것처럼 기술하며 '중국의 한국 통치는 한국의 문화에 어떤 영향을 끼쳤는가'라는 질문까지 던진다. '한국과 일본 사이의 바다 이름은 무엇인가'라는 시험 문제의 답을 '일본해'라고 표기한 교과서도 있다. 문제는 이들 교과서가 발행된 지 이미 수십 년이 지났고 결국 일반인은 물론 전 세계 역사학자들도 잘못된 교과서를 통해 한국의 역사를 배웠다는 이야기다.

중국과 일본이 역사를 왜곡하며 한국과의 역사 전쟁에서 승리를 큰 소리로 장담하는 것은 이처럼 세계에 우리나라의 역사가 잘못 알려져 있기 때문이기도 하다. 중국이 우리나라 고구려를 중국의 것으로 조작하려는 동북공정 사업을 벌일 수 있는 것도, 일본이 일본해와 독도의 영유권을 주장할 수 있는 것도 모두 이와 같은 맥락에서 해석할 수 있다. 상황이 이렇게 된 데에는 우리의 책임도 크다. 하지만 그보다 외국인들의 눈에 중국과 일본의 국력이 더 크고 역사적 탐구 가치도 상대적으로 높아 보일 수 있기 때문이기도 하다. 일본은 경제대국이라서, 중국은 4대 문명의 발상지이기 때문에 그 역사적 가치까지 높은 점수를 받고 있다.

중국과 일본의 입장에서는 전 세계의 교과서, 논문집, 세계지도 등이 모두 중국의 동북공정과 세계지도상의 일본해 대세론을 지지하고 있는 상황인지라 한국과의 역사전쟁이 세계에 알려진다 해도 무서울 게 없다. 오히려 그들은 한국이 역사를 왜곡하며 생떼를 쓴다고 주장할 것이다. 심지어 한국을 세계사에서 다시 한번 소외시키고자 국제 여론을 조장할 수도 있다.

역사 왜곡에 대처하는 우리의 자세

가장 큰 문제는 우리나라의 역사가 왜곡된 것이 어제 오늘의 일도 아니고, 이러한 사실들이 이슈가 될 때마다 한국인들의 관심이 폭발적이긴 했지만 그 관심은 그저 단기적이었다는 사실이다. 이제 무엇보다 이를 단기적 이슈가 아닌 장기적으로 해결해야 할 과제로, 단순한 관심에 그치는 것이 아니라 구체적인 실천으로 실행에 옮길 수 있는 한국 사람들의 의식 전환이 필요하다.

중국과 일본의 역사 왜곡을 다른 나라에 알릴 때 가장 고려해야 할 중요한 것은 그들이 우리의 주장을 어떻게 받아들일까 하는 것이다. 외국인들이 한국의 왜곡된 정보를 진실로 알고 있다고 비분강개할 일이 아니라 우리 스스로가 정부나 학계의 노력에만 의지했던 습관에서 벗어나야 한다. 분노에 찬 시위나 단발성 캠페인만으론 수십 년에 걸쳐 형성된 외국인들의 왜곡된 역사관을 바로 잡을 수 없다. 그들의 행태가 나치즘과 같은 전체주의의 또 다른 모습임을 인식시키고 그것이 아시아의 평화와 균형을 무너뜨릴 수도 있다는 점을 전 세계에 더 깊숙이, 더 세밀하게, 더 조직적으로 홍보해 나가야 한다. 전 세계를 대상으로 비즈니스를 하고 있는 경제대국 일본이나 중국이 가장 두려워하는 것 역시 국제 여론이기 때문이다. 그들 스스로도 자신들이 저지르고 있는 역사 왜곡이 국익에 위배된다고 판단된다면 절대로 이런 일을 저지르지 않을 것이다.

외국 교과서에 한국이 중국의 속국이라고, 세계지도에 '동해'가 '일본해'라고 표기된 것보다 더 큰 문제는 한국에 대한 소개가 극히 미미하다는 것이다. 따라서 우리는 지금의 역사 전쟁을 한국을 세계에 바로 알릴 수 있는 절호의 기회로 활용해야 한다. 중국의 동북공정 밑바탕에 깔린 군사·정치적인 야욕과 우리나라가 일본에 강제 점령당하면서 함께 강탈당했던 '동해'의 명칭을 알려 나간다면 분명 외국인들의 관심과 지지를 얻을 수 있을 것이다. 왜곡된 현상보다는 왜곡이 발생하게 된 본질적인 이유를 통해 문제에 접근한다면 보다 적극적으로 전 세계 외국인들에게 한국을 알릴 수 있을 것이고 한국에 대한 그들의 자발적인 관심과 사랑을 이끌어 낼 수 있을 것이다. 이는 장기적으로 한국의 역사를 외국 교과서에 반영시키는 계기가 될 것이다.

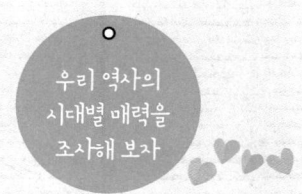

우리 역사의
시대별 매력을
조사해 보자

시 기	매력 포인트
고조선	
고구려	
백 제	
신 라	
가 야	

발 해	
고 려	
조 선	
일제강점기	
1945~2000	
2000~현재	

우리들의
찬란하게 반짝이는
이야기를 들려줘라

2010년 8월, 미국 전 지역에서 1억 명 이상이
시청하는 방송을 통해 한국 스포츠 영웅들의 감동 스토리가 전해졌다.
〈한국 스포츠의 탁월함(South Korea: Focused on Excellence)〉이란 다큐멘
터리 형태의 이 프로그램은 1936년 일제강점기에 태극기 대신 일본의
국기인 일장기를 가슴에 달고 올림픽 금메달을 수상한 뒤 시상식장에서
얼굴을 들지 못했던 마라톤 영웅 손기정의 이야기를 시작으로 2010년
벤쿠버 동계 올림픽 피겨 여왕인 김연아, 한국의 대표적인 축구 영웅 박
지성, 야구의 박찬호, 골프의 박세리 등 국제무대에서 한국을 빛낸 10여
명의 세계적인 스포츠 영웅들을 소개했다.

이 프로그램의 기획 의도는 스포츠에 열광하고, 어려운 환경 속에서
희망을 만들어 내는 영웅들의 감동적인 이야기를 좋아하는 미국인들에

게 나라의 주권이 없어 서러움을 당했던 한국인들이 불과 70년 만에 세계 스포츠 역사를 다시 쓰게 만든 스포츠 강국으로 변하게 된 이야기를 감동적으로 그려 세계인들에게 스포츠를 향한 한국인의 열정과 세계를 변화시키고자 하는 한국인의 노력을 보여 주는 것이었다.

한국의 스포츠 영웅 이야기로 미국인들의 가슴에 감동을 심어 준 이 프로그램이 완성되기까지는 재미동포 조현준 씨가 미국인들의 정서를 전략적으로 분석한 기획력이 가장 큰 공을 차지한다. 그는 최근 신문 인터뷰에서 세계인들에게 감동을 주는 한국 스포츠 영웅들의 이야기를 한국 홍보 소재로 사용하지 않는 것은 큰 손해라고 생각했고, 이런 취지로 방송 프로그램을 기획하게 되었다고 밝혔다. 이 프로그램의 감독을 맡은 잘버트 감독은 인터뷰에서 세계인들은 감동적인 휴먼 스토리에 관심이 있으며 한국에 대한 사전 지식이 있든 없든 어려움을 딛고 일어선 한국인들의 성공 이야기는 미국 시청자들에게 큰 감동을 줄 것이라고 말했다.

5,000년 역사 속 감동 이야기들

5,000년 한국의 역사 속에는 오늘날 60억 세계인들을 감동시킨 한국의 스포츠 영웅 이야기처럼 수많은 감동적인 이야기들이 숨어 있다. 조선시대 이순신 장군 이야기는 장소와 환경, 시대를 탓하며 꿈을 포기한 전 세계의 젊은이들에게 롤모델이 될 수 있으며, 글을 읽지 못한 백성들의 무지를 안타깝게 여겨 인류 최초로 문자를 개발한 세종대왕의 이야기 또한 노예를 해방시켜 세계인에게 감동을 준 미국의 링컨 대통령 이상으

로 더 큰 감동을 줄 수 있을 것이다. 천민 신분이었음에도 시대를 대표하는 과학자가 된 장영실의 이야기도 마찬가지이다.

하지만 안타깝게도 우리는 그동안 한국 역사 속 감동적인 이야기를 세계에 알리는 데 힘을 싣지 못했다. 외국 세계사 교과서에서 한국 역사를 소개할 때 가장 상징적으로 사용되는 단어가 '은둔의 왕국'이다. 18세기 조선시대 말에 강경한 쇄국정책을 사용한 것을 한국이 역사 전반에 걸쳐 외국을 적대시한 것으로 해석하여 '은둔의 왕국'으로 규정한 것이다.

하지만 아직 세계인들에게 알려지지 않는 것이 있다. 600년 전 조선시대 초 동서양을 막론하고 세계에서 가장 정확하고 우수한 세계지도를 발간한 나라가 바로 우리였다. 이 세계 지도의 이름은 '혼일강리역대국도지로'로 1402년 조선 건국 초기, 국가의 지원 아래 만든 것이었다. 이 지도가 2009년 일본에서 복원되자 세계학자와 외신들은 모두 이 지도가 현존하는 아시아 최고의 세계지도이며 15세기 당시 세계에서 가장 훌륭한 세계지도였다며 감탄했다.

한국이 세계에서 가장 오래되고 우수한 지도를 제작한 것도 중요하지만 그보다 우리가 주목해야 할 것은 그 세계지도에 담긴 당시 한국인들의 꿈이다. 지도에 그려진 한국의 영토는 중국과 맞먹을 정도로 거대하여 당시 중국에 당당했던 조선인들의 자주의식을 한눈에 표현했다. 또한 유럽과 아프리카까지 상세하게 소개해 이미 한국인들이 지구촌을 가슴에 품고 있었음을 느끼게 한다. 조선 초기 한국인들의 가슴속에는 벌써부터 아시아가, 지구촌이 들어 있었던 것이다. 그들은 세계 어느 나라보다 먼저 세계를 향해 나아가려는 꿈을 품었다. 이 세계지도가 발간되고 50년 후 조선 4대 왕인 세종대왕은 조선을 아시아의 르네상스라 칭할 정도로 정치, 경제, 사회, 문화 전반에 걸쳐 아시아 전역에 영향을 끼칠 수 있는 나라로 발전시켰다.

5,000년 한국 역사 속에는 시대별로 세계인에게 감동을 줄 수 있는 매력이 숨어 있다. 한국의 청년들은 5,000년 한국 역사의 세계사적 의의를 생각하고, 21세기 대한민국이 세계사에 어떻게 기록될지를 생각해야 할 것이다.

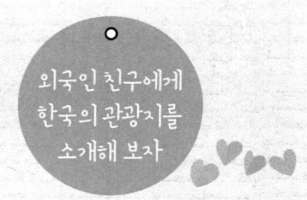

외국인 친구에게
한국의 관광지를
소개해 보자

1. 세계인에게 감동을 줄 수 있는 한국의 이야기를 기획해 보자

한국의 인물, 경제, 한국에서 생산한 제품, 드라마, 영화, 음식 등 무엇이든 세계 각국에서 큰 호응을 받고 있는 것이 무엇인지 조사해 보고 그 원인을 알아보자. 반대로 현재 한국에서 한국인에게 큰 호응을 얻고 있는 외국 문화를 조사해 보는 것도 도움이 된다. 그런 다음 그 소재를 활용해 세계인에게 감동을 주는 한국의 이야기를 기획해 보자.

1. 한국을 홍보하고 싶은 대상 국가를 선정하고 현재 그 나라 사람들의 주요 관심사가 무엇인지 조사해 보자.

2. 한국의 문화, 역사, 경제, 사상, 인물 중 ①에서 조사한 나라의 관심사와 부합되는 것이 무엇인지 생각해 보자.

3. 외국인들의 관심사와 문화적 특성, 동향에 맞추어 한국을 홍보할 기획서를 작성해 보자.

4. 작성된 기획서를 바탕으로 외국인들에게 감동을 줄 수 있는 방송 다큐멘터리, 신문 기사, 한국인 인터뷰, 이벤트, UCC 등을 기획해 보자.

5. 작성된 기획서를 해외 방송국과 신문사에 제의하거나 직접 이야기를 구상해 블로그 혹은 UCC 동영상으로 제작해 보자.

2. 세계에 소개할 한국의 지역별 관광자원을 조사해 보자

지 역	관광 자원
서울	
인천	
경기	
경남	
경북	
광주	
대구	
대전	
부산	
울산	
전남	
전북	
제주	

충남	
충북	

외국 친구들에게 소개할 한국의 대표 관광지

아래는 반크의 이정애 수석연구원이 작성한 한국의 대표 관광지 영문 소개서이다. 내용은 한국관광공사의 감수를 거쳤다.

마니산 Mt. Manisan

서해의 강화도에 있는 해발 469미터의 산으로 수많은 유적을 가지고 있다. 그 가운데 가장 유명한 유적은 돌로 만들어진 제단인 참성단이다. 참성단은 한국의 첫 번째 왕국인 고조선(BC 2333~108)을 세운 단군왕검이 하늘에 제사를 지내던 곳이라고 한다.

Mt. Manisan, 469m high, of Ganghwado Island in West Sea has a large numbers of cultural relics. The most well-known relic is Chamseongdan, a stone altar. It is said that Dangun Wanggeom, the founder of Gojoseon(2333~108 BC), the first kingdom of Korea, held sacrificial rites to heaven here.

창덕궁 Changdeokgung Palace

조선왕조의 왕궁 중 하나이다. 잘 보존된 건물들, 다양한 정자, 그리고 비원(秘苑)으로 불리는 내전 뒤쪽의 아름다운 정원으로 잘 알려져 있다. 1997년에 유네스코의 세계문화유산으로 등록되었다.

Changdeokgung is one of the palaces of the Joseon Dynasty (1392~1910). It is famous for its well-preserved buildings, varied pavilions, and beautiful rear garden called Biwon(Secret Garden). Changdeokgung was included on the UNESCO's World Heritage List in 1997.

화성 Hwaseong Fortress

18세기 조선왕조의 정조가 통치하던 시절에 세워진 요새이다. 과학적인 건축 방법과 함께 문화유산으로서 높이 평가받고 있다. 또한 주변의 현대적 풍경과도 매우 잘 어울린다.

Hwaseong is a fortress that was constructed in the 18th century during the reign of King Jeongjo(1752~1800) of the Joseon Dynasty(1392~1910). With its scientific method of construction, Hwaseong is highly valued as a cultural heritage and seems to harmonize well with its modern surroundings.

남이섬 Namiseom Island

서울과 근접해 있으며 자연풍광이 아름다워 많은 여행객들이 즐겨 찾는다. 메타스퀘어길, 은행나무길, 백송길 같은 장소들이 특히 유명하다. 또 한국의 인기 드라마 〈겨울연가〉의 촬영 장소로도 유명하다. 한국뿐 아니라 세계 여행객들에게 널리 알려져 있다.

274

Namiseom Island is known to many tourists due to its proximity to Seoul and its beautiful natural scenery. Places such as Metasequoia Lane, Ginko Tree Lane, White Pine Tree Lane, are popular spots on the island. Namiseom Island is the place where Winter Sonata, one of the most famous Korean dramas, was filmed. The island is an extremely popular destination among international tourists.

내린천 Naerincheon Stream

강원도 인제군에 위치해 있다. 강원도는 청정한 내린천을 포함해 아름다운 자연 환경으로 잘 알려져 있다. 특히 내린천은 대표적인 래프팅 장소이며, 여름에는 래프팅을 하려는 관광객들로 붐빈다.

Naerincheon Stream is located in Injegun, Gangwon-do Province. Gangwondo is known for its beautiful, natural features such as the pristine Naerincheon Stream. Naerinchseon Stream is a representative rafting site that is full of tourists during the summer.

경포대 Gyeongpodae Beach

동해는 물이 맑아 한국인들이 여름 휴가 때 즐겨 찾는다. 경포대는 동해에서 가장 유명한 해수욕장이다. 강릉 시내와 가까울 뿐만 아니라, 길게 늘어지는 모래사장이 멋있어 여름이면 수많은 방문객들로 붐빈다.

The East Sea, with its clear water, is one of the summer resorts where Korean people love to go. GyeongpodaeBeach is the most popular beach along the East Sea. Since it is close to downtown Gangneung and has a long sandy beach, it is crowded with many visitors in the summer.

부석사 Buseoksa Temple

유명한 불교 사찰 중 하나로 신라시대에 왕의 명령으로 의상 스님(625~702)이 지었다고 알려져 있다. 무량수전은 한국에 남아 있는 고대 목조 건축물 중 하나로, 국보 제18호로 지정되었다. 사찰에서 보이는 전경은 놀랍도록 아름답다.

Buseoksa, one of the most famous Buddhist temples, was built by Priest Uisang(625~702) after he received orders from the King during the Silla Kingdom(57 BC~935). Muryangsujeon, the main hall, has been designated as the 18th national treasure and is one of the oldest known wooden buildings in Korea. The view from the temple is simply breathtaking.

주산지 Jusanji Pond

조선 시대 1721년에 농업용으로 만들어진 저수지이다. 뿌리가 부분적으로 물에 잠긴 스무 그루가 넘는 야생 버드나무들이 신비로운 아름다움을 전한다. 관광객들은 물론 사진가들이 즐겨 찾는 장소로 유명하다.

Jusanji is a pond that was made in 1721 during the Joseon Dynasty (1392~1910) for agricultural purposes. More than twenty wild willow trees, the roots of which are partially submerged in the water,

276

give the pond a sort of mystical beauty. The place is popular among tourists and photographers.

하회마을 Hahoe Village

조선 시대의 전통과 복장이 잘 보존되어 있는 한국 전통 마을이다. 2010년 7월에는 경주의 양동마을과 함께 유네스코문화유산으로 지정되기도 했다. 또 〈하회 별신굿 탈놀이〉의 탄생지로 유명하다.

Hahoe Village is a Korean folk village, where the customs and traditions of the Joseon Dynasty(1392~1910) have been well preserved. In July 2010, Hahoe Village, along with Yangdong Village in Gyeongju, was registered as a UNESCO World Heritage. Hahoe Village is also well known as the birthplace of the Hahoe Byeolsingut Mask Dance Drama.

수안보 온천 Suanbo Hot Spring

한국 첫 번째 자연 온천이다. 수안보 온천의 시작은 조선 시대까지 거슬러 올라가는데, 국왕이 방문한 적도 있었다고 한다. 온천 근처에 많은 호텔과 콘도들이 있고, '수안보 온천제' 같은 축제들을 개최하여 방문객들에게 즐길 거리를 제공하고 있다.

Suanbo Hot Spring is Korea's first naturally welling hot spring. Its history dates back to the Joseon Dynasty(1392~1910), where it was visited by the nation's kings. Many hotels and condos are located nearby, and festivals like the Hot Spring Festival give visitors plenty to do.

청주 고인쇄박물관 Cheongju Early Printing Museum

1377년 인쇄된 직지는 현존하는 세계에서 가장 오래된 금속활자방식으로 인쇄된 책이다. 청주 고인쇄박물관은 직지가 인쇄되었던 흥덕사 옆에 지어졌다. 사찰에서 발굴된 유적들을 인쇄 도구, 그리고 나무판과 금속 활자로 인쇄된 한국의 고서(古書)들을 전시하고 있다.

Jikji, printed in 1377, is the oldest extant movable metal type printed book in the world. The Cheongju Early Printing Museum was constructed on the site of the Heungdeoksa Temple where Jikji was published. The Museum displays relics excavated at the temple site, along with printing tools, and ancient Korean books printed with woodblocks and movable metal types.

무령왕릉 Muryeong Royal Tomb

백제의 무령왕(462~523)이 왕비와 함께 묻혀 있는 곳이다. 백제의 수도 중 하나였던 공주에서 1971년 발굴되었다. 금관, 팔찌, 그리고 장신구들을 포함한 백제의 많은 유물들이 이 무덤에서 발굴되었다.

The Muryeong Royal Tomb is the tomb where King Muryeong(462~523) of the Baekje Kingdom(18 BC~AD 660) and his queen are buried. It was found in 1971 in Gongju, one of the capitals of Baekje.

Many remains from the Baekje Kingdom, including a gold crown, bracelets, and accessories, were excavated from the tomb.

서산 마애삼존불상 Seosan Maae Samjon Bulsang Buddhist Statues

서산에 있는 가야산 절벽에 새겨진 세 개의 불상을 통틀어 일컫는다. 6세기 말이나 7세기 초에 만들어졌을 것으로 추측하고 있다. 과학적인 구조 덕분에 불상들이 잘 보존되어 있다. 불상의 미소는 햇빛이 조각을 어떻게 비추느냐에 따라서 하루 내내 바뀌어 보인다.

Seosan maae samjon bulsang is the collective name of the three Buddhist statues carved in the cliff of Gaya Mountain in Seosan. It is estimated to have been built during the end of 6th century or the early 7th century. Due to its scientific design, the Buddhist statues have remained well-preserved. The smiles of the Buddhas seem to change throughout the day, depending
on how the sunlight hits the statues.

대천해수욕장 Daecheon Beach

서해에 위치해 있으며 100미터 넓이에 3.5킬로미터에 이르는 어마어마한 해변으로 유명하다. 매해 여름이면 '보령 머드 축제'가 열리기도 한다. 이 축제에서 관광객들은 다양한 콘테스트와 머드 마사지를 즐길 수 있다.

Daecheon Beach, located along the West Sea, is the vast beach

3.5km long and 100m wide. Every summer, it is the venue of the Boryeong Mud Festival is held here. The festival is one of the most famous festivals in Korea; tourists can experience many different contests and mud massages.

전주한옥마을 Jeonju Hanok Village

700여 개의 한옥들이 군집해 있다. 한국의 전통 한옥 체험을 할 수도 있고, 판소리나 한국 전통 무용, 그리고 한지 공예 같은 한국의 다양한 전통문화를 만날 수 있다.

Jeonju Hanok Village features 700 Hanoks(Korean traditional houses). You can experience the traditional Korean Hanok lifestyle, as well as various aspects of Korean traditional such as Pansori, Korean dance and musical performances, and Korean paper art.

해인사 Haeinsa Temple

합천 가야산에 위치해 있으며, 〈팔만대장경〉으로도 잘 알려져 있다. 〈팔만대장경〉은 세계에서 가장 큰 법문 전집이다. 대장경판이 있는 건물은 안전한 보존을 위해 과학적으로 설계되었다.

Haeinsa Temple, located in Gaya Mountain, Hapcheon, is known for preserving Haeinsa Temple Daejanggyeongpan Printing Blocks, also known as the Tripitaka Koreana. The Tripitaka Koreana is recognized as the biggest complete collection of Buddhist texts in the world. The building where these texts are kept was scientifically built to safely preserve them.

불국사 Bulguksa Temple

8세기 신라때 지어졌으며, 세계적으로도 불교예술의 걸작으로 인정받고 있다. 고유의 사찰 건물과 불교화, 불교 기념물들을 포함해 국보로 보호받고 있다.

Bulguksa Temple, constructed during the Silla Kingdom(57 BC~AD 935) in the 8th century, is an internationally recognized masterpiece of Buddhist arts. This temple features national asserts including Buddhist monuments and images, and unique Buddhist temple buildings.

수로왕릉 Suro Royal Tomb

가야는 낙동강 하류 지역에 모인 여러 작은 국가들의 연맹이었다. 가야는 대규모 철공 산업으로 유명했다. 수로왕릉은 김해에 있으며, 가야국의 시조 수로왕의 무덤으로 근처에 여왕의 무덤도 함께 있다.

The Gaya Kingdom(BC 100~562) was a federation of several small states centered on the Nakdong River delta. The Gaya Kingdom is famous for its extensive ironwork. The Suro Royal Tomb in Gimhae is the tomb of King Suro, founder of Gaya; the tomb of the queen(princess of India) is located nearby.

고성 공룡박물관 Goseong Dinosaur Museum

고성의 상족암군립공원에 위치해 있다. 고성은 공룡 발자국 화석이 발견되어 세계적으로 유명해진 곳이다. 해안을 따라 길게 이어진 발자국 화석을 볼 수 있는 탐방로가 있고, 상족암, 공룡뼈 모형 등을 주로 전시하고 있다.

The Goseong Dinosaur Museum was built in Sangjogam County Park in Goseong, a site that is famous worldwide for its fossilized dinosaur footprints. Main exhibits include replicas of dinosaur bones and Sangjogam, the series of fossilized footprints trailing along the coast.

지리산 Mt. Jirisan

대한민국에서 두 번째로 높은 산이다. 가장 높은 곳인 천왕봉은 해발 1915미터에 달한다. 지리산 서쪽 끝자락(노고단산)에서부터 동쪽 끝자락(천왕봉)까지 25.5킬로미터에 달하는 등산 코스가 특히 유명하다.

Mt. Jirisan is the second highest mountain of South Korea; its highest peak, Cheonwangbong('bong' meaning'peak'), is 1915m high. The 25.5km-long hiking trail from the west end of Jirisan(Mt.Nogodan) to the east end(Cheonwangbong Peak) is the most popular hiking trail on the mountain.

소쇄원 Soswaewon Garden

'맑고 깨끗한 정원'이라는 뜻을 가진 소쇄원은 조선시대 학자 양산보(1503~1557)가 시골에 은거하면서 지은 것이다. 광풍각 등의 전통 건물들과 대나무, 관목 같은 자연 식물군 등이 어우러진 조선시대 최고의 개인소유 정원으로 알려져 있다.

Soswaewon Garden, which means 'refreshingly clean garden,' was built by the scholar Yang San-Bo(1503~1557) during the Joseon Dynasty when he traveled out into the country. It is known as the best private garden of the Joseon Era, with traditional buildings like the Gwangpunggak Pavilion, and natural flora like trees, shrubs, and bamboo.

고창 고인돌박물관 Gochang Dolmen Museum

세계 고인돌의 40퍼센트가 한반도에 분포되어 있다. 그 중 고창, 화순 그리고 강화 고인돌은 유네스코 세계문화유산으로 등재되었다. 고창 고인돌박물관은 고창 고인돌 옆에 세워졌고, 청동기 시대의 다양한 유적들과 더불어 440개의 다양한 크기와 모양의 고인돌을 전시하고 있다.

Forty percent of the world's dolmens are distributed throughout the Korean peninsula; among them, Gochang, Hwasun and Ganghwa Dolmens have been registered as UNESCO World Heritages. The Gochang Dolmen Museum was built at the site of the Gochang Dolmens, exhibiting more than 440 Dolmens of various shapes and sizes as well as different relics of the Bronze Age.

보성차밭 Boseong Tea Plantations

보성의 밭은 훌륭한 자연적 배수 구조로 이루어져 차를 재배하기에 안성맞춤이다. 한국의 가장 큰 다원인 '대한다원'을 비롯해 많은 다원들이 위치해 있다. 매해 차 축제가 열리며, 녹차 잎으로 가득한 보성의 언덕은 영화와 드라마에도 자주 등장한다.

Boseong fields have good natural drainage that makes them perfect for the cultivation of tea. Many tea plantations, including Korea's largest Daehan Tea Plantation, are located here. The Tea Festival is held annually, and the Boseong hills full of green tea are frequently featured in movies and TV dramas.

나로우주센터 Naro Space Center

2009년 6월 11일에 완공되었으며, 이로써 한국은 세계에서 고유의 우주센터를 가지고 있는 열세 번째 국가가 되었다. 위성과 로켓이 전시된 센터와 더불어 발사대도 가지고 있다.

The Naro Space Center was completed in June 11th, 2009, making Korea the 13th country in the world to have its own space center. There is a launching pad as well as a center that exhibits rockets and satellites.

성산일출봉 Seongsan Ichulbong Peak

제주도는 2002년 생물보호구역으로 지정된 세계적인 관광 명소이다. 또한 2007년에는 유네스코 세계자연유산으로 지정되었고, 2010년에는 유네스코 산하 세계지질공원네트워크의 일원이 되었다. 제주도에서 가장 경치가 좋은 장소 중 하나인 성산일출봉은 꼭대기에 어마어마한 분화구를 가진 화산이다. 많은 관광객들이 유명한 해돋이를 보기 위해 방문한다.

Jeju Island is an international tourist destination that was named a

Biosphere Reserve in 2002, a UNESCO World Natural Heritage Site in 2007, and part of the UNESCO Global Geoparks Network in 2010. Seongsan Ilchulbong Peak, one of the most scenic places on Jeju Island, is a volcano with a huge crater at the top. Many visit to see its famous sunrise.

성인봉 Seonginbong Peak

울릉도의 중심에 위치해 있으며, 984미터의 높이를 가진 산이다. 성인봉은 다양하고 진귀한 식물들과 함께 등산 코스로 유명하다. 또 야생림은 천연기념물로 지정되기도 했다.

Seonginbong Peak, located in the center of Ulleungdo Island, is mountain that is 984m high. The peak is famous for its hiking course, with diverse rare plants. The primeval forest located near the peak has been designated as a natural monument.

독도 Dokdo

한국 영토의 동쪽에 위치해 있다. 작지만 한국인에게 매우 의미있는 섬이다.

Dokdo is in the eastern reaches of Korean territory. Though small, Dokdo is the most meaningful island in Korea.

'대장금'과 '주몽'에 빠진
해외 친구들

21세기는 바야흐로 문화 전쟁의 시대이다. 우리 스스로 한국 문화를 세계에 적극적으로 알리고 한국 문화가 가진 잠재적 경제 가치에 눈뜨지 않으면 안 된다. 세계화 시대일수록 경제적 가치를 미리 발견하고 이를 적극적으로 해외에 홍보하면서 한국 중심의 세계화를 이룩하고 상품화시켜야 한다.

한국의 대표 전통 식품 김치

당연히 우리는 김치에 대한 모든 특허가 한국에 있을 것이며 지구촌 그 어떤 나라도 김치가 한국 음식이라는 것에 이의를 제기하지 않을 것이라 생각한다. 하지만 한국의 김치 '조미법'에 대한 특허권을 보유하고 있는 것은 우리가 아닌 세계적인 다국적 식품 기업 '네슬레'이다. 1983년, 네슬레는 우리나라의 김장법과 유사한 조미 방법에 대한 국제 특허를 출원, 14개국에 등록함으로써 이미 세계 공인을 마친 상태이다. 뒤늦게 이 사실을 알게 된 한국 정부가 국제사회에 이의를 신청했지만 한국에서의 특허만 겨우 막을 수 있었을 뿐 해외에서의 특허권 행사는 그대로 가능한 상태이다. 김치의 특허권만이 문제가 아니다. 일본은 우리의 김치를 '기무치'라는 이름으로 둔갑시켜 마치 자신들이 김치 종주국인양 행세하고 있다. 일식 레스토랑의 세계적인 네트워크를 기반으로 '김치'를 '기무치'로, '갈비'를 '가루비'로 메뉴판에 소개하며 마치 한식이 일본 음식인 것처럼 알려 나가고 있는 것이다.

최근에는 한국 막걸리의 대표 브랜드인 '포천막걸리'의 상표를 일본에 살고 있는 한국인 사업가가 등록해 문제가 된 적도 있다. 다행히 일본에서 건강식으로 큰 인기를 끌고 있는 한국 막걸리에 대한 일본 기업의 상표 선점을 막기 위해 한국인 기업가가 먼저 상표권을 등록하였다는 배경이 알려지면서 일본으로 막걸리를 수출하는 데는 큰 문제가 없었지만 이 일을 계기로 한국의 주류업계는 지역별 전통주인 안동소주, 한산소곡주 등의 상표 등록을 해둘 필요가 있음을 절감하게 되었다. 코냑, 보르도 와인, 스카치위스키, 소홍주처럼 각 지역을 대표하는 술이 세계적인 표준으로 알려질 수 있도록 브랜드화시켜 적극적인 홍보에 나서야 함을 절실히 깨닫게 된 것이다.

세계적인 다국적 기업들이 먼저 한국 문화의 잠재적 가치를 파악해 특허권, 상표권을 획득하는 경우는 비일비재하다. 향후 경제적으로 막대한 이득을 볼 수 있을 것이라 판단한 그들의 문화 왜곡은 중국과 일본의 역사 왜곡, 영토 왜곡을 넘어 우리의 경제적 주권까지 빼앗을 수 있는 엄청난 위협으로 다가오고 있다.

21세기는 문화의 시대

5,000년 한반도 역사는 세계인을 감동시킬 무궁무진한 콘텐츠의 보고이다. 이 놀라운 자원을 활용할 수 있는 것은 오랜 역사를 가진 한국인에게만 주어진 특권이다. 또한 이는 한국이 21세기 경제대국으로 성장하는 데 가장 중요한 발판이다. 전문가들은 21세기를 '문화의 시대'로 규정하고, 문화가 곧 돈이 되어 경제 발전을 이끌어가는 시대라고 말한다. 20세기가 석유와 천연 자원을 가진 나라들이 세계의 부를 움직이는 시대였다면 21세기에는 역사와 문화를 활용하는 나라가 세계의 부를 움직이게 될 것이다.

세계인들은 더 이상 제품에 적용된 '기술'만 보고 제품을 구입하지 않는다. 제품 속에 숨겨진 의미와 이야기, 즉 '문화'를 찾는다. 아프가니스탄의 정치 리더로 활동하는 나의 친구는 최근 드라마 〈주몽〉의 매력에 푹 빠져 나에게 고구려의 역사에 대해 자주 물어보곤 한다. 내가 왜 드라마 〈주몽〉을 좋아하냐고 물어보자 그는 대통령을 꿈꾸는 자신에게 주몽의 리더십과 용기, 그리고 역경을 헤쳐 나가는 과정은 큰 용기와 감동을 준다고 대답했다. 또 다른 중국인 친구는 드라마 〈대장금〉의 매력에 빠져 조선시대를 공부하게 되었을 뿐만 아니라 한식 마니아가 되었다.

현대 사회를 살아가는 한국인들의 무지함 때문에 5,000년 역사가 만들어 낸 무궁무진한 문화자원에 대한 권리를 외국 기업에 송두리째 빼앗긴다면 우리는 다음 세대들에게 무슨 말을 할 수 있을까. 석유시추선이 오랜 탐사 작업 끝에 석유를 발견하고, 그 석유가 전 세계의 다양한 부가가치를 창출하는 기반이 되는 것처럼 한국인들이 가진 5,000년 역사에 대한 자부심은 한국을 21세기 경제 대국으로 성장시킬 가장 중요한 자원이다. 역사를 통해 세계인들을 감동시킬 다양한 문화 콘텐츠를 개발하고 그 가치를 산업화시켜 나가는 것은 대한민국의 미래를 세계화시킬 결정적인 방법이기도 하다.

지구촌 교사들이 변하고 있다

최근 나를 찾아 온 미국의 한 공립학교 교사가 의미있는 말을 던졌다. 지난 반세기 동안 일본과 중국 중심으로 아시아 역사와 문화를 가르쳐 왔던 미국의 세계사 교사들이 은퇴할 시기가 다가오고 있으며, 그 자리를 대신해 아시아의 새로운 변화, 새로운 문화, 새로운 역사를 가르치고자 하는 열정적인 젊은 교사들이 하나둘 교편을 잡으며 청소년들을 가르치고 있다는 것이다. 한국의 청년들이 이들 젊은 미국인 교사들에게 반세기만에 혁신적인 변화를 이룩한 한국을 소개하고, 중국이나 일본과는 다른 마인드를 가진 한국의 문화와 역사를 소개한다면 이들은 분명 한국에 대해 놀라운 관심을 갖게 될 것이며 그들이 가르치는 학생들에게도 한국을 중심으로 아시아를 소개할 것이라는 말도 덧붙였다. 그들이 가르친 학생들이 수십 년 후에는 미국의 주류사회에 진입하면서 한국 문화를 세계 문화의 중심으로 인식하게 될 것이다.

한국 청년들의 앞 세대는 반세기만에 세계 경제의 기적을 일으켰다. 지금의 한국 청년들은 그 뒤를 이어 문화의 기적을 일으킬 것이다. 바다속 진주, 흙 속의 다이아몬드 같은 존재였던 대한민국이 21세기 아시아와 지구촌 모든 이들이 가장 갖고 싶은 진주와 다이아몬드로 떠오를 것이다. 한국 문화, 세계의 변방에서 세계의 중심으로 변하는 역전의 날이 다가오고 있다.

과학적이고 아름다운
'한글'이 있다는 자부심

전 세계 교과서와 웹사이트에서는 '한글'을 중국의 '한자'와 일본의 '가나'를 모방해서 만들었다고 소개하고 있다. 한글과 세종대왕에 대한 왜곡은 물론 한글이 가진 과학적인 우수성과 독창성, 세종대왕의 업적에 대한 내용은 쏙 빼고 한글이 중국말을 모방한 문자라고 소개하는, 세종대왕이 무덤에서 벌떡 일어날 천인공노할 일들이 지금 세계 곳곳에서 벌어지고 있는 것이다. 반크가 온라인 서점 아마존(Amazon)을 통해 구입한 미국의 수학능력시험인 SAT 문제집과 고등학생이 대학 과정을 미리 들어 학점을 따는 AP 프로그램 수험서, 도서출판 프린스턴 리뷰와 바론스, 카플란같은 세계사 교과서 등 40권의 도서 중 한글 창제를 소개한 것은 5권에 불과했다. 설령 소개를 했다 해도 그 분량은 극히 적었다.

세계적 온라인 백과사전 출판사인 인사이클로피디아와 내이션스인 사이클로피디아 그리고 논문과 문헌 검색사이트인 〈하이빔〉 등 주요 사이트에서는 한글을 중국 문자를 모방해 음절을 결합시킨 것이라고 소개하고 있다. 전 세계 학생들이 보는 사전에 세종대왕과 집현전 학자들이 오랜 세월 심혈을 기울여 개발한 독창적인 한글이 중국 문자를 모방한 것이라 정의된 것이다.

충격적인 내용은 이것뿐만이 아니다. 미국 국무부 사이트는 "한국어는 일본어와 매우 유사하며 문법적으로는 중국어와 다르다"고 소개하는가 하면, 세계적으로 유명한 여행 정보 사이트 〈트레벌스팟〉에는 한국의 공식 언어는 '한글'이지만 그 단어의 대부분이 중국에서 유래되었으며 문법은 일본에서 따온 것이라 왜곡하여 서술하고 있다. 비슷한 세계 관광 정보 사이트인 〈트레벌닥스〉와 〈버추얼투어〉 등도 한국어를 소개하는 첫 문장에 한글의 과학적 원리나 세종대왕이 한글을 창제하게 된 정치·철학적 배경을 설명하기보다 한국어가 일본어와 몇 개의 문법적 특징을 공유한다고 서술함으로써 한국어가 마치 일본어의 영향을 받은 듯한 뉘앙스를 풍긴다. 온라인 여행·지도 사이트 〈지오그래픽크〉, 뉴스·연예·쇼핑 사이트 〈엔시바이〉, 온라인 백과사전 〈이디폿〉 등도 마찬가지이다.

심지어 영어가 한국의 공용어로 사용되는 것처럼 표기하고 있는 사이트들도 적지 않다. 반크가 조사한 바에 따르면 영어를 한국의 공용어로 소개한 해외 유명 사이트만도 31개에 달한다. 미국의 CBS 방송과 〈인포플리즈〉, 〈키즈뉴스룸〉, 〈딕셔너리다이닷넷〉 등의 웹사이트에서 '한국의 언어는 한국어와 영어'라고 못 박고 있다. 한술 더 떠 전 세계의 언어를 소개하는 사이트인 〈하우 투 런 애니 랭귀지〉는 "대부분의 한국인이 영어를 사용하고 있다. 때문에 한국어를 배우는 것은 유용하지 않으므로 중국어를 배우는 편이 나을 것이다"라는 조언까지 덧붙이고 있다. 백과사전인 〈빅피디아〉, 〈팩트-어치브〉 등은 세종대왕을 설명하면서 출생일과 사망일을 정확하게 표기하지 않았다.

이제는 한글을 적극적으로 홍보해야 할 때

외국의 교과서와 웹사이트에 한글이 중국의 문자, 혹은 일본의 문자로 알려지고 있는 가장 큰 이유는 한국인들이 적극적으로 한글을 소개하지 않았기 때문이다. 해외에서 만난 외국인들 중에는 한국이 독창적인 언어인 '한글'을 사용한다는 것조차 모르는 외국인이 많았다. 심지어 한국을 중국어와 일본어를 사용하는 국가로 오해하는 경우도 있었다.

동서양을 막론하고 세계의 수많은 학자들이 한글의 뛰어난 과학적 원리에 감탄하고 끊임 없는 찬사를 보내고 있다. 한글은 자음과 모음이 한눈에 구분되며, 발음기관을 본떠서 그 모양을 완성했기에 세계 어느 글자보다 익히기 쉽다. 21세기 한국이 정보통신대국으로 성장할 수 있었던 비밀 역시 한글의 과학성에 있다 해도 결코 과언이 아닐 것이다. 정보통신 사회의 핵심인 속도 부분에 있어 한글처럼 전자기기에 빠르게 입력과 적용이 가능한 문자는 없다. 전 세계 어떤 문자보다도 컴퓨터, 핸드폰 등에 적용하기 수월한 문자가 바로 한글이기 때문이다.

그런데 이처럼 위대한 발명품이자 미래에 국가 경쟁력의 원천이 될 한글이 중국에 의해 세계 표준이 정해질 것이라는 충격적인 소식이 전해졌다. 2010년 10월, 중국이 '조선어 국제 표준 워킹 그룹'을 구성, 스마트폰과 태블릿 PC 등 휴대형 기기는 물론이고 PC 키보드용 조선어 입력 표준과 소스 코드, 지역 식별자 등 네 가지 표준 마련에 착수한 것이다.

더욱 기가 막힌 것은 중국 정부가 북한과 한국의 의견을 수렴해 한글에 대한 국제 표준을 만들기로 하고 국제 협력까지 제안, ISO 국제 표준으로 상정할 계획이라는 점이다. 이 같은 계획이 성공해 중국이 만든 조선어 입력 표준이 세계 표준으로 정해지면 전 세계 정보통신 기업이 중국이 제시한 표준으로 한글 입력 방식을 탑재해 한국 시장에 진출하게 될 것이고 그렇게 될 경우 한글 종주국인 대한민국은 중국이 정한 표준에 맞춰 휴대전화와 같은 전자기기에 한글을 입력하는 어이없는 상황에 처하게 될 것이다. 우리의 한글을 중국으로부터 빌려 쓰는 시대가 올 수도 있다는 것이다.

이 같은 소식을 접한 한국의 네티즌들은 동북공정에 이은 '한글공정'에 나선 것이라며 분개하고 있다. 한 포털사이트에서 벌어진 '중국의 한글공정 반대' 서명 운동은 발의한지 24시간 만에 7,000여 명 이상이 동참했다. 네티즌들은 과거 고구려와 발해 등 우리의 역사를 자신들의 역사로 왜곡해 국제사회에 한국의 5,000년 역사를 2,000년으로 축소시킨 중국이 이제 한민족의 가장 위대한 유산인 한글마저 빼앗으려 한다며 울분을 토하고 있다.

중국의 한글 공정이 시작되다

하지만 중국의 한글 표준화 작업을 가능케 한 가장 큰 원인은 한국 내부에 있다. 휴대전화 입력 방식부터가 통일이 안 되어 있기 때문이다. 누구나 한번쯤은 휴대전화를 교체할 때마다 새로운 입력 방식을 익혀야 하는 불편을 겪었을 것이다. 제조회사에 따라 한글 입력 방식이 다르고, 외국에서 수입한 스마트폰 또한 한국 제조업체와는 다른 한글 입력 방식을 제공하기 때문이다. 휴대전화 제조 기업들 간에 복잡한 이해관계가 얽혀있고, 그에 따른 특허만도 400여 개에 이르다보니 수십 년이 지나도록 표준화가 이루어지지 못하고 있다.

물론 한국 정부도 지난 2000년부터 휴대전화 입력 방식 표준화 작업을 시도했지만 중국이 이른바 '한글공정'을 시도할 때까지 결실을 보지 못했다. 한국인이 사용하는 휴대전화에서조차 입력 방식이 표준화되어 있지 않으니 중국으로서는 중국내 200만 명의 조선족들에게 한글 입력 방식의 편의를 주고자 한글 표준화 작업을 한다는 명분을 쉽게 얻은 셈이다. 21세기 정보통신 시대에 한글의 가치를 알아차린 중국으로서는 한국이 내부적으로 이해관계에만 매달려 싸우고 있는 틈을 타 재빨리 국제 표준을 정함으로써 국제사회에서 한글에 대한 주도권을 행사할 수 있게 된 것이다.

세종대왕은 한글 창제 의도를 "우리나라의 말이 중국 말과 달라 한자와는 그 뜻이 서로 통하지 아니하므로, 이런 까닭에 어진 백성들이 말하고 싶은 것이 있어도 그 뜻을 담아서 나타내지 못하는 사람이 많다"라고 분명히 밝혔다. 나랏말이 중국과 달라 백성들이 힘들어하는 모습이 안타까워 한글을 개발했던 세종대왕이 한글의 국제 표준을 중국이 만들게 되었다는 소식을 접한다면 얼마나 참담한 심정이겠는가.

해외 유학과 연수, 배낭여행, 해외 자원봉사 등을 나가거나 블로그, 동영상, 글로벌 커뮤니티 등을 운용하며 다양한 방법으로 한글과 세종대왕을 알려 보자.

21세기, 한글을 사용하는 모든 한국인은 21세기의 세종대왕이다. 전 세계 외국인과 친구가 되어 그들에게 한글 이름을 지어 주고, 한글을 가르쳐 보자. 우리도 영어를 처음 배울 때 영어식 닉네임을 만드는 것처럼 외국인에게도 한글 이름을 만들어 주자. 또한 한글이 보다 많은 외국인들에게 알려질 수 있도록 해외 출판사, 교육 기관에 한글의 가치와 세종대왕의 철학에 대해 알려 보자. 해외 유학과 연수, 배낭여행, 해외 자원봉사 등을 나가거나 블로그, 동영상, 글로벌 커뮤니티 등을 운용하며 다양한 방법으로 한글과 세종대왕을 알려 보자. 세계인들이 한글과 세종대왕에 대해 알게 될수록 이를 홍보하는 한국인들도 문화적 독창성과 우수성을 가진 민족으로 외국인의 존중을 받게 될 것이다.

우리 것을 우리가 지키지 못하고 세계에 적극적으로 알리지 못하여 주도권을 뺏기는 일은 더 이상 없어야 한다. 정부, 기업, 국민 모두가 우리의 소중한 것에 대한 세계적 주권을 확장해 나가는 데 힘과 지혜를 모아야 할 때이다.

한글의 우수성과 세종대왕의 위대함에 대한 자세한 소개는 반크가 운영하고 있는 21세기 세종대왕 양성 사이트(sejong.prkorea.com/kor/hangul/hangul.jsp)에 4개국어로 자세히 설명되어 있으니 외국인 친구에게 한글을 소개할 때 참고하면 도움이 될 것이다.

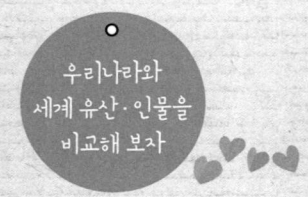
우리나라와
세계 유산·인물을
비교해 보자

구 분	한 국	외 국
건물	창덕궁	자금성
군인	이순신	넬슨
왕	세종대왕	링컨
왕	선덕여왕	엘리자베스여왕

왕	광개토대왕	알렉산더대왕
학자	이황	아리스토텔레스
유산	고려청자	본차이나
유산	직지심경	구텐베르크 42행 성서
문화	금동미륵보살반가상	목조 미륵보살반가상

	한식	지중해식
문화		
유물	고인돌	스톤헨지
군사	거북선	트로이 목마
동화	콩쥐팥쥐	신데렐라
동화	홍길동	로빈훗

* 참고 웹사이트 wings.prkorea.com/etc/heartbeatingkorea.pdf

현명하게 독도를
지키는 우리의 자세

독도를 일본과의 분쟁지역으로 소개하지 마세요.

독도 이야기를 처음 접하는 외국인 친구에게 소개할 때는 일본과의
영유권 문제로 독도를 설명하지 마세요. 오히려 세계에 일본의 주장을
홍보하는 역효과를 불러올 수 있습니다.

독도를 소개할 때는 우선 울릉도와 독도의 관계를 설명하는 것이 바
람직합니다. 한국의 울릉도가 세계 10대 해양 휴양지로 선정된 것을 적
극적으로 부각시키면서 말이죠.

2010년, 세계적인 여행전문지 〈론리 플래닛 매거진〉은 한국의 울릉
도를 세계 관광객들이 선정한 가장 멋진 해양 휴양지라고 발표했습니다.
이 책에 따르면 "울릉도는 섬 전체가 태고의 자연 그대로 보전돼 있으며
다른 섬들과는 달리 물이 풍부해 살아가는 데 어려움이 없고 인근 해역

은 독도와 함께 동해 바다 최대의 황금어장이자 동해안 어업기지 역할도 하고 있다"고 합니다.

이렇게 울릉도를 세계인에게 소개한 후 세계 10대 해양 휴양지 울릉도 근처에 한국인들이 가장 사랑하는 섬인 독도도 있다는 것을 알리세요. 날씨가 화창할 때는 울릉도에서 직접 눈으로 독도를 볼 수 있을 만큼 울릉도와 독도는 가까운 거리에 있다는 것도 꼭 짚어 주시고요. 한국 사람들이 울릉도와 독도를 '모자섬', 즉 어머니와 아들 관계로 부르고 있을 만큼 매우 중요하고 밀접한 관계를 맺고 있다는 사실까지 덧붙여 설명하면 독도를 국제 분쟁지역으로 삼으려는 일본의 의도에 말려들지 않으면서도 독도를 세계인에게 알릴 수 있습니다.

지리적으로 독도가 대한민국의 영토임을 알리세요.

독도는 울릉도로부터 87.4킬로미터, 일본의 오키섬으로부터 157.5킬로미터 떨어져 있어요. 무엇보다 울릉도에서는 독도가 보이지만 오키섬에서는 독도가 보이지 않습니다. 세종실록지리지(1454년)에는 "울릉도와 독도, 두 섬이 서로 거리가 멀지 않아 날씨가 맑으면 바라볼 수 있다"고 기록하고 있습니다. 지리적인 상식으로도 울릉도에서는 보이고 오키섬에서는 보이지 않는 독도가 결코 일본의 영토가 될 수 없음을 말하세요.

독도가 대한민국의 영토임을 기록한 역사적 문헌을 소개하세요.

약 1,500여 년 전 신라 때부터 독도에 대한 기록이 소개되어 있고, 삼국사기와 세종실록지리지 등 한국의 여러 역사책과 문헌에서도 울릉도와 독도가 대한민국의 영토임을 기술하고 있습니다. 반면 일본이 독도를 인식하기 시작한 것은 17세기 이후입니다. 무엇보다 일본의 역사적 문헌들과 고지도에도 독도가 일본의 영토가 아님을 증명하는 자료가 다수 확인되고 있습니다.

국제법적으로 독도는 대한민국의 영토임을 알리세요.

대한제국은 칙령 제41호(1900년)에 독도를 울릉도 관할 구역으로 명기하여 대한제국의 영토임을 법적으로 선포하였습니다. 하지만 1905년, 대한제국의 외교권을 강제로 박탈한 제국주의 일본이 시마네현 고시 제40호(1905년)를 통해 독도를 불법으로 자국 영토에 편입시켰다는 사실을 알리세요.

일본의 최고 행정기관인 태정관이 독도가 대한민국 영토임을 선포했음을 알리세요.

과거 일본의 최고 통치기관 또한 독도가 대한민국 영토임을 선포했습니다. 도쿠가와 막부의 〈울릉도 도해금지 문서〉(1696년), 19세기 말 메이지 정부의 〈조선 국교제시 말내 탐서〉(1870년), 〈태정관 지령〉(1877년) 이 대표적입니다. 무엇보다 1877년 3월, 일본 메이지 시대 최고 행정기관인 태정관은 17세기 말 도쿠가와 막부의 울릉도 도해금지 사실을 근거로 "울릉도 외 1도, 즉 독도는 일본과 관계없다는 사실을 명심할 것"이라고 명백히 지시한 사실을 알리세요.

독도는 한민족의 자존심임을 알리세요.

1905년, 일본은 울릉도와 독도의 지정학적 위치를 활용해 러시아의 발트함대를 격침하여 러일전쟁을 승리로 이끌었고, 5년 후인 1910년에

제2차 세계대전 당시 일본의 패망으로 조선이 독립하였고, 독도를 비롯한 조선의 모든 영토가 대한민국에 반환되었으나 일본은 제국주의 시절의 열망을 버리지 못하고 있으며 그로 인해 50여 년이 지난 지금까지도 독도에 대한 소유권을 주장하고 있다.

는 조선을 강제로 점령하여 무려 35년간 한국인의 삶에 막대한 정신적, 물질적 피해를 끼친 사실을 세계인에게 알리세요.

특히 제2차 세계대전 당시 일본의 패망으로 조선이 독립하였고, 독도를 비롯한 조선의 모든 영토가 대한민국에 반환되었으나 일본은 제국주의 시절의 열망을 버리지 못하고 있으며 그로 인해 50여 년이 지난 지금까지도 독도에 대한 소유권을 주장하고 있음을 적극적으로 알리세요.

독도가 아시아 평화의 상징임을 알리세요.

한국과 일본의 독도 영유권 문제에 관심을 보이는 외국인 친구에게 일본의 독도 영유권 주장은 과거 제국주의 침략 전쟁에 의해 강압적으로 침탈되었던 한반도와 독도에 대한 점령지 권리를 다시금 내세우는 것이며 따라서 과거의 식민지 영토권을 주장하는 억측에 불과하다는 것을 알리세요. 일본의 독도 영유권 주장은 한국의 완전한 해방과 독립을 부정하는 것이나 다름없고, 일본이 독도 영유권을 주장할 때마다 한국인들은 일제의 한반도 침탈이라는 과거 불행했던 역사의 기억을 떠올리게 됨을 알리세요.

한국인들이 일본으로부터 독도를 지키려는 것은 과거 일제강점기 시절 일본의 강압적인 식민통치에 맞서 끊임없이 독립운동을 전개한 나라 사랑 운동의 연장선상에 있으며, 이는 다시는 아시아에 일본의 제국주의와 군국주의가 부활하지 못하게 만들고자 하는 한국인들의 평화를 향한 의지임을 알리세요.

동해 안에 독도가 있습니다.

동해는 삼국사기와 광개토대왕비에도 언급될 만큼 오래된 우리의 고유지명입니다. 지난 2,000년 동안 한민족은 '동해'라는 명칭을 사용해 왔습니다. 하지만 일제강점기를 전후하여 국제 사회에 '일본해'라는 잘못된 지명으로 알려지면서, 현재까지도 그 영향이 남아 있습니다. 다행히 최근 들어 반크와 학자, 네티즌, 정부의 노력으로 동해 표기가 국제 사회에 소개되고 있습니다. 동해가 일본해로 잘못 표기된 세계지도와 외국 교과서를 발견하면 아래 국제수로기구와 유엔의 권고 사례를 인용해 동해 표기의 정당성을 적극적으로 알리세요.

국제수로기구 기술결의 A.4.2.6(1974년) 요지

"2개국 이상이 지형물을 각기 다른 명칭으로 공유하는 경우, 단일 지명에 합의를 위해 노력하되 공통 지명 미합의 시, 기술적인 이유로 불가할 경우를 제외하고는 각각의 지명을 모두 사용(병기)할 것을 권고한다."

유엔 지명표준화 회의 결의 III/20(1977년) 요지

"2개국 이상의 주권 아래 있거나 2개국 이상 사이에 분할되어 있는 지형물에 대하여 당사국 간 단일 지명 합의가 이루어지지 않았을 경우 서로 다른 지명을 모두 수용하는 것을 국제지도 제작의 일반 원칙으로 할 것을 권고한다."

306

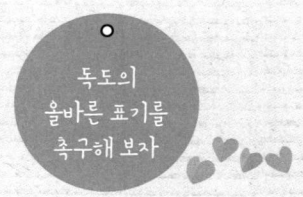

독도의
올바른 표기를
촉구해 보자

독도를 다케시마 혹은 독도와 다케시마로 병기한 해외 사이트, 출판사 등을 대상으로 시정을 촉구해 보자.

Dear.   (person in charge)

안녕하세요? ○○○ 담당자님(해당 기관의 정확한 이름을 기입)

I appreciate you for your valuable, and best website.

훌륭하고 가치 있는 최고의 웹사이트를 운영하는 당신에게 존경을 표합니다.

I am a student and a member of VANK living in Republic of Korea. VANK is a non-governmental organization and also a voluntary organization. VANK consists of elementary, middle and high school students who provide correct information about Korea to international textbook publishing companies and publishers.

저는 반크 회원으로 대한민국에 살고 있는 학생입니다. 반크는 비정부기구이자 자원봉사 단체입니다. 해외의 교과서와 출판사를 대상으로 한국에 대한 올바른 정보를 전하고자하는 초·중·고등학교 학생들로 구성되어 있습니다.

I just want to let you know about your website which has a
serious potential problem which may cause serious diplomatic
crisis.

저는 귀사가 운영하는 웹사이트에 심각한 외교적 갈등을 초래할 가능성이 농
후한 문제가 있음을 알려 드리고자 합니다.

We, Korean, were quite surprised to find your website
describe Korean island 'Tokdo' as "Liancourt Rocks
(Takeshima/Tokdo) disputed with Japan" which is incorrect.

우리 한국인은 귀사의 웹사이트가 한국의 섬 '독도'를 "독도는 일본과의 분쟁
지역(다케시마 / 독도)이다"라고 소개한 내용을 보고 몹시 놀랐습니다.

Please refer the following in your website.

당신 사이트의 다음 부분을 참고해 주세요.

www.(독도를 다케시마로 표기한 주소)

(해당 사이트에서 독도를 다케시마로 표기한 내용)

Korean island 'Tokdo' is a clearly Korean territory.

한국의 섬 독도는 명백한 한국 영토입니다.

Historically, Korea has been taking full control over Tokdo for 1500 years except the Japanese Occupation Period(1910~1945), and now thousand of korean tourist every year are going to visit the Tokdo for sightseeing.

역사적으로 한국은 일제강점기를 제외한 1,500년 동안 독도의 실질적인 영유권을 지녀 왔으며, 현재 매년 수천 명의 한국인 관광객들이 독도를 관광지로서 직접 방문하고 있습니다.

Then you may wonder why Japan claimed that Tokdo belonged to Japan?

그러면 당신은 왜 일본이 독도를 일본 땅이라고 주장하는지 궁금할 것입니다.

Unfortunately, when a country dominates another, the main thing lost is the territory. Such was the case of Korea, when

Korea was occupied by Japan(1910~1945).

불행하게도, 한 나라가 다른 나라의 침략을 받았을 때 가장 먼저 잃어버리는 것이 영토입니다. 한국이 바로 그런 경우에 해당되며, 한국은 일제강점기 시절 한국의 모든 영토를 강탈당했습니다.

However, After the Second World War, Korea, being liberated from Japan, recovered its territory, including Tokdo. In spite of that history, Japan claimed that Tokdo belonged to Japan distorting historical facts. It's because of Japan's hidden policy of imperialistic expansion.

그러나 제2차 세계대전이 끝나고 한국은 일본으로부터 독립했고, 독도를 포함한 모든 영토를 회복했습니다. 그와 같은 역사가 있음에도 불구하고 일본은 역사적 사실을 왜곡하며 독도가 일본 땅이라고 주장하고 있는 것입니다. 이는 일본의 숨겨진 제국주의적 영토 확장 정책에서 비롯된 것 입니다.

The problem is that those fabrications have been well documented, many Western accept the distorted history of Tokdo as fact including your website.

문제는 이와 같은 왜곡이 버젓이 문서화되어 당신의 사이트를 포함한 많은 서양인들이 독도의 왜곡된 역사를 사실로 받아들이고 있다는 것입니다.

We cannot sit back and watch Japan justify its history of aggression and colonization and pursue hegemonic power, because the issue concerns the future of the Korean Peninsula and Northeast Asia.

우리는 일본의 침략적 식민지 건설 역사와 패권주의가 정당화되고 있는 것을 참고 봐줄 수 없습니다. 이 문제는 한반도와 동북아시아의 미래와 관련된 것이기 때문입니다.

If international society pays no attention and connives about Japan's hidden policy of imperialistic expansion, It would pose a great obstacle to amicable relations between all the family of Asia and Japan in the 21st century.

만약 국제 사회가 일본의 숨겨진 제국주의적 영토 확장 정책을 방관하거나 묵인한다면 21세기 아시아 전체와 일본 간의 우호적 관계를 심각하게 위협하는 요인이 될 것입니다.

So, as a member of VANK, I urge you to delete 'Takeshima' in all your documents and website.

때문에 저는 반크 회원의 한사람으로서 당신의 기관에서 운용하는 모든 출판물과 웹사이트에서 '다케시마'를 삭제할 것을 요구합니다.

We would be grateful for your explanation.

당신의 입장을 들을 수 있기를 진심으로 고대합니다.

Yours very truly,

VANK, Cyber Civilian Diplomat in Korea, consisted of 70,000

Korean voluntary people.

마음을 담아서,

7만 명의 한국인 자원봉사자로 구성된 사이버 외교사절단, 반크로 부터

www.prkorea.org(혹은 자신의 개인 이메일 주소 기입)

Thank you, and we would appreciate your favorable

consideration.

감사합니다. 당신이 긍정적으로 검토해 주길 고대하겠습니다.

For your reference.

아래를 참조하세요.

1) On historical perspective and in international law, why there

is no valid dispute over the ownership of Dokdo.

www.prkorea.com/english/textbook/ge03.html

역사적 관점과 국제법상 독도 영유권 논란이 유효하지 않은 이유.

www.prkorea.com/english/textbook/ge03.html

2)Truth in scholarship.

www.prkorea.com/english/textbook/maintruth.html

학문적 진실.

www.prkorea.com/english/textbook/maintruth.html

* 독도의 정확한 로마자 표기는 Tokdo가 아니라 Dokdo이지만 해외 주요 사이트에서

Tokdo로 인식하고 있어 항의 서한에는 Tokdo로 표기합니다.

위대한 나무도 처음에는 한 알의 씨앗이었다

2011년 1월, 청와대 국가 브랜드 위원회에서 전화가 왔다. '서울 G20 정상회의 이후 대한민국의 나아갈 길을 묻는다'는 주제로 청와대 합동 보고회의가 열리는데 참석하면 어떻겠냐는 것이다. 정부 초청 행사와 정치적 성격이 강한 행사에는 참가하지 않았던 터라 몹시 망설여졌다. 하지만 담당자의 끈질긴 부탁에 국제 사회에 한국을 알리는 청년으로서 회의를 경청하는 것만으로도 큰 도움이 될 수 있을 것이라 마음을 고쳐 먹었다.

당일 아침 주최측이 준비한 버스를 타고 청와대를 향해 출발했다. 버스 안에는 한국을 대표하는 각계각층의 명사들이 있었다. 차가 청와대에 도착하자 버스에 탔던 사람들은 하나둘씩 안내자의 인도에 따라 영빈관으로 입장했다. 영빈관 안에는 200여 개의 의자가 있고 의자마다 이름표가 붙어 있었다. 나는 내 자리를 찾기 위해 두리번거렸다. 그때 의전팀의 한 여성분이 다가오더니 이름을 물었다.

"박기태입니다. 청와대 국가 브랜드 위원회 초청으로 왔습니다."

그런데 의전팀 여성은 서류를 몇 번이나 뒤적이며 고개를 갸우뚱거렸다. 박기태라는 이름이 없다는 것이다. 지정석이라 좌석마다 이름이 표시되어 있는데 명단에 이름이 없으므로 지정석에는 앉을 수가 없다는 것이다. 그러면서 회의장 맨 뒤에 있는, 수행원과 행사 직원들이 앉는 임시 의자에 앉을 것을 권했다.

청와대로부터 여러 차례 간곡한 청을 받고서야 참석을 결정했던 터라 이렇게 말하고 싶었다. "참석을 거절하려던 것을 청와대 측에서 여러 차례 부탁하는 바람에 왔는데, 지정석 자리를 주지 않는다는 것이 달이 된다고 생각하시나요? 어떻게 나 같이 중요한 사람을 VIP로 대접하지 않고 맨 뒤 임시 좌석에 앉게 할 수 있죠? 이럴 거면 절 왜 초대했나요? 행사 책임자가 도대체 누구죠? 다시 한 번 자리를 확인해 주세요!" 물론 이런 말들을 차마 입 밖으로 내지는 못하고 "더 좋네요. 앞자리에 앉는 것보다 마음도 편하고, 부담 없을 것 같아요"라며 이름표도 없는 '임시석'으로 가서 앉았다.

모든 지정석에는 청와대에서 주는 기념품과 회의 자료가 세팅되어 있었지만 임시석에는 아무것도 없었다. 그때였다. 내 옆에 낯익은 정부 부처 관계자가 와서 앉았다. 녹색성장위원회에서 행정관으로 근무하는 분이었다.

"아니, 박기태 단장님 아니세요? 반갑습니다. 그런데 왜 여기에 앉으셨어요? 초대받았으면 지정석에 앉으셔야 합니다. 어서 가서 지정석에 앉으세요."

난 차마 지정석이 없다는 말은 하지 못하고 그냥 뒷자리가 졸기에도 편하고 부담이 없어 일부러 임시석에 앉았다며 대범한 척했다. 결국 나는 맨 뒷자리에 천연덕스럽게 앉아 오전 9시부터 12시까지 대통령과 국무총리, 정부 각 부처 장관을 대상으로 미래기획위원회, 국가경쟁력강화위원회, 국가브랜드위원회, 국가교육과학기술자문회의, 녹색성장위원회 등의 대표들이 발표하는 한국의 비전을 경청했다. 뒷자리라 누구도 주목하지 않았기에 마음 편히 졸 수도 있었다.

행사가 끝나자 점심식사가 준비되어 있다며 수행원의 안내에 따라 식당으로 이동해 달라는 안내방송이 나왔다. 임시석에 앉아 있던 탓에 어떤 청와대 수행원도 나를 챙겨 주지 않았지만 혼자 씩씩하게 식당으로 돌진했다. 빨리 식사를 마치고 청와대를 나오고 싶었기 때문이다. 식당에 도착하자마자 둘러 보지도 않고 식당 맨 뒤 구석 자리에 서둘러 앉았다.

그런데 수행원 중 한 명이 나에게 다가왔다. 가슴에 달고 있는 명찰의 '박기태'라는 이름을 확인한 그는 "대통령과 같은 테이블에서 식사를 하는 VIP석으로 자리가 정해져 있으니 대통령과 함께 식사를 하셔야 합니다"라고 말했다. 그는 나를 식당 맨 앞에 있는, 대통령과 함께 식사할 수 있는 VIP 테이블로 안내했다. 테이블에는 '박기태'라는 라벨이 번듯하게 붙어 있었다. 불청객처럼 임시석에 앉아 있던 내가 일순간에 대통령 바로 옆자리에서 식사를 하는 인생 역전의 주인공이 된 것이다.

순간 혼란스러웠다. 식사 시간에는 대통령 옆자리에 앉게 할 거면서 왜 정작 중요한 회의 때는 임시석을 준 것일까? 그때 여성 수행원 하나가 나를 발견하곤 헐레벌떡 뛰어 왔다. 도대체 어디 있었냐는 것이다. 나를 한참이나 찾았다고 한다. "저를요? 왜요? 전 회의 때 자리가 없다기에 맨 뒤 임시석에 앉아 있었어요"라고 말하자 그분은 따로 앞자리에 지정석이 마련되어 있었는데 행사가 시작되고도 나를 찾지 못해 발을 동동 구르며 안절부절 못했다는 것이다. 혹시 행사장을 나가 버린 것은 아닌가 하는 생각까지 했다고 한다.

결국 나는 대통령과 같은 테이블에서 식사를 하며, 200여 명의 참석자들의 부러운 시선을 한몸에 받았다. 심지어 청와대에서는 대통령과 함께 식사하는 모습을 촬영해 보내 주기까지 했다.

지금도 나는 그때의 사진을 보며 생각에 잠기곤 한다. 혹시 내가 지정석이 없다고 불쾌해 하며 회의 중간에 돌아갔다면, 초대해 놓고 지정된 자리를 준비하지 않았다며 행사 진행요원에게 화를 냈다면 어땠을까. 설령 점심식사 시간에 대통령과 함께 앉는 12명의 VIP로 선택받지 못했다 해도 나는 그날, 한국의 미래에 대해 논하는 중대한 자리에 초대된 것 자체에 만족하며 감사할 수 있어야 했다. 그리고 한국의 미래에 나의 꿈이 어떤 기여를 할 수 있을까를 고민하며 나를 통해 대한민국이, 대한민국을 통해 지구촌이 변화하는 더 큰 꿈을 향해 한 걸음 나아갈 수 있는 중요한 계기로 삼아야 했다. 환영받지 못해 임시석에 앉았던 내가 일순간 대통령 바로 옆자리에 앉아 식사하게 되는 역전의 주인공이 된 것을 기뻐할 것이 아니라 대한민국의 미래를 논하는 그 자리에 참석하지 못한 청소년들과 청년들을 대신하여 내가 할 수 있는 일이 무엇인지 더 깊이 고민했어야 한다.

이후 나는 다시 한번 마음속으로 다짐했다. 앞으로 나에게 주어지는 모든 기회와 혜택은 나 자신만을 위한 당연한 특혜나 권리가 아닌 책임과 의무로 받아들여야 한다고 말이다. 내 안에 깃든 못난 생각은 무엇이고 위대함을 가장한 나쁜 생각은 무엇인지 돌아보며 나의 겨자씨가 세상을 변화시키는 위대한 나무가 되고 울창한 숲이 되도록 스스로 가꾸고 돌봐야 한다.

반크라는 한 알의 겨자씨는 이제 겨우 나무로 성장했지만 언젠가는 한 그루의 나무에서 벗어나 울창한 숲을 이루고 수많은 새들이 깃들게 하는 희망의 숲이 되어야 한다. 한 알의 씨앗이 본인의 가치만을 발견한다면 혼자만의 큰 나무가 되는 데 그치겠지만, 주변의 수많은 씨앗의 가치까지 응원하면서 함께 성장해 간다면 울창한 숲을 이룰 수 있다. 그 씨앗들이 함께 만든 울창한 숲에는 수많은 새들이 깃들어 노래할 것이다. 대한민국의 미래는 바로 여기에 있다.

미래 대한민국의 주인공들인 청소년들과 청년들이 세상을 변화시킬 수 있는 개개인의 가치를 발견하고, 각자 자신의 삶을 통해 세상이 변화하는 위대한 꿈을 향해 도전하는 것, 이를 통해 대한민국이 60억 세계인이 깃드는 희망의 나라가 되는 것, 나를 통해 대한민국이 60억 세계인이 찾아와 둥지를 틀고 노래하는 울창한 희망의 숲이 되는 것, 이것이 우리가 이 땅에 태어나고 존재하는 이유이다.

반크 동아리 활동 프로그램 안내

오프라인 활동

외부 탐방

- 외교통상부 청소년 외교부 견학 프로그램

  신청: young.mofat.go.kr/index.html
- 매주 수요일 일본대사관 앞 위안부 수요 집회 참가
- 위안부 할머니들 공동체인 〈나눔의 집〉 방문
- 국립 중앙박물관 · 지역 국립 박물관 탐방, 취재
- 주한 외국 문화원 · 대사관 탐방
- 코이카 지구촌 체험관 견학하기 blog.naver.com/geovillage
- 한국에 있는 국제 NGO 방문하기 (예 국제백신기구)

조사 및 연구 활동

- 해외 국가 및 도시의 해외 홍보 혁신 사례 조사 · 발표
- 한국의 국가 및 도시 해외 홍보 사례 조사 · 발표(예 제주 올레길, 함평 나비축제)
- 동북아 역사 영토 분쟁에 대한 모의 유엔 총회 개최
- 한국의 문화 · 역사 · 관광에 관한 책 읽고 토론 - 우리 고장의 문화재 중 해외로

유출된 문화유산 조사

특강 및 취재

- 주한 외교관 초청 특강
- 다문화 가정 부모 초청 특강(에티켓, 문화, 역사 배우기)
- 지역의 문화·역사 축제 참가, 취재
- 유네스코에 등록된 한국의 문화유산 탐방, 취재
- 한국에 거주하고 있는 외국인 인터뷰, 한국에서의 삶 취재
- 지역별 대표 한식 조사, 발표

한국 홍보물 제작

- 한국 홍보 포스터·전단지 만들기
- 한국 홍보 엽서 만들기
- 동아리 활동 정리 책자 발간
- 한국 홍보 영자신문 만들기
- 최신 가요 영어·다국어로 번역하기

동아리 주최 경진 대회

- 한국 홍보 사진 촬영 대회
- 한국 홍보 동영상 UCC 만들기 대회
- 영어로 한국 소개 스토리 만들기 대회
- 한국 역사 퀴즈 대회
- 고의 한국 문화 이야기꾼을 찾아라!
  (지역별·주제별·역사별 외국인에게 감동 줄 수 있는 한국 문화 스토리 텔러 경진 대회)
- 최고의 한국 홍보 기획가를 찾아라!
  (한국 문화 홍보 아이템을 선정, 세계 현지 문화 상황과 정서를 고려한 홍보 전략 발표)
- 외국인에게 소개할 최고의 한국 관광지를 찾아라!
- 한국 오류 사냥 대회

(국내 외국서적 전문 서점을 방문해 관광 책자와 세계지도, 교과서에서 한국과 관련된 잘 못된 내용을 조사)
- 개인의 꿈·대한민국의 꿈 발표 대회

공연 기획
- 한국 전통 악기를 배워 외국인들을 대상으로 공연
- 한국 역사 속 영웅들의 삶을 주제로 연극 공연

외부 홍보
- 반크에서 받은 다양한 세계지도 교실에 붙이기(독도 사관학교 세계지도 붙이기)
  dokdo.prkorea.com/map/intro.jsp
- 반크에서 받은 동북아 분쟁·글로벌 이슈 동영상 CD를 바탕으로 평화교실 만들기(글로벌 역사 외교 아카데미 – 내가 만드는 평화교실)
  peace.prkorea.com/make/intro.jsp
- 각 나라 교과서에 실린 한국사 왜곡 및 오류 사례 판넬 전시
- 학교 축제에 반크 홍보 부스를 만들어 홍보
- 학교·학원의 원어민 선생님에게 한국 홍보
- 외국인들이 많이 가는 유명 관광지·방문지에서 한국 홍보물 배포
- 최신 한국 가요·전통가요를 씨디로 만들어 외국의 친구들에게 배포

국제 청원 활동
- 한국에 대해 잘못 소개한 해외 교과서 출판사·세계지도 출판사에 우편 항의 서한 발송
- 해외에 유출된 한국 문화재를 조사하고 반환 촉구 항의 서한 발송

온라인 활동

14가지 사이버 외교관 반크 활동 prkorea.com/start.html

동아리 친구들이 사이버 외교관으로 활동할 수 있도록 반크 활동 소개

- 교육·활동 프로그램

  한국 홍보 자료 모으기 → 영어로 자기소개, 한국 소개하기 → 이메일 펜팔로 한국 홍보 → 채팅방

  에서 한국 홍보 → 국제 전문가 되기 → 외신 번역하기 → 한국에 대한 오류 발견하기 → 외국 교과

  서 출판사에 친선 서한 보내기 → 외국 기관에 협력 서한 보내기 → 해외 학교에 교류 서한 보내기

  → 항의 서한 보내기 → 해외 한민족 하나로 모으기 → 우리의 꿈 이루기 → 대한민국의 꿈 이루기

14가지 월드 체인저 반크 활동 changer.prkorea.com

동아리 친구들이 세계인과 친구가 되어 지구촌 문제를 해결하는 글로벌 리더로
활동할 수 있도록 반크 활동을 소개

- 교육 및 활동 프로그램

  세계가 100명이 살고 있는 마을이라면? → MDG 알아보기 → 영어로 지구촌 문제 소개하기 → 외

  국인 친구 사귀기 → 글로벌 에티켓 알아보기 → 세계 유산 조사하기 → 지구촌 문제 해결하기 →

  국제기구 조사하기 → 지구촌 공동 과제(기후변화, 분쟁, 빈곤) 해결하기 → 외신 번역하기 → 국제

  서한 보내기 → 나의 멘토, 월드 리더 찾기 → 세계를 향한 꿈 다지기

독도 사관학교 한국 영토, 역사, 문화, 경제 동영상 수업

온라인 강의 : dokdo.prkorea.com/school/study_l.jsp

보고서 제출 : dokdo.prkorea.com/school/report_l.jsp

강의 주제 : 세계 속의 자랑스러운 한국역사

강의 과목 : 고조선, 고구려, 발해, 백제, 신라, 가야, 고려, 조선, 일제강점기, 한국
경제 등

글로벌 역사 외교 동영상 수업

수업 듣기 : peace.prkorea.com/lesson/video_l.jsp

보고서 제출 : peace.prkorea.com/lesson/report_l.jsp

강의 주제 : 아시아 평화를 위협하는 요인들

강의 과목 : 독도에 대한 올바른 역사의식, 동해 표기 문제, 일본 역사 교과서 문제, 위안부 문제, 야스쿠니 신사참배 문제, 동북공정, 전후 보상

한국 홍보를 위한 국제 협력·교류·자료 지원 네트워크 구축

- 반크 사이트 〈내고장 포토제닉〉에 한국 홍보 사진 올리기

  photo.prkorea.com

- 반크 사이트 〈한국 홍보 자료망〉에 한국 홍보 웹사이트 올리기

  info.prkorea.com

- 반크 사이트 〈국제 학급 교류망〉을 통한 해외 학급과의 교류 추진

  school.prkorea.com

- 반크 사이트 〈한민족 네트워크망〉에 해외 한민족 사이트 올리기

  korean.prkorea.com

- 반크 사이트 〈국제 협력 교류망〉을 통한 해외 기관과의 협력 추진

  overseas.prkorea.com

한국 홍보를 위한 실전 외교 활동 참여

- 21세기 광개토대왕 꿈날개 프로젝트 wings.prkorea.com

  해외로 진출하는 대한민국의 청년들, 외국인들과 이메일로 펜팔을 주고받는 한국인들에게 한국을 알리는 홍보물 지원

- 한식 홍보대사 양성 e학교 food.prkorea.com

  한식 홍보대사가 되어 한국 음식 세계화시키기

- 지구촌 한국인 네트워킹 one.prkorea.com

  해외 700만 동포를 하나로 모으는 네트워크 구축

- korea up 프로젝트 ucc.prkorea.com

  해외 동영상, 블로그 등을 통해 한국 홍보

한국 홍보와 글로벌 이슈 해결을 위한 글로벌 네트워크 구축

• 글로벌 친한파 양성 사이트 chingu.prkorea.com

  한국인과 친구가 되고 싶은 전 세계 외국인들을 하나로 모으는 한류 커뮤니티

• 글로벌 월드 체인저 양성 theworldchanger.net

  지구촌 문제를 해결하고 세계를 변화시키려는 글로벌 리더들의 커뮤니티

한국 바로 알리기

• 외국 교과서와 웹사이트에 게재된 한국에 관한 내용 중 오류를 찾아내고 시정 요
  구 prkorea.com/publish

영자 신문 온라인 기자단

• 한국 홍보 영문 웹진 기자단 times.prkorea.com

• 아시아 평화와 글로벌 이슈 웹진 기자단 참여 prkorea.com/p2p

온라인 모의 유엔 활동 참여 및 국제 전문가 되기

• 아시아 평화 이슈와 지구촌 공동 이슈에 대한 온라인 모의 유엔 참가

  peace.prkorea.com/peace/briefing_l.jsp

• 각 나라 국가 정보, 글로벌 에티켓, 글로벌 리더, 글로벌 이슈 대응 조사 활동

  peace.prkorea.com/global/international_l.jsp

web2.0 국가 브랜드 활동

• 글로벌 음식 커뮤니티

  allrecipes.com | tastebook.com | foodbuzz.com

  음식에 관심있는 세계인들이 모여 각 나라별 음식에 대한 정보를 공유하는 사이
  트에 한국 음식 소개

• 글로벌 관광 사이트

  realtravel.com | tripadvisor.com | virtualtourist.com

324

travelpod.com | lonelyplanet.com | wikitravel.org

배낭여행객 등 전 세계를 여행하는 세계인들이 정보를 공유하는 관광 사이트에
한국의 숨은 관광지 소개

• 블로그 및 소셜 네트워크

technorati.com | prkorea.com/metablogen | blogger.com

wordpress.com | jaiku.com | twitter.com

세계인들이 가장 애용하는 실질적인 정보 교환 통로인 블로그·소셜 네트워크에
한국에 관한 정보 게재

• 동영상

youtube.com | dailymotion.com | video.google.com

video.yahoo.com | motionbox.com

누구나 무료로 이용할 수 있는 해외 동영상 사이트에 한국 홍보 동영상 게재

• 사진

flickr.com | photobucket.com | picasaweb.google.com

세계인들이 가장 즐겨 찾는 사진 공유 사이트에 한국에 대한 사진 게재

• 백과사전

wikipedia.org

누구나 정보를 올릴 수 있는 백과사전 사이트에 한국에 관한 다양한 정보 게재

• 친구 만들기

myspace.com | bebo.com(영국) | mixi.jp(일본) | zhanzuo.com(중국) | friendster.
com | facebook.com | plaxo.com

orkut.com

세계인들이 서로의 취미와 꿈이 비슷한 사람들과 네트워크를 이루는 사이트에

서 외국인 친구 사귀기

• 가상현실 체험

secondlife.com

전 세계 수많은 외국인들이 3차원 가상현실 속에서 만나고, 대화하는 사이트. 각국 정부에서 대사관까지 운영할 정도로 인기있는 가상현실 사이트에서 국제 교류하기

• 언어교환

sharedtalk.com | lang-8.com | hanlingo.com

chingu.prkorea.com | mylangageexchange.com | lingofriends.com

languageexchange.org | tt4you.com | italki.com

lingozone.com

전 세계 외국인들이 서로의 모국어를 가르치며 우정을 쌓는 사이트. 세계인들에게 한국어를 알리고, 한국인들도 친구의 나라 언어 배우기

글로벌 인재로 꿈을 키우는 10대를 위한 도전과 열정 이야기

청년반크, 세계를 품다

1판 1쇄 발행 2011년 5월 14일
1판 17쇄 발행 2025년 12월 9일

지은이 박기태

발행인 양원석
편집장 김건희
영업 마케팅 조아라, 박소정, 김유진, 원하경
펴낸 곳 ㈜알에이치코리아
주소 서울시 금천구 가산디지털2로 53, 20층 (가산동, 한라시그마밸리)
편집문의 02-6443-8902 **도서문의** 02-6443-8800
홈페이지 http://rhk.co.kr
등록 2004년 1월 15일 등록 제2-3726호

ISBN 978-89-255-4298-0 (03320)